工程力学学习辅导与练习

孙炜海　　杨班权　　陈红迁
潘晶雯　　陈　颖　　张少亮　◎主编

LEARNING GUIDANCE AND PRACTICE
OF ENGINEERING MECHANICS

北京理工大学出版社
BEIJING INSTITUTE OF TECHNOLOGY PRESS

内 容 简 介

本书内容包含三大部分：刚体静力学、材料力学、运动学与动力学，共有 15 章。本书的内容体系为：本章重点与难点、知识要点与辅导、例题精讲和习题精练四部分，书后给出了一些习题的详细解答。本书的辅导部分能帮助学生较好地理解与掌握工程力学的基本知识与解题技能，所选的例题与习题具有代表性与典型性。希望通过此书，能使学生更有效地掌握工程力学的基础知识，掌握其中的重点、难点，提高分析问题和解决问题的能力。

本书可作为学习工程力学课程的专科、本科、考研学生和教师用书，也可供有关工程技术人员参考。

图书在版编目（C I P）数据

工程力学学习辅导与练习／孙炜海等主编. –– 北京：
北京理工大学出版社，2022.4
ISBN 978 – 7 – 5763 – 1234 – 8

Ⅰ . ①工… Ⅱ . ①孙… Ⅲ . ①工程力学 – 高等学校 –
教学参考资料 Ⅳ . ①TB12

中国版本图书馆 CIP 数据核字（2022）第 057631 号

出版发行／北京理工大学出版社有限责任公司
社　　址／北京市海淀区中关村南大街 5 号
邮　　编／100081
电　　话／（010）68914775（总编室）
　　　　　（010）82562903（教材售后服务热线）
　　　　　（010）68944723（其他图书服务热线）
网　　址／http：//www. bitpress. com. cn
经　　销／全国各地新华书店
印　　刷／保定市中画美凯印刷有限公司
开　　本／787 毫米 ×1092 毫米　1/16
印　　张／18.25　　　　　　　　　　　　　　责任编辑／徐　宁
字　　数／394 千字　　　　　　　　　　　　　文案编辑／宋　肖
版　　次／2022 年 4 月第 1 版　2022 年 4 月第 1 次印刷　　责任校对／周瑞红
定　　价／85.00 元　　　　　　　　　　　　　责任印制／李志强

PREFACE

前言

工程力学是一门工科院校重要的专业技术基础课程。该课程具有分析方法科学、过程严密、逻辑性强、解决问题的步骤鲜明等特点，是一门与工程实际紧密相关的课程。然而该课程并非一门容易掌握的课程，学员往往在上课的时候一听就懂，而真正做题时却不知道从何处下手，其主要原因是理论看似简单，但内容却较为多样，而且做起习题来有相当的难度。通常解决这一问题较好的方法是通过必要的引导与辅导，做适量的练习题，了解并掌握其深刻的内涵，正所谓："百闻不如一见，百看不如一练"。

为了提高学生的学习效率，在有效的时间里理解、领会与掌握必要的知识点，我们精心编写了这本《工程力学学习辅导与练习》。本书分为三大部分：刚体静力学部分、材料力学部分、运动学与动力学部分。为突出课程重点及要点，本书内容体系包括：本章重点与难点、知识要点与辅导、例题精讲和习题精练四部分，书后给出了一些习题的详细解答。本书力图使所选例题具有代表性，练习题具有典型性，并希望通过这本书，能使学员更有效地掌握工程力学基础知识，掌握其中的重点、难点，提高分析问题和解决问题的能力。希望学生能很好地利用本书，有效提高学习效率，并取得优异的成绩。

本书可作为学习工程力学课程的专科、本科、考研学生和教师用书，也可供有关工程技术人员参考。

本书在编写过程中参考了国内出版的许多相关书籍及资料，在此一并表示感谢！

由于时间仓促、水平有限，书中错误之处在所难免，恳请广大读者批评指正。

编　者
2020 年 6 月

目 录
CONTENTS

第三篇　运动学与动力学

第一篇　刚体静力学

第一章
静力学基础

■ 一、本章重点与难点

重点：

1. 力和力偶的概念、性质。

2. 柔性约束、光滑接触面、光滑铰链约束的特征及约束反力的画法。

3. 单个物体及物体系的受力分析。

难点：

1. 约束的概念，以及约束的特征。

2. 物体系的受力分析。

■ 二、知识要点与辅导

（一）知识要点

本章的概念较多，对这些概念的定义要明确，并深刻理解其意义。现将本章讲述的概念整理如下：

与力有关的概念：力系、合力、主动力、约束反力、作用力、反作用力、内力、外力。

物体系统：变形体、弹性体、刚体、自由体、非自由体。

与数学有关的量：代数量、矢量（向量）、单位矢量、定位矢量、滑动矢量。

1. 力的概念

力是物体间相互的机械作用。对于力的概念应注意以下两点：

（1）分清施力物体和受力物体，分清内力和外力。

（2）弄清并指明研究对象，再画受力图。

2. 矢量的分类及要素

定位矢量：大小、方向、作用点。

滑动矢量：大小、方向、作用线。

自由矢量：大小、方向。

例如：作用在刚体上的力是（　　），力偶矩矢是（　　），力系的主矢是（　　），主矩是（　　）。

（答案：滑动矢量、自由矢量、自由矢量、定位矢量）

3. 约束与约束反力

要弄清：约束反力的方向、约束反力的大小。

需记清：取出约束物体，用相关的力来代替。约束反力的方向必与该约束所能够阻碍的运动方向相反。下面依据这个准则，对几种基本类型的约束作进一步的讨论。

（1）光滑接触，其约束反力沿约束表面的法线方向，如图 1.1 所示。

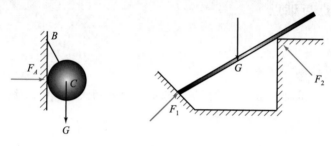

图 1.1

（2）光滑铰链约束，这种约束又不同于一般光滑接触面约束，约束反力的方向不能预先确定，通常用通过铰链中心的两个相互垂直的分力表示，分固定铰支座和活动铰链（又称中间铰链），分别如图 1.2（a）、（b）所示。

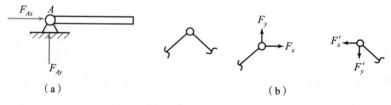

（a）   （b）

图 1.2

（3）滚动支座约束，工程实例：大型桥梁的端部支撑。分析：约束和约束力的特点（限制沿法线方向进入支撑面）。约束力垂直于支撑面，符号如图 1.3 所示。

（4）固定端约束，如图 1.4 所示。

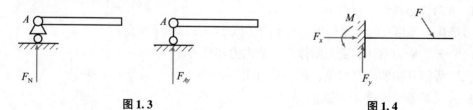

图 1.3   图 1.4

4. 二力构件（二力杆）

只在两个力作用下平衡的构件，称为二力构件，简称二力杆，其结构特点为构件上只有两处铰链，受力特点为只在铰链处受力。凡满足以上两点的构件，不论形状如何，都是二力构件。要特别注意二力构件的形状不一定是直杆，可以是任意形状的构件，它所受到的两个力必定沿两力作用点的连线，且等值、反向。

5. 受力图的画法

（1）分析物体系的受力时，每取一个研究对象（一个物体或几个物体的组合），都要画一个分离体图。

（2）力矢量由作用点画起，或画成指向作用点。

（3）先画主动力，再画约束反力。只画外力，不画内力。

（4）约束反力的方向一定要根据约束类型的特征来画。要善于判别二力构件。

6. 作用力和反作用力用同一字符表示，对其中一个加撇以示区别。例如，T 和 T'。

总之，正确地画出物体的受力图是解决力学问题的第一步。在画受力图时，首先要根据约束的性质，确定约束反力；要注意区分固定铰链支座和辊轴支座的约束反力，后者方向容易确定。在画受力图时，要特别注意区分内力和外力，要根据题目的要求，确定是画整体受力图还是画局部受力图，如要求画的是整体结构的受力图，则内力不必画出，只画出外力和整体结构与支座之间的约束反力即可；如要求画整体结构中的局部受力图，则在局部结构之间有成对内力的出现，是一对作用力与反作用力。

（二）辅导

1. 受力分析的模型简化

在对研究对象进行力学分析时，力学模型简化的合理性关系着计算结果的正确性。刚体、分布力和集中力、理想刚性约束是所研究物体、物体受力、物体间接触性质与连接方式的抽象化模型。采用什么模型要看物体在外力系作用下变形的大小，更主要取决于研究问题的性质，以及对所研究的问题变形是否为主要影响因素。

2. 基本方法

物体的受力分析方法与力系的特征量（主矢和主矩）概念是本篇内容的精髓。只有掌握这一方法，才能真正掌握本篇的基本概念——力、力偶、力系等效和平衡，而不只是熟记它们的定义。

3. 刚体静力学对变形体静力学的适用性

刚体静力学研究刚体在力系作用下的平衡问题。变形体静力学研究弹性体或流体等内部的受力情况及其变形。前者的基本概念、理论和方法具有一定的普遍性，对后者有一定的适用性也有一定的局限性，不能随意推广。

本篇介绍的受力分析方法（取隔离体、画受力图），为变形体静力学研究平衡问题提供了普遍方法。不过本篇只研究外力系的平衡，或者取整体，或者取局部（一个或几个刚体）为隔离体。物体的理想化模型变了，但其受力、物体间接触性质与连接方式的理想化模型一般不变。

刚体的平衡条件是变形体平衡的必要条件。这由刚化原理说明，即变形体在力系作用下发生变形并已处于平衡时，若将它刚化，则其平衡状态不变。

■ 三、例题精讲

例1.1 重为 W 的木板放在一台阶上，如图1.5（a）所示，试画出木板的受力图。

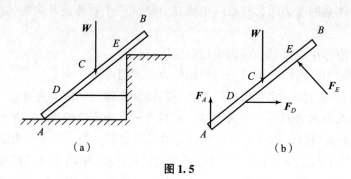

图 1.5

解：（1）取木板为研究对象（即取分离体），并单独画出其简图。

（2）画主动力，有地球的引力 W。

（3）画约束力，因木板在 A 和 E 两处受到地面和台阶的光滑约束，故在 A 处及 E 处受地面与台阶的法向反力 F_A 和 F_E 的作用，它们都通过接触点，并沿着接触面的公法线指向被约束的物体（木板）。又由于 D 处有绳索作用，故其约束力沿绳索的拉力方向。木板的受力图如图1.5（b）所示。

例1.2 如图1.6（a）所示，水平梁 AB 用斜杆 CD 支撑，A、C、D 三处均为光滑铰链连接。均匀梁重 W，其上放置一重为 P 的物块。如不计 CD 杆的自重，试分别画出斜杆 CD 和梁 AB（含物块）的受力图。

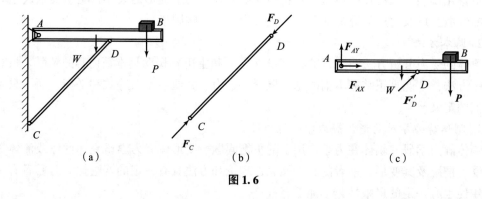

图 1.6

解：（1）取斜杆 CD 为研究对象。由于斜杆 CD 的自重不计，根据光滑铰链的特性，C、D 处的约束力分别通过铰链 C、D 的中心，方向暂不确定。考虑到杆 CD 只在 F_C、F_D 二力作用下平衡，根据二力平衡公理，这两个力必定沿同一直线，且等值、反向。由此可确定 F_C 和 F_D 的作用线应沿铰链中心 C 与 D 的连线，由经验判断，此处杆 CD 受压力，其受力图如图 1.6（b）所示。一般情况下，$\boldsymbol{F}_C$ 与 $\boldsymbol{F}_D$ 的指向不能预先判定，可先任意假设杆受拉力或压力。若根据平衡方程求得的力为正值，说明原假设力的指向正确；若为负值，则说明实际杆受力与原假设指向相反。

（2）取梁 AB（包括物块）为研究对象。其上所受主动力有 W、P 作用。梁在铰链 D 处受有二力杆 CD 给它的约束力 $\boldsymbol{F}'_D$。根据作用和反作用定律，$\boldsymbol{F}'_D = -\boldsymbol{F}_D$。梁在 A 处受固定铰支给它的约束力的作用，由于方向未知，可用两个正交分力 $\boldsymbol{F}_{Ax}$ 和 $\boldsymbol{F}_{Ay}$ 表示。梁 AB 的受力图如图 1.6（c）所示。

例 1.3　图 1.7（a）所示棘轮机构固定在支座上，轮上挂重为 W 的物块，试分析 AB 及棘轮的受力情况。

解：（1）取 AB 为研究对象，由上题可知，AB 为二力杆，其受力如图 1.7（b）所示。

（2）取棘轮为研究对象，其所受主动力有 W 作用。在 B 处受有二力杆 AB 给它的约束力 $\boldsymbol{F}'_B$，根据作用和反作用定律，$\boldsymbol{F}'_B = -\boldsymbol{F}_B$。棘轮在 C 处受固定铰支座给它的约束力的作用，同样可用两个正交分力 $\boldsymbol{F}_{Cx}$ 和 $\boldsymbol{F}_{Cy}$ 表示。棘轮的受力图如图 1.7（c）所示。

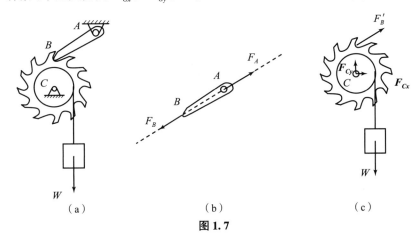

（a）　　　　　　　　（b）　　　　　　　　（c）

图 1.7

例 1.4　如图 1.8（a）所示的三铰拱桥，由左、右两拱铰接而成。不计自重及摩擦，在拱 BC 上作用有载荷 F。试分别画出拱 AC 和 CB 的受力图。

解：（1）取拱 AC 为研究对象，由于拱 AC 自重不计，且只在 A、C 两处受到铰链约束，因此拱 AC 为二力构件。在铰链中心 A、C 处分别受 $\boldsymbol{F}_A$、$\boldsymbol{F}_C$ 两力的作用，且 $\boldsymbol{F}_A = -\boldsymbol{F}_C$，两个力的方向如图 1.8（b）所示。

（2）取拱 BC 为研究对象。由于自重不计，因此主动力只有载荷 F。拱 BC 在铰链 C 处受有拱 BC 给它的约束力 $\boldsymbol{F}'_C$，根据作用和反作用定律，$\boldsymbol{F}'_C = -\boldsymbol{F}_C$。拱在 B 处受有固定铰支给它的约束力 $\boldsymbol{F}_B$ 的作用，由于方向未定，可用两个大小未知的正交分力 $\boldsymbol{F}_{Bx}$ 和 $\boldsymbol{F}_{By}$ 代替。拱 BC 的受力图如图 1.8（c）所示。

再进一步分析可知，拱 BC 在三个力作用下而平衡，故可根据三力平衡汇交定理，确定铰链 B 处约束力 $\boldsymbol{F}_B$ 的方向。点 D 为力 F 和 $\boldsymbol{F}'_C$ 作用线的交点，当拱 BC 平衡时，约束力 $\boldsymbol{F}_B$ 的作用线必通过点 D，如图 1.8（d）所示；至于 $\boldsymbol{F}_B$ 的指向，暂且假定如图 1.8（a）所示，以后由平衡条件确定。

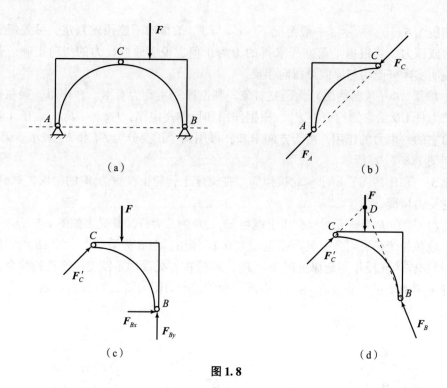

（a）

（b）

（c）

（d）

图1.8

例1.5 如图1.9（a）所示，梯子的两部分 AB 和 AC 在点 A 铰接，又在 D、E 两点用水平绳连接。梯子放在光滑水平面上，若其自重不计，在 AB 的中点 H 处作用一铅直载荷 F。试分别画出绳子 DE 和梯子的 AB、AC 部分以及整个系统的受力图。

解：（1）绳子 DE 的受力分析：

绳子两端 D、E 分别受到梯子对它的拉力 F_D、F_E 的作用［见图1.9（b）］。

（2）梯子 AB 部分的受力分析：

AB 部分在 H 处受载荷 F 的作用（主动力），在铰链 B 处受 BC 部分给它的约束力 F_{Bx} 和 F_{By}。在点 D 受绳子对它的拉力 F'_D，F'_D 是 F_D 的反作用力。在 A 处为光滑接触，因此点 A 受光滑地面对它的法向反力 F_A。

梯子 AB 部分的受力图如图1.9（c）所示。

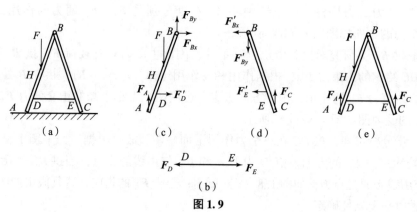

（a）   （c）   （d）   （e）

（b）

图1.9

（3）梯子 BC 部分的受力分析：

在铰链 B 处受 AB 部分对它的约束力 $\boldsymbol{F}'_{Bx}$ 和 $\boldsymbol{F}'_{By}$，$\boldsymbol{F}'_{Bx}$ 和 $\boldsymbol{F}'_{By}$ 分别是 $\boldsymbol{F}_{Bx}$ 和 $\boldsymbol{F}_{By}$ 的反作用力。在点 E 受绳子对它的拉力 $\boldsymbol{F}'_E$，$\boldsymbol{F}'_E$ 是 $\boldsymbol{F}_E$ 的反作用力。在 C 处受光滑地面对它的法向反力 $\boldsymbol{F}_C$。

梯子 BC 部分的受力图如图1.9（d）所示。

（4）梯子整体的受力分析：

当选整个系统为研究对象时，可把平衡的整个结构刚化为刚体。由于铰链 B 处所受的力满足 $\boldsymbol{F}_{Bx} = -\boldsymbol{F}'_{Bx}$，$\boldsymbol{F}_{By} = -\boldsymbol{F}'_{By}$；绳子与梯子连接点 D 和 E 所受的力也分别满足 $\boldsymbol{F}_D = -\boldsymbol{F}'_D$，$\boldsymbol{F}_E = -\boldsymbol{F}'_E$，这些力都成对地作用在整个系统内，称为内力。内力对系统的作用效应相互抵消，因此可以除去，并不影响整个系统的平衡。故内力在受力图上不必画出。在受力图上只需画出系统以外的物体给系统的作用力，这种力称为外力。这里，载荷 F 和约束力 $\boldsymbol{F}_A$、$\boldsymbol{F}_C$ 都是作用于整个系统的外力。

整个系统的受力图如图1.9（e）所示。

应该指出，内力与外力的区分不是绝对的。例如，当我们把梯子的 AC 部分作为研究对象时，$\boldsymbol{F}'_{Bx}$、$\boldsymbol{F}'_{By}$ 和 $\boldsymbol{F}'_E$ 均属外力，但取整体为研究对象时，$\boldsymbol{F}'_{Bx}$、$\boldsymbol{F}'_{By}$ 及 $\boldsymbol{F}'_E$ 又成为内力。可见，内力与外力的区分，只有相对于某一确定的研究对象才有意义。

正确地画出物体的受力图，是分析、解决力学问题的基础。画受力图时必须注意以下几点：

（1）必须明确研究对象。根据求解需要，可以取单个物体为研究对象，也可以取由几个物体组成的系统为研究对象。不同的研究对象的受力图是不同的。

（2）正确确定研究对象受力的数目。由于力是物体之间相互的机械作用，因此，对每一个力都应明确它是哪一个施力物体施加给研究对象的，决不能凭空产生。同时，也不可漏掉一个力。作受力分析时一般先画已知的主动力，再画约束力；凡是研究对象与外界接触的地方，都一定存在约束力。

（3）正确画出约束力。一个物体往往同时受到几个约束的作用，这时应分别根据每个约束本身的特性来确定其约束力的方向。

（4）当分析两物体间相互的作用力时，应遵循作用、反作用关系。作用力的方向一经假定，则反作用力的方向应与之相反。当画某个系统的受力图时，由于内力成对出现，组成平衡力系，因此不必画出，只需画出全部外力。

■ 四、习题精练

（一）填空题

1. 作用力与反作用力的大小 _____，方向 _____，且作用在 _____。

2. 作用在同一刚体上的两个力处于平衡状态的充要条件是该两力 _____，_____，_____。

3. 力对物体的作用效应一般分为_____和_____，平衡力系对刚体的作用效应为_____。

4. 力对物体的作用效应一般分为_____效应（即外效应）和_____效应（即内效应）。理论力学主要研究前者，材料力学主要研究后者。

（二）选择题

1. 在中国历史上，最早记述"力""力矩"等基本概念以及"二力平衡""杠杆原理""力的平行四边形法则"等规律的著作是（　　）。

A. 战国墨翟的《墨经》　　　　　　B. 南北朝刘徽的《九章算术》

C. 北宋沈括的《梦溪笔谈》　　　　D. 明朝宋应星的《天工开物》

2. 二力平衡条件的适用范围是（　　）。

A. 刚体　　　　　　　　　　　　B. 刚体系统

C. 变形体　　　　　　　　　　　D. 任何物体或物体系统

3. 力的可传性（　　）。

A. 适用于同一刚体

B. 适用于刚体和变形体

C. 适用于刚体系统

D. 既适用于单个刚体，又适用于刚体系统

4. 平行四边形法则（　　）。

A. 仅对刚体系统才适用

B. 仅对作用于刚体上的力才适用

C. 对作用于同一刚体或变形体上的力均适用

D. 仅对变形体才适用

5. 图示结构中，哪一种可将 F 力沿其作用线移到 BC 部分上去？（　　）

A. 图（a）（b）均可　　　　　　B. 图（a）（b）均不可

C. 仅图（a）可以　　　　　　　D. 仅图（b）可以

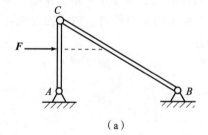 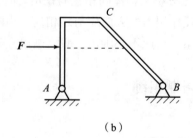

（a）　　　　　　　　　　　　　　　　（b）

题 5 图

6. 力 F 沿其作用线由 D 点滑移到 E 点，则 A、B、C 三铰处的约束反力（　　）。

A. 都不变　　　　　　　　　　　B. 都改变

C. 只有 C 铰反力不变　　　　　D. 只有 C 铰反力改变

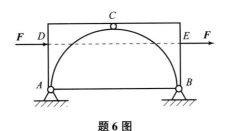

题 6 图

7. 如图所示，刚体受三力作用，并且三力均不为零，则（　　　）。

A. 情况（a）刚体不可能平衡
B. 情况（b）刚体不可能平衡
C. 两种情况都不能平衡
D. 两种情况都可能平衡

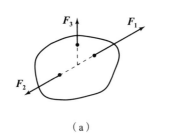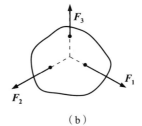

（a）　　　　　　　　　　　　（b）

题 7 图

（三）判断题

1. 凡是合力都比分力要大。　　　　　　　　　　　　　　　　（　　　）

2. 力是滑动矢量，可沿作用线移动。　　　　　　　　　　　　（　　　）

3. 若作用在刚体上的三个力的作用线汇交于同一点，则该刚体必处于平衡状态。

（　　　）

4. 只要两个力是相等的，这两个力就等效。　　　　　　　　　（　　　）

5. 凡是大小相等、方向相反、作用线沿同一直线的两个力，都是二平衡力。（　　　）

6. 对任意给定的力系，都可以按照加减平衡力系原理加上或减去任意的平衡力系而不改变原力系的作用效果。　　　　　　　　　　　　　　　　　　（　　　）

7. 作用力与反作用力同样是一对平衡力，因为它也满足二力平衡条件中所说的两力大小相等、方向相反、作用线沿同一直线。　　　　　　　　　　　（　　　）

8. 只要是两点受力的刚体，均为二力构件。　　　　　　　　　（　　　）

9. 三力平衡汇交定理表明，作用在物体上汇交于一点的三个力必是平衡力系。（　　　）

（四）计算题

1. 试画出题中结构的整体和各构件的受力图。

2. 试画出题中结构的受力图。

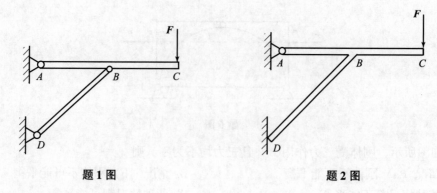

题 1 图   题 2 图

3. 题中图示的结构自重不计，A、B 为固定铰支座，杆 AC、BC 及轮 C 在 C 处铰接，绕过滑轮的绳一端连接 AC 杆的 D 点，一端与重 W 的重物 E 相连。试画出结构整体及各部分的受力图。

4. 题中图示的结构，A 为固定端，B 为铰链，C 为活动铰支座。试画出各部件及整体的受力图。

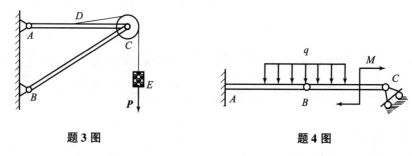

题 3 图   题 4 图

5. 如图所示的三脚架中，A、B、C 为铰链，悬挂重物 P 的绳子系在铰链的销钉上。杆 AC、BC 的自重不计。试分析 AC 杆、BC 杆、重物以及三脚架整体所受的力。

6. 题中图示的结构自重不计，AB 为一横梁，其上的轴 C 处安装一个滑轮，绳子绕过滑轮后吊一重物。绳的另一端系于 BD 杆上的 E 点。A、B、D 均为铰链，试分析重物、滑轮、AB 梁、BD 杆所受的力。

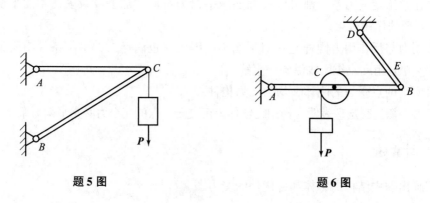

题 5 图   题 6 图

本章习题答案

（一）**填空题**

1. 相等，相反，同一物体上；2. 等值，反向，作用线共线；3. 内效应，外效应，零效应；4. 运动效应，变形效应

（二）**选择题**

1. A；2. A；3. A；4. C；5. D；6. B；7. A

（三）**判断题**

1. ×；2. ×；3. ×；4. ×；5. ×；6. ×；7. ×；8. ×；9. ×

（四）**计算题**

1～6　作图题答案略。

第二章
力系的简化

■ 一、本章重点与难点

重点：

1. 平面任意力系向一点简化。
2. 简化结果分析及合力矩定理。

难点：

1. 简化结果分析。
2. 主矢与主矩的概念。

■ 二、知识要点与辅导

（一）知识要点

1. 力的平移定理是力系向一点简化的理论基础

一个力平移后，它对物体的作用效果发生了改变，要想保持原来力的作用效果，必须附加一个力偶。

2. 平面任意力系向一点简化的方法

依据：力的平移定理。将作用在物体上的各力向任一点（称为简化中心）平移，得到作用在简化中心的一个平面汇交力系和平面力偶系（附加力偶系）。两个力系合在一起与原力系等效。

目的：一个复杂的力系就分解成了两个简单的力系。然后，分别求平面汇交力系的合力和平面力偶系的合力偶，则原力系由作用在简化中心的一个力和一个力偶所代替，该力的大小和方向等于力系的主矢，该力偶的力偶矩等于力系的主矩。于是，平面任意力系的简化就成了计算力系的主矢和主矩的问题。

主矢：平面任意力系中，各力的矢量和称为力系的主矢，即

$$R = \sum_{i=1}^{n} F_i$$

主矩：平面任意力系中，各力对于简化中心的力矩的代数和称为力系的主矩，即

$$M_O = \sum_{i=1}^{n} m_o(F_i)$$

关于主矢和主矩，需要弄清楚以下几点：

（1）主矢不是力，主矩不是力偶。主矢和主矩是描述平面任意力系对物体作用效果的量。

（2）主矢是自由矢量，只有大小和方向，描述平面任意力系使物体平动的作用效果。平面任意力系的主矩是代数量，只有大小和正负，描述平面任意力系使物体绕 O 点转动的作用效果。

（3）主矢与简化中心的选择无关。从这个意义上讲，主矢是力系的一个不变量。主矩与简化中心的选择有关。这说明附加力偶随简化中心而改变。因此，对于力系的主矩，必须指出它是力系对于哪一点的主矩。

（二）辅导

1. 等效力系

两力系对刚体运动效应相等的条件是其主矢量相等以及对一点的主矩相等。主矢 $R = \sum_{i=1}^{n} F_i$ 与主矩 $M_O = \sum_{i=1}^{n} m_o(F_i)$ 组成力系的基本特征量。该定理是研究力系简化与平衡问题的理论基础。

2. 力偶的性质

力偶无合力，力偶不能与力相平衡。力偶对刚体的作用完全取决于力偶矩矢量 M，若保持 M 不变，力偶可以平移或滑移，或同时改变组成力偶的力与力偶臂的大小。

3. 力系的合力之矩定理

若力系有合力，则合力对点之矩等于力系中诸力对同点之矩的代数和。

■ 三、习题精练

（一）填空题

1. 力的平移定理，是力系向一点简化的理论基础。一个力平移后，它对物体的作用效果发生了改变，要想保持原来力的作用效果，必须_____。

2. 平面任意力系向一点简化，是依据_____，将作用在物体上的各力向任一点（称为简化中心）平移，得到作用在简化中心的一个_____和平面力偶系（附加力偶系）。

3. 平面任意力系中，各力的矢量和称为力系的_____。

4. 平面任意力系中，各力对于简化中心的力矩的代数和称为力系的_____。

5. 平面任意力系向作用面内任意一点 O 简化时，力 R 的大小和方向_____，但所得力偶的矩的代数和一般来说_____。

（二）选择题

1. 平面一般力系向某点简化，其主矢、主矩皆不为零，下述哪种说法正确？（　　　）

A. 该力系可用一个力来平衡

B. 该力系可用一个力偶来平衡

C. 该力系必须用一个力和一个力偶来平衡

D. 不能确定

2. 平面一般力系向某点简化，其主矢为零，主矩不为零，下述哪种说法正确？（　　　）

A. 该力系可用一个力来平衡

B. 该力系可用一个力偶来平衡

C. 该力系必须用一个力和一个力偶来平衡

D. 不能确定

3. 某平面力系由三个力组成（设这三个力互不平行），判断下述说法哪种正确（　　　）。

A. 若力系向某点简化，主矩为零，则此三个力必然汇交于一点

B. 若力系的主矢为零，则此三个力必然汇交于一点

C. 此力系绝不能简化为一合力偶

D. 若这三个力不汇交于一点，则此力系一定不平衡

4. 设一平面任意力系向某一点 O 简化得到一合力，如另选适当的点为简化中心 A，力系向该简化中心简化得到（　　　）。

A. 一力偶

B. 一合力

C. 一合力和一力偶

D. 平衡

5. 当力 F 沿两个相互垂直的坐标轴 x、y 方向分解为 F_x、F_y 时，两个分力和力 F 在此两轴上的投影关系是（　　　）。

A. 大小分别相等．都是代数量

B. 大小分别不相等，都是矢量

C. 大小分别相等，力的投影是代数量，分力是矢量

D. 大小分别不相等，力的投影是矢量，分力是代数量

6. 某平面上作用一平面平行力系，A、B 是该平面上两点，且 A、B 连线不与力作用线平行，下述哪种情况可能发生？（　　　）

A. 向 A、B 两点简化都得到一合力

B. 向 A、B 两点简化都得到一力偶

C. 向 A 点简化得一合力，向 B 点简化得一力偶

D. 向 A、B 两点简化所得主矢与主矩都相等，且都不为零

7. 平面上作用三个皆不为零的力，它们既不汇交于一点，又不互相平行，将此力系向面内某一点简化，可以得到（　　　）。

A. 主矩为零，主矢不为零

B. 主矢为零，主矩不为零

C. 主矢、主矩皆为零

8. 已知某平面任意力系与某平面力偶系等效，则此平面任意力系向面内任一点简化可以得到（　　）。

A. 一个力　　　　　　　　　　　　　　　B. 一个力偶

C. 一个力与一个力偶

（三）判断题

1. 力 F 在两个相互垂直的 x、y 轴方向上的分力与力 F 在此两轴上的投影是没有区别的。　　　　　　　　　　　　　　　　　　　　　　　　　　　　　　　（　　）

2. 作用在一个物体上有三个力，当这三个力的作用线汇交于一点时，此力系必然平衡。　　　　　　　　　　　　　　　　　　　　　　　　　　　　　　　　　　（　　）

3. 某一平面力系，如其力多边形不封闭，则该力系一定有合力。合力作用线与简化位置无关。　　　　　　　　　　　　　　　　　　　　　　　　　　　　　　　　（　　）

4. 某一平面力系，向 A、B 两点简化的结果有可能相同，而且主矢、主矩都不为零。

（　　）

5. 某一平面任意力系向 A 点简化的主矢为零，而向另一点简化的主矩为零，则该力系一定是平衡力系。　　　　　　　　　　　　　　　　　　　　　　　　　　　（　　）

6. 若平面力系对一点的主矩为零，则此力系不可能合成为一个力偶。　　　　（　　）

本章习题答案

（一）填空题

1. 附加一个力偶；2. 是依据力的平移定理，一个平面汇交力系；3. 主矢；4. 主矩；
5. 不变　是不相同的

（二）选择题

1. A；2. B；3. D；4. C；5. C；6. B；7. B；8. B

（三）判断题

1. ×；2. ×；3. √；4. √；5. ×；6. ×。

第三章

力系的平衡

■ 一、本章重点与难点

重点：

1. 平面任意力系平衡的解析条件，平衡方程的各种形式。

2. 滑动摩擦力和最大滑动摩擦力，滑动摩擦定律，考虑摩擦力物体的平衡问题（解析法），平衡的临界状态和平衡范围。

难点：

1. 物体系统的平衡问题。

2. 考虑摩擦时的系统平衡问题。

■ 二、知识要点与辅导

（一）知识要点

1. 平衡条件

平面任意力系平衡的必要和充分条件是力系的主矢和对任一点 O 的主矩都等于零，即 $R' = 0$，$M_O = 0$。

2. 平衡方程

平面任意力系平衡条件的解析表达式可表示为三种形式的平衡方程。

问题 形式	平衡方程	平衡条件	平衡方程限制条件
基本形式	$\sum X = 0$ $\sum Y = 0$ $\sum m_A(F) = 0$	$R' = 0$ $M_A = 0$	一般设 x 和 y 轴相互垂直，但在特殊情况下，为解题方便，可设 x 和 y 轴相互不垂直，但不能使两轴平行

问题 形式	平衡方程	平衡条件	平衡方程限制条件
二矩形式	$\sum X = 0$ $\sum m_A(F) = 0$ $\sum m_B(F) = 0$	$R' = 0$ $M_A = 0$	A、B 两点连线与 x 轴不垂直
三矩形式	$\sum m_A(F) = 0$ $\sum m_B(F) = 0$ $\sum m_C(F) = 0$	$M_A = 0$ $R' = 0$	A、B、C 三点不共线

解题技巧：

（1）列写平衡方程时，尽量使一个方程含有一个未知数，通常列力矩方程时容易使方程含有一个未知数，从而快速地求得该未知数的值。

（2）力矩方程：用力矩方程时，把矩心选在一个未知力的作用线或两个未知力的交点上。这样，在方程中不会出现这些未知力，可使方程所包含的未知数减少。

（3）投影方程：当选择投影轴和一个或几个未知力垂直时，则在方程中不会出现这些未知力，可使方程所包含的未知数减少。

3. 静摩擦力方向的确定

静摩擦力的方向与物体相对滑动趋势相反。所谓滑动趋势，即假设约束无摩擦时，物体的滑动方向。

4. 含有摩擦的系统的平衡问题

考虑摩擦的平衡大致分为三类：

1）临界平衡问题

一般解法：

①设物体处于临界平衡状态，即静摩擦力达到最大值。

②在分析力时，静摩擦力的方向需先确定。

③应用补充方程 $F_{\max} = fF_N$，消去平衡方程中的最大静摩擦力。

④解平衡方程后，所得结果即临界的平衡条件。

2）求平衡范围问题

求平衡范围问题可作如下分类：一是属于力的平衡范围，包括力的作用线位置变化范围和力的大小变化范围；二是属于几何条件的平衡范围，包括角度的变化范围和长度的变化范围。这类问题的解法与临界平衡问题的解法相类似，其差别如下：

一般解法：

①根据求得的临界平衡条件，需要进一步分析平衡范围。

②如问题有两个临界平衡位置（在平面力系中，因摩擦力有两个可能方向），先分别解两个临界平衡问题，再进一步分析平衡范围。

3）物体系统是否平衡问题

一般解法：

①假定物体平衡。

②分析力时，将摩擦力 F 当作切向反力，先假定指向。

③列平衡方程，求 F 和 F_N。若求得的 F 的值为负，说明与假定的指向相反，否则相同。

④计算 $F_{max} = fF_N$。根据不等式 $|F| \leqslant fF_N$ 是否满足，来判断物体是否平衡。

（二）辅导

工程实际中的结构或机构，一般由多个刚体，通过一定的约束形式相连接而成，称为多刚体系统。系统中的刚体数增多了，刚体间的约束形式以及载荷作用情形也都比较复杂。因此，分析这类平衡问题有一些特殊之处需要注意。

首先，要灵活选择平衡对象。

因为系统由多个刚体组成，所以选择"谁"作为平衡对象就很有考究。选择的原则，一是"先选整体，后选局部"，这样可以避免未知约束力在平衡方程中出现；二是尽量做到用一个方程求解一个未知数，最好不解或者少解联立方程。灵活选择平衡对象，实质上是正确进行受力分析，也涉及正确比较所选平衡对象的独立平衡方程数与未知约束力个数的问题。

其次，要正确分析较为复杂的内约束力。

求解刚体系统平衡问题时，一般总要选择部分刚体系统或单个刚体作为平衡对象。由于刚体间约束形式的复杂多样，必然为内约束力的分析带来困难。因此，选择不同平衡对象时要分清内约束力与外约束力；当多个物体相铰接时，特别要分清施力物体与受力物体、作用力与反作用力关系等。

再次，要综合考察整体与局部的平衡。

对刚体系统作受力分析时，除考察约束性质、分清力的施受关系外，有时还必须从平衡角度，综合考察整体和局部的受力。因为当整个刚体系统受力处于平衡时，其中每一局部系统以至每个刚体也必然处于平衡，这是平衡概念在刚体系统中的应用和深化。

最后，要注意主动力系的等效简化问题。

当连续分布载荷作用于系统中的两邻接刚体上时，无论是考察整体还是考察局部平衡，都应按等效力系定理对连续分布载荷加以正确简化。这是力系等效概念在刚体系统中的应用和深化。

■ 三、例题精讲

例 3.1 刚性支架的 A 端嵌固在基础上，C 端装有滑轮，如图 3.1（a）所示。绳子一

端固定在 D 点，与水平面成 $\alpha = 60°$ 角，另一端吊着重 $Q = 1\,000$ N 的重物。已知 $AD = 0.5$ m，$DE = 1.5$ m。求支架插入端的支座反力（包括反力偶在内）。

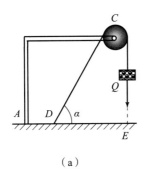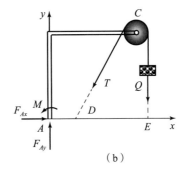

（a）　　　　　　　　　　　　　　　（b）

图 3.1

　　解： 取整个支架为研究对象。支架所受的主动力只有重物，它所受的约束力有：铰链 A 的两个分力 F_{Ax} 和 F_{Ay} 以及集中力偶 M，绳子的拉力 T。且已知滑轮两边绳子的拉力相等，即 $T = Q = 1\,000$ N。今后遇到带有滑轮的结构，一般不把滑轮拆开，以免增加不需求的未知数。取坐标轴如图 3.1（b）所示，列系统的平衡方程：

$$\sum F_x = 0, \qquad F_{Ax} - T\cos\alpha = 0$$

$$\sum F_y = 0, \qquad F_{Ay} - T\sin\alpha - Q = 0$$

$$\sum M_A = 0, \qquad M_A - T\sin\alpha \cdot AD - Q \cdot AE = 0$$

求解上述方程，解得

$$F_{Ax} = 500 \text{ N}$$

$$F_{Ay} = 1\,866 \text{ N}$$

$$M_A = Q(AD\sin 60° + AE) = 2\,433 \text{ N} \cdot \text{m}$$

　　例 3.2　图 3.2 所示的水平简支横梁 AB，A 端为固定铰链支座，B 端为一滚动支座。梁的长为 $4a$，梁重 P，作用在梁的中点 C。在梁的 AC 段上受均布载荷 q 作用，在梁的 BC 段上受力偶作用，力偶矩 $M = Pa$。试求 A 和 B 处的支座约束力。

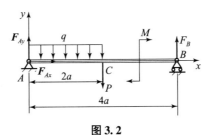

图 3.2

　　解： 选梁 AB 为研究对象。它所受的主动力有：均布载荷 q、重力 P 和矩为 M 的力偶。它所受的约束力有：铰链 A 的两个分力 F_{Ax} 和 F_{Ay}，滚动支座 B 处铅直向上的约束力 F_B。取坐标系如图 3.2 所示，列出平衡方程：

$$\sum M_A(\boldsymbol{F}) = 0, \quad F_B \cdot (4a) - M - P \cdot (2a) - q \cdot (2a) \cdot a = 0$$

$$\sum F_x = 0, F_{Ax} = 0$$

$$\sum F_y = 0, F_{Ax} - q \cdot (2a) - P + F_B = 0$$

解上述方程，得

$$F_B = \frac{3}{4}P + \frac{1}{2}qa,$$

$$F_{Ax} = 0,$$

$$F_{Ay} = \frac{P}{4} + \frac{3}{2}qa$$

在例 3.2 中，先列出并求解方程 $\sum M_A(F) = 0$ 比求解方程 $\sum F_y = 0$ 更方便，因为这样可以不解联立方程直接求得 F_B 值。因此在计算某些问题时，采用力矩方程往往比投影方程简便。

例 3.3 三铰支架结构如图 3.3 所示。已知重物重 **Q**，尺寸 a、r 及角 α，杆及滑轮的重量不计。求固定支座 A 和 B 的约束反力。

解：选取整体为研究对象，系统所受的主动力只有 **Q**，它所受的约束力有：铰链 A、B 处的 4 个约束力 $\boldsymbol{F}_{Ax}$、$\boldsymbol{F}_{Ay}$、$\boldsymbol{F}_{Bx}$、$\boldsymbol{F}_{By}$，取坐标系如图 3.3 所示，列出平衡方程：

$$\sum M_A(\boldsymbol{F}) = 0, \quad -2a\tan\alpha \cdot F_{Bx} - (4a + r)Q = 0 \tag{1}$$

$$\sum F_x = 0, \quad F_{Ax} + F_{Bx} = 0 \tag{2}$$

$$\sum F_y = 0, \quad F_{By} + F_{Ay} - Q = 0 \tag{3}$$

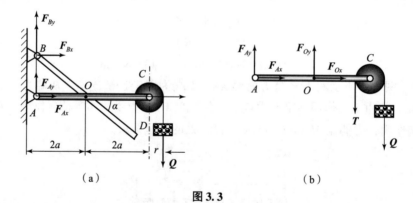

（a）   （b）

图 3.3

以上三个方程共 4 个未知数，联立求解前两个方程，可解出 $\boldsymbol{F}_{Ax}$、$\boldsymbol{F}_{Bx}$。而方程（2）包含了 $\boldsymbol{F}_{Ay}$、$\boldsymbol{F}_{By}$ 两个未知数，求解不出。需要再次选取研究对象，建立补充方程。

取 AC 杆、滑轮和重物系统为研究对象，受力图如图 3.3（b）所示。列出平衡方程：

$$\sum M_O(\boldsymbol{F}) = 0, \quad -2aF_{Ay} - (2a - r)T - (2a + r)Q = 0 \tag{4}$$

以上共有 4 个方程，4 个未知数，可以求解。由方程（1）得

$$F_{Bx} = -\left(2 + \frac{r}{2a}\right)\cot\alpha \cdot Q$$

由方程（2）得

$$F_{Ax} = -F_{Bx} = \left(2 + \frac{r}{2a}\right)\cot\alpha \cdot Q$$

由方程（4），并利用 $T = Q$ 条件，得

$$F_{Ay} = -2Q$$

由方程（3），将 F_{Ay} 代入，得

$$F_{By} = Q - F_{Ay} = 3Q$$

讨论：

（1）先选取整体为研究对象，是为了避免 O 点内力暴露出来，因 O 点内力不是本题要求的。再选 AC 系统为研究对象，是为了补充求 F_{Ay} 的平衡方程。滑轮和重物不从杆上拆下，也是为了避免暴露出滑轮轴 C 的内力。取 O 点为力矩方程的矩心是为了避免在平衡方程中出现内力 F_{Ox}、F_{Oy}，方程（4）中除 F_{Ay} 外，全是已知数。

由于研究对象与平衡方程选取恰当，4 个未知数正好用了 4 个方程。

（2）为了找补充方程，也可取 BD 为研究对象，列平衡方程。

例3.4　组合结构梁，已知梁上作用着外载荷 q、M，且 $M = ql^2$，结构的尺寸如图 3.4（a）所示。求：组合结构梁 A、E 处约束反力及中间铰 B 处的约束反力。

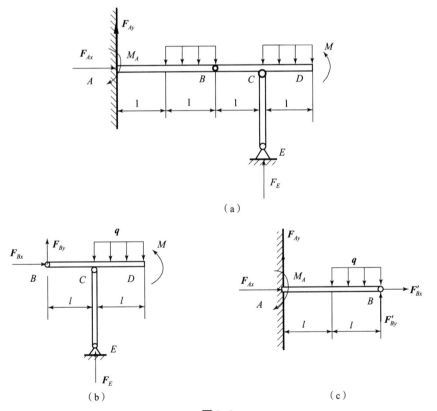

图 3.4

解：先选取梁 $BDCE$ 为研究对象，结构上主动力有外载荷 q、M，约束力有 F_{Bx}、F_{By}、F_{Ex}、F_{Ey}，其中 $F_{Ex} = 0$（CE 杆为二力杆），受力分析图如图 3.4（b）所示。列平衡方程：

$$\sum F_x = 0, F_{Bx} = 0$$

$$\sum F_y = 0, F_E - F_{By} - ql = 0$$

$$\sum M_B = 0, M + lF_E - 1.5lql = 0$$

解得

$$F_E = 0.5ql$$

$$F_{Bx} = 0, F_{By} = -0.5ql$$

再选取梁 AB 为研究对象，受力分析如图 3.4（c）所示，其中 $\boldsymbol{F}'_{Bx}$、$\boldsymbol{F}'_{By}$ 与 $\boldsymbol{F}_{Bx}$、$\boldsymbol{F}_{By}$ 是作用力与反作用力，列平衡方程：

$$\sum F_x = 0, F_{Ax} + F'_{Bx} = 0$$

$$\sum F_y = 0, F_{Ay} + F'_{By} - ql = 0$$

$$\sum F_z = 0, M_A + 1.5l \cdot q \cdot l - 2lF'_{By} = 0$$

解得

$$F_{Ax} = 0, \quad F_{Ay} = 1.5ql, \quad M_A = -2ql^2$$

例 3.5 图 3.5 所示梯子 AB 一端靠在铅垂的墙壁上，另一端搁置在水平地面上。假如梯子与墙壁间为光滑约束，而与地面之间存在摩擦。已知摩擦因数为 f，梯子重为 $\boldsymbol{G}$。

（1）若梯子在倾角 α_1 位置保持平衡，求约束力 F_{NA}、F_{NB} 和摩擦力 F_s；

（2）若使梯子不致滑倒，求其倾角 α 的范围。

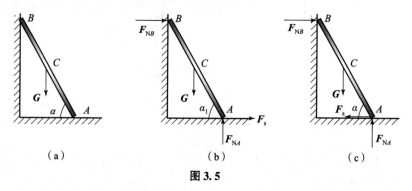

（a）　　　　　　　　（b）　　　　　　　　（c）

图 3.5

解：为简化计算，把梯子看成均质杆，设 $AB = l$。

（1）取梯子 AB 为研究对象，假定在任意倾角 α 时梯子平衡，受力如图 3.5（b）所示，则有

$$\sum F_x = 0, F_s + F_{NB} = 0$$

$$\sum F_y = 0, F_{NA} - G = 0$$

$$\sum M_A(F) = 0, G \times \frac{l}{2}\cos\alpha_1 - F_{NB}l\sin\alpha_1 = 0$$

解得
$$F_{NA} = G, \quad F_S = -\frac{G}{2}\cot\alpha_1, \quad F_{NB} = \frac{G}{2}\cot\alpha_1$$

以上结果是在任意 α 角时，梯子能保持平衡的条件，杆端 A 应有向左的水平力（摩擦力）。

（2）假设梯子处于即将 A 端向右（B 端向下）滑动的临界平衡状态，这种情况下，梯子的受力图如图 3.5（c）所示，于是平衡方程和物理条件分别为

$$\sum F_x = 0, -F_A + N_B = 0$$

$$\sum F_y = 0, N_A - G = 0$$

$$\sum M_A(\boldsymbol{F}) = 0, G \times \frac{l}{2}\cos\alpha - N_B l\sin\alpha = 0$$

其中，
$$F_A = fN_A$$

解得
$$\alpha = \operatorname{arccot}(2f)$$

这是梯子处于临界滑动状态相应的倾角，由经验知，α 越大，梯子越容易保持平衡，故平衡时梯子对地面的倾角范围为

$$\alpha \geqslant \operatorname{arccot}(2f)$$

例 3.6　物体重为 $\boldsymbol{P}$，放在倾角为 θ 的斜面上，它与斜面间的摩擦因数为 f_s，如图 3.6（a）所示。当物体处于平衡时，试求水平力 $\boldsymbol{F}_1$ 的大小。

解：由经验易知，力 $\boldsymbol{F}_1$ 过大，物块将上滑；力 $\boldsymbol{F}_1$ 过小，物块将下滑，因此 F_1 应在最大与最小值之间。

（1）求 F_1 的最大值。当力 F_1 将到此值时，物体将有向上滑动的临界状态，摩擦力 F_s 沿斜面向下，并达到最大值 $F_{\max}$。物体共受 4 个力作用：已知力 $\boldsymbol{P}$，未知力 $\boldsymbol{F}_1$、$\boldsymbol{F}_N$、$\boldsymbol{F}_{\max}$，如图 3.6（a）所示。列平衡方程：

$$\sum F_x = 0, F_1\cos\theta - P\sin\theta - F_{\max} = 0$$

$$\sum F_y = 0, F_N - F_1\sin\theta - P\cos\theta = 0$$

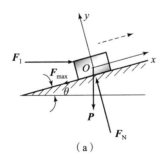 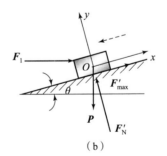

（a）　　　　　　　　　　　　　（b）

图 3.6

此外，还有 1 个补充方程，即

$$F_{\max} = f_s F_N$$

三式联立，可解得水平推力 F_1 的最大值为

$$F_{1\max} = P\frac{\sin\theta + f_s\cos\theta}{\cos\theta - f_s\sin\theta}$$

（2）求 F_1 的最小值。当力 F_1 即将达到此值时，物体将有向下滑动的临界状态。在此情形下，摩擦力沿斜面向上，并达到另一最大值，用 F'_{max} 表示此力，物体的受力情况如图 3.6（b）所示。列平衡方程：

$$\sum F_x = 0, F_1\cos\theta - P\sin\theta - F'_{max} = 0$$
$$\sum F_y = 0, F'_N - F_1\sin\theta - P\cos\theta = 0$$

此外，再列出补充方程：

$$F'_{max} = f_s F'_N$$

三式联立，可解得水平推力 F_1 的最小值为

$$F_{1min} = P\frac{\sin\theta - f_s\cos\theta}{\cos\theta + f_s\sin\theta}$$

综合上述两个结果可知，为使物块静止，力 F_1 必须满足如下条件：

$$P\frac{\sin\theta - f_s\cos\theta}{\cos\theta + f_s\sin\theta} \leqslant F_1 \leqslant P\frac{\sin\theta + f_s\cos\theta}{\cos\theta - f_s\sin\theta}$$

例3.7 重 600 N 的物块 A 放置在绕线轮上，如图 3.7（a）所示。物块两端用滚柱约束在两墙壁之间。已知绕线轮重 500 N，接触处 A、B 的摩擦因数分别为 $f_A = 0.3$，$f_B = 0.5$；轮子和轮的半径分别为 $r_1 = 0.4$ m，$r_2 = 0.2$ m。试求能使绕线轮运动的最小拉力 P。

解：该题目是求使轮运动（即失去平衡）的最小拉力 P，实际上也是求可以使绕线轮保持平衡的最大拉力 P。由于几何关系的影响，不能断定 A、B 两点中哪一点先发生滑动。所以这个问题必须对各种情况均加以分析计算，将结果进行比较后，方可得出正确答案。

（1）设轮上 B 点不动而 A 点将发生滑动。受力分析如图 3.7（b）、（c）所示。

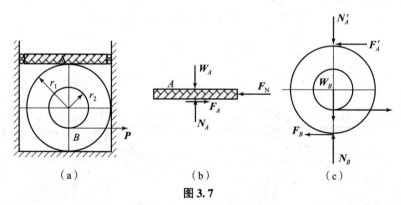

（a）　　　　　　（b）　　　　　　（c）

图3.7

当 A 点达到临界平衡状态时，

$$F_A = F_{Amax} = f_A \cdot N_A = 0.3 \times 600 = 180 \text{（N）}$$

对绕线轮，列平衡方程，有

$$\sum M_B = 0, P(r_1 - r_2) - F_A \cdot (2r) = 0$$

解得 $$P_1 = 720 \text{ N}$$

（2）轮上 A 点不动而 B 点将发生滑动。

当 B 点达到临界平衡状态时，

$$F_B = F_{B\max} = f_B(W_A + W_B) = 550 \text{ N}$$

对绕线轮，列平衡方程，有

$$\sum M_A = 0, P(r_1 + r_2) - F_B \cdot (2r_1) = 0$$

解得

$$P_2 = 733.3 \text{ N}$$

（3）轮上 A、B 点同时发生滑动，此时，F_A、F_B 均达到临界值，对绕线轮列平衡方程：

$$\sum F_x = 0, P - (F_{Am} + F_{Bm}) = 0$$

解得

$$P = 180 + 550 = 730 \text{ N}$$

比较上述三种情况可知，发生第一种情况所需的拉力 P 最小，故能使绕线轮运动的最小拉力 P 是 $P_{\min} = 720 \text{ N}$。

例 3.8 图 3.8 所示的均质木箱重 $W = 5$ kN，它与地面间的静摩擦因数 $f_s = 0.4$。图中 $h = 2a = 2$ m，$\theta = 30°$。（1）当 D 处的拉力 $F = 1$ kN 时，木箱是否平衡？（2）求能保持木箱平衡的最大拉力。

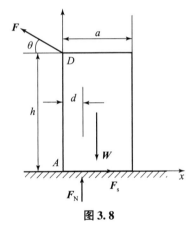

图 3.8

解：欲保持木箱平衡，必须满足两个条件：（1）是不发生滑动，即要求静摩擦力 $F_s \leqslant F_{\max} = f_s F_N$；（2）是不绕 A 点翻倒，这时法向约束力 F_N 的作用线应在木箱内，即 $d > 0$。

（1）取木箱为研究对象，受力如图 3.8 所示，列平衡方程：

$$\sum F_x = 0, F_s - F\cos\theta = 0 \tag{a}$$

$$\sum F_y = 0, F_N - P + F\sin\theta = 0 \tag{b}$$

$$\sum M_A(F) = 0, hF\cos\theta - P\frac{a}{2} + F_N d = 0 \tag{c}$$

求解以上各方程，得

$$F_s = 0.866 \text{ kN}, \ F_N = 4.5 \text{ kN}, \ d = 0.171 \text{ m}$$

此时，木箱与地面间最大摩擦力

$$F_{\max} = f_s F_N = 1.8 \text{ kN}$$

可见，$F_s < F_{\max}$，木箱不滑动；又有 $d > 0$，木箱不会翻倒。因此，木箱保持平衡。

(2) 为求保持平衡的最大拉力 F，可分别求出木箱将滑动时的临界拉力 $F_{滑}$ 和木箱将绕 A 点翻倒的临界拉力 $F_{翻}$。二者中取其较小者，即所求。

木箱将滑动的条件为

$$F_s = F_{max} = f_s F_N \tag{d}$$

联立式 (a)、(b)、(d)，解得

$$F_{滑} = \frac{f_s P}{\cos\theta + f_s\sin\theta} = 1.876 \text{ kN}$$

木箱将绕 A 点翻倒的条件为 $d = 0$，代入式 (c)，得

$$F_{翻} = \frac{Pa}{2h\cos\theta} = 1.443 \text{ kN}$$

由于 $F_{翻} < F_{滑}$，所以保持木箱平衡的最大拉力为

$$F = F_{翻} = 1.443 \text{ kN}$$

这说明，当拉力 F 逐渐增大时，木箱将先翻倒而失去平衡。

例3.9 图 3.9 (a) 所示圆柱体 A 与方块 B 均重 100 N，置于与水平成 30° 的斜面上，A 与 B 的接触面为 D，A 与斜面的接触面为 E，B 与斜面的接触面为 C，若所有接触处的滑动摩擦角均为 35°，求保持物体平衡所需要的最小力 F。

解：当 F 为保持系统平衡的最小值 F_{min} 时，接触面 C 到达最大摩擦力，即将开始滑动。但接触面 D、E 却有三种情况：①D 先滑动，E 不滑动（A 即将沿斜面作纯滚动）；②E 先滑动，D 不滑动（A 即将沿斜面向下移动）；③D、E 同时滑动（A 将又滚又滑）。必须先分析发生哪种情况。

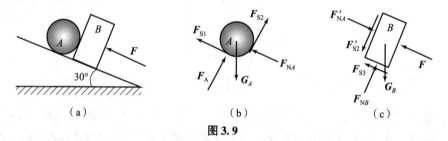

(a)　　　　　　(b)　　　　　　(c)

图 3.9

先考虑 F 略大于 F_{min} 时 A 的平衡，见图 3.9 (b)，写出平衡方程：

$$\sum F_x = 0, F_{NA} + F_{S1} - G_A\cos 30° = 0$$

$$\sum F_y = 0, F_A + F_{S2} - G_A\cos 30° = 0$$

$$\sum M_O(F) = 0, F_{S1}r - F_{S2}r = 0$$

由此知 $F_{S1} = F_{S2}$，$F_A > F_{S2}$。当力 P 由维持系统平衡的某值逐渐减少时，点 C、D 的摩擦力逐渐加大，由上式知是点 D 先到达最大摩擦力，即点 D 先开始滑动。

为求 P_{min}，考虑 A 的平衡，除平衡方程外，补充物理方程为

$$F_D = fN_D$$

求解后得 $\quad N_D = \dfrac{G_A\sin 30°}{1 + f} = 29.4 \text{ N}, \quad F_D = fN_D = 20.6 \text{ N}$

再考虑 B 的平衡，如图 3.9（c）所示，列出平衡方程：

$$\sum F_x = 0, \ -N_D + F_C + P_{\min} - G_B \sin 30° = 0$$

$$\sum F_y = 0, N_C - F_D - G_B \cos 30° = 0$$

而 $F_C = f N_C$，解得

$$N_C = 107.2 \ \text{N}, \ P_{\min} = 4.4 \ \text{N}$$

■ 四、习题精练

（一）填空题

1. 平面任意力系平衡的必要和充分条件是_____。

2. 应用平面任意力系二力矩式的平衡方程解题时，应注意平衡方程中，二矩心 A 和 B 是平面内_____两点，但连线 AB _____于 x 轴。

3. 应用平面任意力系三力矩式的平衡方程解题时，应注意平衡方程中，三矩心 A、B 和 C 是平面内_____的任意三点。

4. 应用平面任意力系的平衡方程解决单个刚体的平衡问题，只能写出_____个独立方程，求解_____个未知量，任何第四个方程_____。

5. 平面平行力系的平衡方程有_____种形式，只有_____个独立方程，求解_____个未知量。

6. 应用平面任意力系的平衡方程解题时，为了简化计算，除了适当选取矩心与坐标轴外，还应根据条件选择适当的_____形式。

7. 静滑动摩擦力的性质有：（1）当物体与约束面之间有正压力，且有相对滑动趋势时，沿接触面的_____方向有静摩擦力产生，摩擦力的方向与_____相反；（2）静摩擦力的大小由_____确定，其数值在_____与_____之间，即_____。

8. 最大静摩擦力的大小与两个相互接触物体间的_____成正比；比例常数 f_s 称为_____系数，其大小与两个相互接触物体表面的_____性质和_____情况等因素有关，在一般情况下 F 与接触面的_____无关。

9. 动摩擦力的大小与两个相互接触物体间的_____成正比。比例系数 f 称为_____系数，此系数主要取决于相互接触物体表面的_____性质和_____情况。在一般情况下 f_s _____f。

10. 如果作用于物体上的全部主动力的合力 R 的作用线在_____之内，则无论这个合力怎样大，物体总是处于_____，这种现象称为自锁。

11. 斜面自锁的条件是斜面的倾角_____或_____摩擦角；螺纹的自锁条件是_____。

12. 全约束反力与法线间的夹角 α 在_____与_____之间变化时，物体保持相对静止。

（二）选择题

1. 若平面汇交力系中的各力在任意两个互相不平行的轴上投影的代数和为零，则此平面汇交力系一定处于（　　）。

　　A. 平衡状态　　　　　　　　　　　　B. 不平衡状态

　　C. 暂时平衡状态　　　　　　　　　　D. 相对平衡状态

2. 在一条绳索中间挂一很小的重物，两手握紧绳索两端往两边拉，若不计绳索的自重和不考虑绳索的拉断，在水平方向能将绳索拉成（　　）。

　　A. 水平　　　　　　　　　　　　　　B. 直线

　　C. 不可能拉成直线　　　　　　　　　D. 以上都不正确

3. 作用在一个刚体上的两个力 P_m、P_n 满足平衡的条件，则该二力可能是（　　）。

　　A. 作用力和反作用力或一对平衡的力　　B. 一对平衡的力或一个力偶

　　C. 一对平衡的力或一个力和一个力偶　　D. 作用力和反作用力或一个力偶

4. 如图所示结构自重不计，杆 AC、BC 的中点各作用一铅垂向下的力 F，则杆 AB 所受的力为（　　）。

　　A. $F_{AB} = \dfrac{1}{4}F$ 　　　　　　　　　　　　B. $F_{AB} = \dfrac{1}{2}F$

　　C. $F_{AB} = F$ 　　　　　　　　　　　　　　D. $F_{AB} = 2F$

5. 图示平面平行力系为一平衡力系，则其独立的平衡方程可写成（　　）。

　　A. $\sum F_x = 0$，$\sum F_y = 0$

　　B. $\sum F_x = 0$，$\sum M_O(F) = 0$ 或 $\sum F_y = 0$，$\sum M_O(F) = 0$

　　C. $\sum F_x = 0$，$\sum F_y = 0$；$\sum M_O(F) = 0$

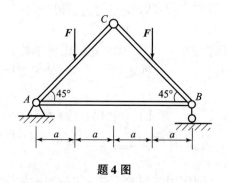

题 4 图

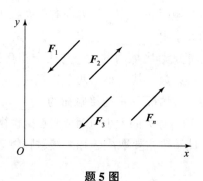

题 5 图

6. 图示某平面平衡力系作用在平面 Oxy 内，该力系的独立平衡方程组是（　　）。

　　A. $\sum M_A(\boldsymbol{F}) = 0$，$\sum M_B(\boldsymbol{F}) = 0$，$\sum M_O(\boldsymbol{F}) = 0$

　　B. $\sum M_A(\boldsymbol{F}) = 0$，$\sum M_B(\boldsymbol{F}) = 0$，$\sum M_C(\boldsymbol{F}) = 0$

　　C. $\sum F_x = 0$，$\sum M_B(\boldsymbol{F}) = 0$，$\sum M_O(\boldsymbol{F}) = 0$

D. $\sum F_x = 0$, $\sum F_y = 0$; $\sum F_{AB} = 0$

7. 重力为 P 的物体自由地放在倾角为 θ 的斜面上，物体与斜面间的摩擦角为 φ，若 $\varphi < \theta$，则物体（　　）。

A. 静止　　　　　　　　　　　　　　B. 滑动

C. 当 φ 很小时能静止　　　　　　　D. 处于临界状态

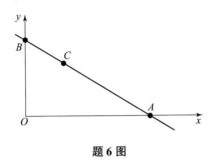

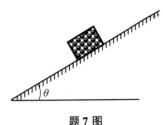

题 6 图　　　　　　　　　　　　　题 7 图

8. 物体 A 所受重力的大小为 100 kN，物体 B 所受重力的大小为 25 kN，A 与地面的摩擦因数为 0.2，滑轮处摩擦不计，则物体 A 与地面间的摩擦力为（　　）。

A. 20 kN　　　　　B. 16 kN　　　　　C. 15 kN　　　　　D. 12 kN

9. 若滑块与斜面间的摩擦系数为 f，欲使物体能够在斜面上静止，则必须满足的条件是（　　）。

A. $\tan f \leqslant \alpha$　　　B. $\tan f \geqslant \alpha$　　　C. $\tan \alpha \leqslant f$　　　D. $\tan \alpha \geqslant f$

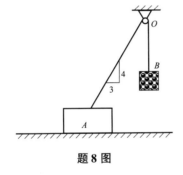

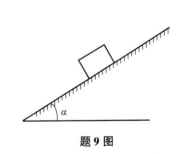

题 8 图　　　　　　　　　　　　　题 9 图

10. 当物体处于临界平衡状态时，静摩擦力 F_s 的大小（　　）。

A. 与物体的质量成正比

B. 与物体的重力在支撑面的法线方向的大小成正比

C. 与相互接触物体之间的正压力大小成正比

D. 由力系的平衡方程来确定

11. 物体与水平面间的摩擦角 $\varphi_m = 20°$，其上作用有 P 与 Q 两力，且 $P = Q$，$\theta = 30°$，则物块的状态为（　　）。

A. 静止　　　　　　　　　　　　　　B. 临界平衡

C. 滑动　　　　　　　　　　　　　　D. 不能确定

12. 物块重为 P，受水平力 F 作用，已知 $P = F$，摩擦角 $\varphi_m = 20°$，则（　　　）。

A. 物体向上滑动 　　　　　　　　　　　B. 静止

C. 临界平衡状态 　　　　　　　　　　　D. 物块向下滑动

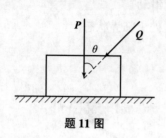 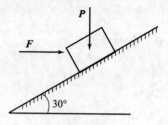

| 题 11 图 | 题 12 图 |

13. 均质杆 AB 重 $P = 6$ kN，A 端置于粗糙地面上，静滑动摩擦因数 $f_s = 0.3$，B 端靠在光滑墙上。杆在图示位置保持平衡，则杆在 A 端所受的摩擦力 F_s 为（　　　）。

A. $F_s = 2$ kN 　　　　　　　　　　　B. $F_s = 1.8$ kN

C. $F_s = \sqrt{3}$ kN 　　　　　　　　　D. $F_s = 1.5$ kN

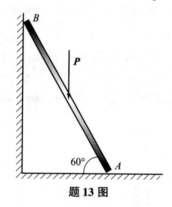

题 13 图

（三）判断题

1. 若平面任意力系向某点 O 简化后，所得到作用于 O 点平面汇交力系的合力为零，则该平面任意力系必平衡。（　　　）

2. 若平面任意力系向某点 O 简化后，所得到的附加的平面力偶系的力偶矩的代数和为零，则该平面任意力系必平衡。（　　　）

3. 应用平面任意力系三力矩式的平衡方程解题时，三矩心 A、B 和 C 可以任意选取。（　　　）

4. 应用平面平行力系的二力矩式平衡方程解题时，两矩心 A、B 的连线不能与 x 轴垂直。（　　　）

5. 平面任意力系平衡的必要和充分条件是力系的合力为零和力系对于任意点 O 的力偶矩的代数和为零。（　　　）

6. 三力汇交于一点，但不共面，这三个力可以互相平衡。（　　　）

7. 用解析法求解平面汇交力系的合力时，若取不同的直角坐标轴，所求得的合力是相同的。　　　　　　　　　　　　　　　　　　　　　　　（　　）

8. 用解析法求解平面汇交力系的平衡问题时，x 与 y 两轴必须相互垂直。　（　　）

本章习题答案

（一）填空题

1. 力系的主矢和对任一点的主矩都等于零；2. 任意，不垂直；3. 不共线；4. 3个，3个，只能用来校核计算的结果；5. 2个，2个，2个；6. 平衡方程；7. 切线，相对滑动的趋势，平衡条件，0，F_{max}，$0 \leqslant F \leqslant F_{max}$；8. 正压力，静滑动摩擦，材料，表面，面积大小；9. 正压力，动滑动摩擦，材料，表面，小于；10. 摩擦角 φ，相对静止；11. 小于，等于，螺纹的升角 α 小于或等于摩擦角；12. 零，摩擦角

（二）选择题

1. A；2. C；3. B；4. B；5. B；6. A；7. B；8. C；9. C；10. C；11. A；12. B；13. C

（三）判断题

1. ×；2. ×；3. ×；4. √；5. √；6. ×；7. √；8. ×

第二篇　材料力学

第四章

绪　论

■ 一、本章重点与难点

重点：

1. 材料力学的基本任务。

2. 材料力学中的基本假设。

3. 材料力学中杆件的基本变形。

4. 外力、内力的含义以及内力的求解方法。

5. 应力与应变。

难点：

1. 强度、刚度的含义。

2. 截面法求内力。

3. 应力与应变的含义。

■ 二、知识要点与辅导

（一）知识要点

1. 材料力学的基本任务

为保证构件能正常工作，一般需要满足三个方面的要求：强度要求、刚度要求和稳定性要求。

2. 材料力学中的基本假设

连续性假设、均匀性假设和各向同性假设。

3. 杆件的基本变形

拉伸或压缩、剪切、扭转、弯曲。

4. 内力的求解方法

用截面法求内力可归纳为四个字：

（1）截：欲求某一横截面的内力，沿该截面将构件假想地截成两部分。

（2）取：取其中任意部分为研究对象，而弃去另一部分。

（3）代：用作用于截面上的内力，代替弃去部分对留下部分的作用力。

（4）平：建立留下部分的平衡条件，由外力确定未知的内力。

（二）辅导

1. 工程结构及其构件

工程结构是工程中各种结构的总称，工程结构的组成部分统称为结构构件，简称构件，包括各种零件、部件、元件、器件，等等。根据几何形状和尺寸可以把它们分为杆、板、壳和体。本篇主要涉及弹性杆件。

2. 模型简化

所有工程结构的构件，实际上都是可变形的弹性体，当变形很小时，变形对力系平衡的影响很小，因而在研究平衡问题时一般可将变形略去，从而将弹性体抽象为刚体。从这个意义上讲，刚体和弹性体都是工程构件在确定条件下的简化力学模型。

弹性体在载荷作用下，将产生连续分布的内力。弹性体内力应满足：与外力的平衡关系，弹性体自身变形协调关系；力与变形之间的物性关系。这是弹性静力学与刚体静力学的重要区别。

■ 三、习题精练

（一）填空题

1. 理论力学研究的是力对物体产生的运动效应（即外效应），而材料力学研究的是力对物体产生的_____效应（即内效应）。

2. 材料力学的研究目的之一就是要统筹兼顾工程构件的_____性和_____性。

3. 材料力学中对变形固体的三条基本假设分别是_____假设、_____假设和_____假设。

4. 为保证机器或工程结构的正常工作，构件应满足_____、_____和_____三个方面的要求。

5. 所谓构件的强度，是指_____，刚度是指_____，稳定性是指_____。

6. 所谓"截面法"，就是用来显示_____，并通过建立_____方程来确定_____的基本方法。

7. 所谓"应力"，是指_____，一般可分解为_____和_____。

8. 衡量一点处变形程度的两个基本量是_____和_____。

9. 杆件的四种基本变形形式分别为_____、_____、_____、_____。

10. 材料力学中对构件的受力和变形等问题可用连续函数来描述，通过试件所测得的材料的力学性能，可用于构件内部的任何部位。这是因为对可变形固体采用了_____假设。

11. 研究构件或其一部分的平衡问题时，采用构件变形前的原始尺寸进行计算，这是因为采用了_____假设。

（二）选择题

1. 以下四种常见材料中，不适用各向同性假设的是（　　）。

A. 青铜　　　　　　　　　　　　B. 松木

C. 玻璃　　　　　　　　　　　　D. 铸铁

2. 构件的强度、刚度和稳定性（　　）。

A. 仅与材料的力学性能有关

B. 仅与构件的形状尺寸有关

C. 与材料的力学性能和构件的形状尺寸都有关

D. 与材料的力学性能和构件的形状尺寸都无关

3. 构件上作用的外力包括（　　）。

A. 作用于构件的所有载荷　　　　　B. 集中载荷和分布载荷

C. 静载荷和动载荷　　　　　　　　D. 载荷和约束反力

4. 构件截面上的内力通常可以简化为（　　）。

A. 一个主矢　　　　　　　　　　B. 一个主矩

C. 一个主矢和一个主矩　　　　　D. 一个标量

5. 杆件的内力与其所在截面的（　　）可能有关。

A. 材料　　　　　　　　　　　　B. 形状

C. 大小　　　　　　　　　　　　D. 位置

6. 关于应力和内力的关系，下列说法正确的是（　　）。

A. 应力是内力的平均值　　　　　B. 内力是应力的代数和

C. 内力是应力的矢量和　　　　　D. 应力是内力的分布集度

7. 下列关于应变的说法，错误的是（　　）。

A. 应变分为线应变和切应变两种　　B. 应变是变形的度量

C. 应变是位移的度量　　　　　　　D. 应变是无量纲的量

8. 下列结论中，错误的是（　　）。

A. 若构件上各点均无位移，则构件必定无变形

B. 若构件上各点均有位移，则构件必定有变形

C. 构件的变形取决于外力的大小和方向

D. 构件各点的位移大小取决于构件的变形和约束情况

9. 如图所示，正方形微元 ABCD 在切应力作用下变形为 $A'BC'D'$，则该微元的切应变为（　　）。

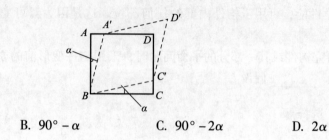

A. α　　　　　　B. $90° - \alpha$　　　　　　C. $90° - 2\alpha$　　　　　　D. 2α

本章习题答案

（一）填空题

1. 变形；2. 安全、经济；3. 连续性、均匀性、各向同性；4. 强度、刚度、稳定性；5. 构件抵抗屈服或断裂破坏的能力、构件抵抗弹性变形的能力、构件保持原有平衡形态的能力；6. 内力、平衡、内力；7. 内力在截面上某点处的分布集度、正应力、切应力；8. 线应变、切应变；9. 拉伸或压缩、剪切、扭转、弯曲；10. 连续均匀；11. 小变形假设

（二）选择题

1. B；2. C；3. D；4. C；5. D；6. D；7. C；8. B；9. D

第五章
拉伸、压缩与剪切

■ 一、本章重点与难点

重点：

1. 拉（压）杆的轴力计算和轴力图绘制。
2. 拉（压）杆的应力计算和强度条件。
3. 拉（压）杆的变形计算和刚度条件。
4. 材料的力学性能。
5. 剪切和挤压的实用计算。

难点：

1. 拉（压）杆最大正应力的计算。
2. 简单拉压静不定问题的解法。

■ 二、知识要点与辅导

（一）知识要点

1. 拉压杆件的内力

用一假想的截面 $m-m$ 将受轴向力的杆件在任一横截面处截开，舍去一部分，并以内力的合力代替舍弃部分对剩下部分的作用力，该内力称为轴力，一般用 F_N 表示。

习惯上把拉伸时的轴力规定为正，压缩时的轴力为负。

2. 拉压杆件横截面上的应力

由于只根据轴力并不能判断杆件是否有足够的强度，因此必须用横截面上的应力来度量杆件的受力程度。

$$\sigma = \frac{F_N}{A}$$

3. 拉压杆件斜截面上的应力

与横截面成 α 角的任意斜截面上的应力为

$$\sigma_\alpha = \sigma \cos^2 \alpha$$

$$\tau_\alpha = \frac{\sigma}{2} \sin(2\alpha)$$

4. 材料拉伸时的力学性能（主要是低碳钢的力学性能）

（1）低碳钢应力－应变曲线分为四个阶段：弹性阶段、屈服阶段、强化阶段和局部变形阶段。

（2）低碳钢拉伸时的三个现象：屈服、颈缩和冷作硬化现象。

（3）低碳钢拉伸时的四个极限：比例极限、弹性极限、屈服极限和强度极限。

（4）低碳钢拉伸时的两个塑性指标：伸长率和断面收缩率。其中伸长率为

$$\delta = \frac{l_1 - l}{l} \times 100\%$$

工程上通常按伸长率的大小把材料分成两大类，$\delta > 5\%$ 的材料称为塑性材料，而把 $\delta < 5\%$ 的材料称为脆性材料。

5. 材料拉伸时的变形

长度为 l，横截面面积为 A，受轴向力为 F 的等直杆，杆件在轴线方向的伸长量为

$$\Delta l = \frac{F_N l}{EA} = \frac{Fl}{EA}$$

当应力不超过比例极限时，杆件的伸长量 Δl 与拉力 F 和杆件的原长度 l 成正比，与横截面面积 A 成反比。式中，EA 称为抗拉（压）刚度，EA 越大，则变形越小。

6. 轴向拉压时的强度计算

设 σ_{max} 是发生在轴力最大处的应力（等直截面杆），则拉伸（压缩）强度条件为

$$\sigma_{max} = \frac{F_{Nmax}}{A} \leq [\sigma]$$

根据强度条件可以解决以下三方面问题：

（1）校核强度 $\sigma_{max} = \frac{F_{Nmax}}{A} \leq [\sigma]$ 是否满足；

（2）设计截面，$A \geq \frac{F_{Nmax}}{[\sigma]}$；

（3）确定构件所能承受的最大安全载荷，$F_{Nmax} \leq [\sigma] A$。

7. 简单拉压超静定问题

（1）当未知数的个数多于静力平衡方程的个数时，只用平衡条件将不能求解全部未知力，这类问题称为超静定问题。

（2）求解超静定问题的方法：除列写静力平衡方程外，还需找到补充方程，补充方程可由各部分变形几何关系来确定。

（二）辅导

1. 关于应力和变形公式的应用条件

本章得到了承受拉伸或压缩时杆件横截面上的正应力公式与变形公式：

$$\sigma = \frac{F_N}{A}$$

$$\Delta l = \frac{F_N l}{EA}$$

其中，正应力公式只有杆件沿轴线方向均匀变形时才是适用的。对于变形公式，应用时有两点必须注意：一是因为导出这一公式时应用了弹性范围内力与变形之间的线性关系，因此只有杆件在弹性范围内加载时才能应用上述公式计算杆件的变形；二是公式中的 F_N 为一段杆件内的轴力，只有当杆件仅在两端受力时 F_N 才等于外力。当杆件上有多个外力作用时，则必须先计算各段轴力，再分段计算变形，然后按代数值相加。

2. 圣维南原理

当作用在杆端的轴向外力沿横截面非均匀分布时，外力作用点附近各截面的应力也为非均匀分布。圣维南原理指出，力作用于杆端局部范围内的应力分布，影响区域的轴向范围为 1~2 个杆端的横向尺寸。只要外力合力的作用线沿杆件轴线，在离外力作用面稍远处，横截面上的应力分布均可视为均匀的。至于外力作用处的应力分析，则需另行讨论。

圣维南原理是弹性力学的基础性原理，对于作用在物体边界上一小块表面上的外力系可以用静力等效并且作用于同一小块表面上的外力系替换，这种替换造成的区别仅在离该小块表面的近处影响是显著的，而在较远处的影响可以忽略。对连续体而言，替换所造成显著影响的区域深度与小表面的直径有关。

3. 剪切和挤压的实用计算

剪切和挤压往往同时存在，强度校核时不应只考虑一个变形，漏掉另一个变形。剪切面和挤压面是不同的，不能混淆。

剪切面上切应力并非均布，以式 $\tau = \dfrac{F_s}{A}$ 来求切应力，无非是实用计算的一种处理方法。

类似地，挤压面上应力也非均布，以式 $\sigma_{bs} = \dfrac{F}{A_{bs}}$ 来求挤压应力，也是实用计算的处理方法。特别当挤压面为圆柱面时，A_{bs} 等于直径平面的面积 δd（不是圆柱侧面积 $\pi d\delta$，也不是 $\dfrac{\pi d\delta}{2}$），其中 δ 为圆柱面的高。这并不是说，直径平面是挤压面，只不过是将 δd 看作 A_{bs} 时，所得的 σ_{bs} 大致上与实际最大挤压应力接近。

计算切应力 τ 时，要弄清剪力 F_s 的大小和剪切面的个数。常见情况如下：

（1）单面受剪，剪力 $F_s = F$（不是 $F/2$），剪切面为连接件的横截面积。

（2）双面受剪，每个剪切面上的剪力 $F_s = \dfrac{F}{2}$，剪切面即受剪切件的横截面积。

4. 轴向拉（压）应力的理解

初学时，对材料力学的量及与之相应的原理、公式易停留在字面的认识及形式的理解上，产生一些难以自圆其说的困惑。例如，公式 $\sigma = \dfrac{F_N}{A}$ 表明应力与材料无关，而胡克定律表达式 $\sigma = E\varepsilon$ 又似乎表明应力与材料（E）有关。事实上，前者反映的是工作应力与内力

（载荷）的关系，不涉及材料，而后者反映的则是应变与应力的关系，涉及材料的性能。可见，只有从实质上把握概念，才能对之真正理解，正确运用。

5. 轴向拉（压）杆相关公式的应用条件

$\sigma = \dfrac{F_N}{A}$ 适用于直杆的轴向拉压；胡克定律 $\sigma = E\varepsilon$ 适用于弹性范围；$\Delta l = \dfrac{F_N l}{EA}$ 只能应用于 F_N、E、A 相同的杆或杆段，等等，忽略应用条件必然会导致错误。

6. 本章学习中易出现的错误

（1）轴力与轴力图部分。不按截面法求内力而误将截面邻近的外力作为截面上的内力；轴力图不规范，如轴力图与杆不对应，图形、数值、单位、正负号不完整等。

（2）强度计算部分。对轴力、轴力图、杆横截面面积、材料的许用应力等诸因素缺乏全面分析，误定危险截面，混淆杆的许可内力与结构的许用载荷，等等。

（3）变形计算部分。忽略胡克定律的适用范围，对 F_N、E、A 各段不同的杆件计算变形时，分段错误或错定各段变形的正负，导致总变形的计算错误等。

（4）在学习以低碳钢拉伸的全过程为主线得出材料的力学性能时，可将主要内容归纳为 4 个阶段（弹性、屈服、强化、局部变形），3 个极限（σ_p、σ_s、σ_b），2 类指标（强度：σ_s、σ_b；塑性：δ、ψ），1 个常数（E）及 1 条规律（卸载及冷作硬化），以避免繁杂凌乱。

■ 三、例题精讲

例 5.1　图 5.1（a）所示为一受压轴类杆件简化模型示意图。作用于杆件上的力分别简化为 $F_1 = 2.62$ kN，$F_2 = 1.3$ kN，$F_3 = 1.32$ kN。试求杆件横截面 1—1 和 2—2 上的轴力，并作杆件的轴力图。

解：（1）计算杆件各段的轴力。

使用截面法，沿截面 1—1 将杆件分成两段，取出左段，并画出受力图，如图 5.1（b）所示。用 F_{N1} 表示右段对左段的作用，为了保持左段的平衡，F_{N1} 和 F_1 大小相等，方向相反，而且共线，故截面 1—1 左边的一段受压，F_{N1} 为负。由左段的平衡方程 $\sum F_x = 0$，得

$$F_1 - F_{N1} = 0$$
$$F_{N1} = F_1 = 2.62 \text{ kN （压力）}$$

同理，可以计算横截面 2—2 上的轴力 F_{N2}。由截面 2—2 左边一段，如图 5.1（c）所示，由平衡方程 $\sum F_x = 0$，得

$$F_1 - F_2 - F_{N2} = 0$$
$$F_{N2} = F_1 - F_2 = 1.32 \text{ kN （压力）}$$

现在，再来研究截面 2—2 右边的一段，如图 5.1（d）所示，由平衡方程 $\sum F_x = 0$，得

$$F_{N2} - F_3 = 0$$
$$F_{N2} = F_3 = 1.32 \text{ kN}$$

所得结果与前面相同，但计算过程比较简单。所以在计算此类问题时应选取受力比较简单的一段作为分析对象。

（2）绘制轴力图。

建立一个坐标系，其横坐标表示横截面的位置，纵坐标表示相应截面上的轴力，便可用图线表示出沿该杆轴线轴力变化的情况，如图 5.1（e）所示，这种图线即轴力图。在轴力图中，将拉力绘在 x 轴的上侧，压力绘在 x 轴的下侧。这样，轴力图非但显示出杆件各段内轴力的大小，而且可表示出各段内的变形是拉伸或是压缩。一般在轴力图上需要标出轴力的大小和单位。

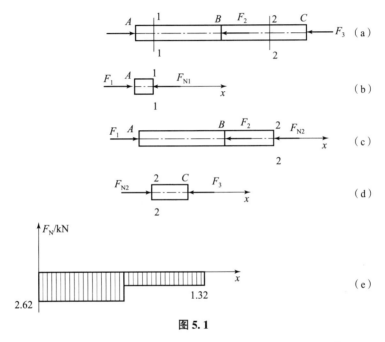

图 5.1

例 5.2　图 5.2 所示为变截面杆，已知 BD 段横截面积 $A_1 = 2 \text{ cm}^2$，DA 段 $A_2 = 4 \text{ cm}^2$，轴力 $P_1 = 5 \text{ kN}$，$P_2 = 10 \text{ kN}$，各段长度如图所示，材料的弹性模量 $E = 120 \times 10^3 \text{ MPa}$。求 AB 杆的变形 Δl_{AB}。

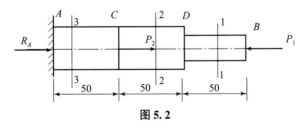

图 5.2

解：（1）计算杆件的内力，设左端的约束力为 R_A，由平衡方程

$$\sum F_x = 0, \quad R_A + P_2 - P_1 = 0$$

$$R_A = -5 \text{ kN}$$

用 1—1 截面将杆件截开，取右段为研究对象，由平衡条件，求得 1—1 截面的轴力为

$$F_1 = -5 \text{ kN （压力）}$$

同理，可求得 2—2（DC 段）、3—3（CA 段）截面的轴力分别为

$$F_2 = -5 \text{ kN （压力）}, \quad F_3 = 5 \text{ kN （拉力）}$$

（2）计算轴向变形。

该阶梯轴的变形应分三段计算，总变形 Δl_{AB} 等于各段变形量的代数和。即

$$\Delta l_{AB} = \Delta l_1 + \Delta l_2 + \Delta l_3$$

根据公式 $\Delta l = \dfrac{F_N l}{EA}$ 分别计算出各段杆件的变形：

$$\Delta l_{BD} = \Delta l_1 = \frac{F_1 l_1}{EA_1} = \frac{-5 \times 10^3 \times 0.5}{120 \times 10^9 \times 2 \times 10^{-4}} = -1.05 \times 10^{-4} \text{ m}$$

$$\Delta l_{DC} = \Delta l_2 = \frac{F_2 l_2}{EA_2} = \frac{-5 \times 10^3 \times 0.5}{120 \times 10^9 \times 4 \times 10^{-4}} = -0.52 \times 10^{-4} \text{ m}$$

$$\Delta l_{CA} = \Delta l_3 = \frac{F_3 l_3}{EA_3} = \frac{5 \times 10^3 \times 0.5}{120 \times 10^9 \times 4 \times 10^{-4}} = 0.52 \times 10^{-4} \text{ m}$$

$$\Delta l_{AB} = \Delta l_1 + \Delta l_2 + \Delta l_3 = -1.05 \times 10^{-4} \text{ m}$$

例 5.3　一铰接结构由钢杆 AC 和铜杆 AB 组成，如图 5.3（a）所示，在接点 A 处悬挂一重物 $P = 40$ kN，已知杆 AC 的横截面积为 $A_1 = 200 \text{ mm}^2$，AB 的横截面积为 $A_2 = 300 \text{ mm}^2$，材料的许用应力分别为 $[\sigma]_1 = 160$ MPa，$[\sigma]_2 = 100$ MPa，试校核该结构的安全。

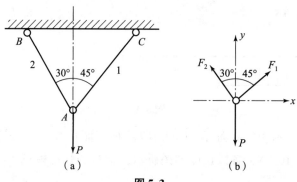

图 5.3

解：（1）计算各杆的轴力。

设 AC 杆轴力为 F_1，AB 杆轴力为 F_2，选取接点 A 为研究对象，受力分析如图 5.3（b）所示。

由 $\sum F_x = 0$ 得 　　　　　　　$-F_2 \sin 30° + F_1 \sin 45° = 0$

由 $\sum F_y = 0$ 得 　　　　　　　$F_2 \cos 30° + F_1 \cos 45° = P$

联立上面两式解得两杆的轴力为

$$F_1 = 20.71 \text{ kN}$$

$$F_2 = 29.28 \text{ kN}$$

两杆横截面上的应力分别为

$$\sigma_1 = \frac{F_1}{A_1} = \frac{20.71 \times 10^3}{200 \times 10^{-6}} = 103.6 \times 10^6 (\text{Pa}) = 103.6 \text{ MPa}$$

$$\sigma_2 = \frac{F_2}{A_2} = \frac{29.28 \times 10^3}{300 \times 10^{-6}} = 97.6 \times 10^6 (\text{Pa}) = 97.6 \text{ MPa}$$

$\sigma_1 < [\sigma]_1 = 160$ MPa，$\sigma_2 < [\sigma]_2 = 100$ MPa，故该结构的强度是足够的。

例 5.4　重物 P 由铝丝 CD 悬挂在钢丝 AB 的中点 C，如图 5.4 所示，已知铝丝直径 $d_1 = 2$ mm，许用应力 $[\sigma]_1 = 100$ MPa，钢丝直径 $d_2 = 1$ mm，许用应力 $[\sigma]_2 = 240$ MPa，且 $\alpha = 30°$，试求许可载荷 $[P]$。

解：（1）由平衡条件计算钢丝和铝丝的轴力。

设铝丝和钢丝的轴力分别是 F_{N1} 和 F_{N2}，选取节点 C 点为研究对象，由平衡条件可得

$$2F_{N2}\sin\alpha = F_{N1} = P$$

$$F_{N2} = \frac{P}{2\sin\alpha}$$

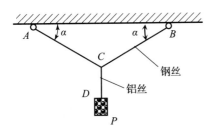 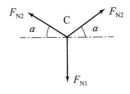

图 5.4

（2）列强度条件如下：

铝丝：

$$\sigma_1 = \frac{F_{N1}}{A_1} = \frac{4P}{\pi d_1^2} \leqslant [\sigma]_1$$

$$P_1 \leqslant \frac{\pi d_1^2 [\sigma]_1}{4} = \frac{\pi \times (2 \times 10^{-3})^2 \times 100 \times 10^6}{4} = 314 \text{ N}$$

钢丝：

$$\sigma_2 = \frac{F_{N2}}{A_2} = \frac{2P}{\pi d_2^2 \sin\alpha} \leqslant [\sigma]_2$$

$$P_2 \leqslant \frac{\pi d_2^2 \sin\alpha [\sigma]_2}{2} = \frac{\pi \times (10^{-3})^2 \times \sin 30° \times 240 \times 10^6}{2} = 188 \text{ N}$$

比较上式结果，则 $[P] = P_2 = 188$ N。

■ 四、习题精练

（一）填空题

1. 工程中通常把伸长率大于_____的材料称为塑性材料。

2. 低碳钢经过冷作硬化处理后，它的_____极限得到了提高。

3. 受轴向拉伸的等直杆，在变形后其体积将_____。（填：增大、减小、不变）

4. 一空心圆截面直杆，两端承受轴向拉力作用，如将内、外径都增大一倍，则其抗拉刚度将是原来的_____倍。

5. 轴向拉伸的等直杆，杆内任一点处最大切应力的方向与轴线成_____度。

6. 两根长度及横截面积相同的等直杆，一根为钢杆，一根为铝杆，承受相同的轴向拉力，则钢杆的正应力_____铝杆的正应力，钢杆的伸长量_____铝杆的伸长量。（填：大于、小于、等于）

7. 低碳钢经过冷作硬化处理后，材料的弹性模量_____。（填：增大、减小、不变）

8. 求杆件内力的基本方法是_____法。

9. 低碳钢在拉伸试验中发生了冷作硬化，其_____不变，_____性能降低。

10. 低碳钢在轴向拉伸过程中经历的四个阶段依次是：弹性阶段、_____阶段、_____阶段、局部变形阶段。

11. 两根受轴向拉伸的杆件，长度和直径相同，材料不同，承受相等的轴向拉力，其横截面上的正应力_____，在比例极限内，其绝对变形量_____，相对变形量_____。（填：相同、不同）

12. 在其他条件不变的情况下，受轴向拉伸杆件的直径增大一倍，横截面上的正应力将减少_____，相对变形量将减少_____，绝对变形量将减少_____。

13. 铸铁拉伸时，由于_____作用，试件沿_____度截面断裂；低碳钢屈服时，在 45° 方向上出现滑移线，这是由_____引起的。

14. 低碳钢的 $\sigma - \varepsilon$ 曲线如图所示，材料的弹性模量 $E =$ _____GPa，材料的屈服极限 $\sigma_s =$ _____MPa，材料的强度极限 $\sigma_b =$ _____MPa。

15. 用三种不同材料制成尺寸相同的试件，在相同的试验条件下进行拉伸试验，得到的应力 – 应变曲线如图所示。由此可知：_____的强度最高，_____的弹性模量最大，_____的塑性最好。

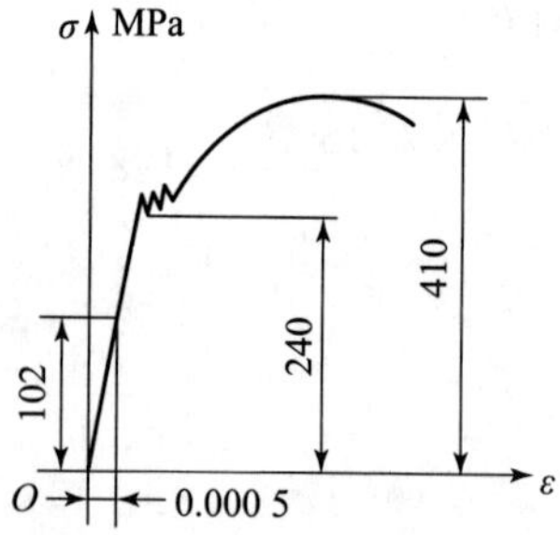

题 14 图

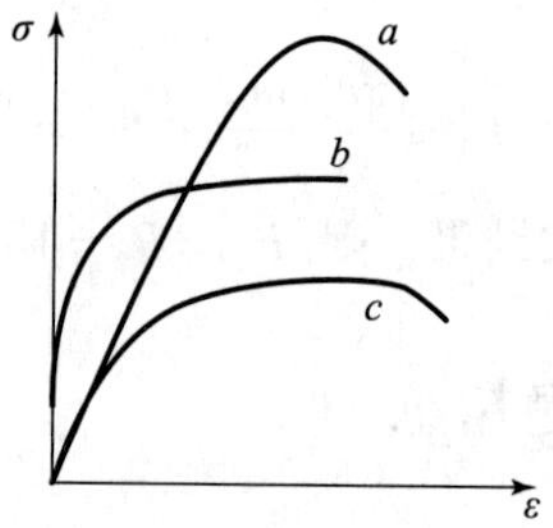

题 15 图

16. 衡量材料的两个重要塑性指标是_____和_____。

（二）选择题

1. 下列说法中，正确的是（　　）。

A. 内力是应力的代数和
B. 应力是内力的平均值
C. 应力是内力的集度
D. 内力必大于应力

2. 应用拉压正应力公式 $\sigma = \dfrac{F}{A}$ 的条件是（　　）。

A. 应力小于比例极限
B. 应力小于弹性极限
C. 应力小于屈服极限
D. 外力的合力沿杆的轴线

3. 两根钢制拉杆受力如图，若杆长 $l_2 = 2l_1$，横截面积 $A_2 = 2A_1$，则两杆的伸长量 Δl 和纵向线应变 ε 之间的关系为（　　）。

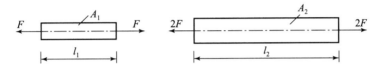

A. $\Delta l_2 = \Delta l_1$，$\varepsilon_2 = \varepsilon_1$
B. $\Delta l_2 = 2\Delta l_1$，$\varepsilon_2 = \varepsilon_1$
C. $\Delta l_2 = 2\Delta l_1$，$\varepsilon_2 = 2\varepsilon_1$
D. $\Delta l_2 = \Delta l_1/2$，$\varepsilon_2 = 2\varepsilon_1$

4. 图示拉杆的外表面上有一斜线，当拉杆变形时，斜线将（　　）。

A. 平动
B. 转动
C. 不动
D. 平动加转动

5. 如图所示，阶梯杆 ABC 受拉力 P 作用。AB 段的横截面积为 A_1，BC 段的横截面积为 A_2，各段杆长度均为 l，材料的弹性模量为 E，则阶梯杆的最大线应变为（　　）。

A. $\dfrac{P}{EA_1} + \dfrac{P}{EA_2}$
B. $\dfrac{P}{2EA_1} + \dfrac{P}{2EA_2}$
C. $\dfrac{P}{EA_2}$
D. $\dfrac{P}{EA_1}$

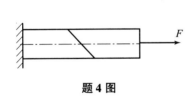

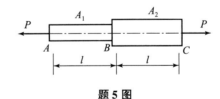

题 4 图　　　　　　　　　　　　　　　题 5 图

6. 图示杆沿着轴线作用三个集中力，其中 m—m 截面上的轴力为（　　）。

A. $-5P$
B. $-2P$
C. $-P$
D. $-7P$

7. 如图所示阶梯轴，AB 段为钢，BD 段为铝。在力 P 的作用下，（　　）。

A. AB 段的轴力最大
B. BC 段的轴力最大
C. CD 段的轴力最大
D. 三段的轴力一样大

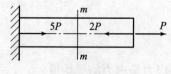

题 6 图

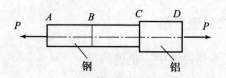

题 7 图

8. 如图所示,阶梯形杆 *AD* 受三个集中力作用,设 *AB*、*BC*、*CD* 的横截面积分别为 *A*、2*A*、3*A*,则三段杆的横截面上( )。

    A. 轴力不等,应力相等   B. 轴力相等,应力不等

    C. 轴力和应力都相等   D. 轴力和应力都不相等

9. 如图所示阶梯轴,*CD* 段为铝,横截面积为 *A*;*BC* 段和 *DE* 段为钢,横截面积为 2*A*。设 1—1、2—2、3—3 截面上的正应力分别为 σ_1、σ_2、σ_3,则三者大小排序为( )。

    A. $\sigma_1 > \sigma_2 > \sigma_3$ B. $\sigma_2 > \sigma_3 > \sigma_1$

    C. $\sigma_3 > \sigma_1 > \sigma_2$ D. $\sigma_2 > \sigma_1 > \sigma_3$

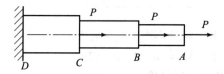

题 8 图

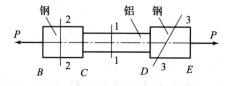

题 9 图

10. 轴向拉伸杆,正应力最大的截面和切应力最大的截面( )。

    A. 分别是横截面、45°斜截面   B. 都是横截面

    C. 分别是45°斜截面、横截面   D. 都是45°斜截面

11. 对于低碳钢,当单向拉伸应力不超过( )时,胡克定律 $\sigma = E\varepsilon$ 成立。

    A. 比例极限   B. 弹性极限   C. 屈服极限   D. 强度极限

12. 低碳钢拉伸进入屈服阶段后,材料将发生( )变形。

    A. 弹性变形   B. 线弹性变形

    C. 塑性变形   D. 弹塑性变形

13. 现有钢和铸铁两种材料的杆,其直径相同,从安全性和经济性两方面考虑,图示结构中,两杆的合理选材方案为( )。

    A.1 杆为铸铁,2 杆为钢   B.1 杆为钢,2 杆为铸铁

    C. 两杆均为钢   D. 两杆均为铸铁

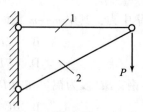

题 13 图

14. 若受拉杆件的抗拉刚度为常数，若使杆的伸长量为零，则（　　）必为零。

A. 杆内各点处的应变　　　　　　　　B. 杆内各点处的位移

C. 杆内各点处的正应力　　　　　　　D. 杆的轴力图面积的代数和

15. 下列说法中，正确的是（　　）。

A. 影响材料强度的是正应力和切应力的大小

B. 影响材料强度的是内力的大小

C. 同一截面上的正应力必定是均匀分布的

D. 同一截面上的切应力必定是均匀分布的

16. 下列说法中，正确的是（　　）。

A. 一点处的位移可分为线位移和角位移

B. 一点处可以有线位移，但没有角位移

C. 一条线或一个面可以有角位移，但没有线位移

D. 一条线或一个面可以有线位移，但没有角位移

17. 空心圆截面杆受轴向拉伸时，下列结论中正确的是（　　）。

A. 外径和壁厚都增大　　　　　　　　B. 外径和壁厚都减小

C. 外径减小，壁厚增大　　　　　　　D. 外径增大，壁厚减小

18. 如图所示，两端固定的等截面直杆，受轴向载荷 P 和 $2P$ 作用，则固定端 A 的支反力为（　　）。

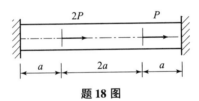

题 18 图

A. $\frac{1}{4}P$　　　　　　B. $\frac{3}{4}P$　　　　　　C. $\frac{7}{4}P$　　　　　　D. $2P$

19. 不同材料的甲、乙两杆，几何尺寸相同，在受到相同的轴向拉力时，两杆的应力和变形的关系为（　　）。

A. 应力和变形都相同　　　　　　　　B. 应力不同，变形相同

C. 应力相同，变形不同　　　　　　　D. 应力和变形都不同

20. 构件抵抗破坏的能力称为（　　）。

A. 强度　　　　　　B. 刚度　　　　　　C. 稳定性　　　　　　D. 硬度

21. 圆截面杆受轴向拉力作用，若将其改为横截面积不变的空心圆截面杆件，其他条件不变，以下结论中正确的是（　　）。

A. 轴力增大，正应力增大，轴向变形增大

B. 轴力减小，正应力减小，轴向变形减小

C. 轴力增大，正应力增大，轴向变形减小

D. 轴力、正应力、轴向变形均不发生变化

22. 对于在弹性范围内受力的拉杆，以下结论中错误的是（　　）。

A. 长度相同、受力相同的杆件，抗拉刚度越大，轴向变形越小

B. 材料相同的杆件，正应力越大，轴向正应变越大

C. 杆件受力相同，横截面积相同但形状不同，其横截面上的轴力相同

D. 正应力是由外力引起的，故只要杆件所受外力相同，正应力也相同

23. 低碳钢拉伸试验中，所能承受的最大应力称为（　　）。

A. 比例极限　　　　　　　　　　　　B. 屈服极限

C. 强度极限　　　　　　　　　　　　D. 许用应力

24. 两杆的材料、横截面积和受力均相同，而一杆的长度为另一杆长度的 2 倍。比较它们的轴力、横截面上的正应力、正应变和轴向变形，以下结论中正确的是（　　）。

A. 两杆的轴力、正应力、正应变和轴向变形都相同

B. 两杆的轴力、正应力相同，而长杆的正应变和轴向变形比短杆的大

C. 两杆的轴力、正应力和正应变都相同，而长杆的轴向变形比短杆的大

D. 两杆的轴力相同，而长杆的正应力、正应变和轴向变形都比短杆的大

25. 低碳钢拉伸试验的应力－应变曲线大致可分为四个阶段，这四个阶段依次是（　　）。

A. 弹性阶段、屈服阶段、塑性变形阶段、断裂阶段

B. 弹性阶段、塑性变形阶段、强化阶段、颈缩阶段

C. 弹性阶段、屈服阶段、强化阶段、断裂阶段

D. 弹性阶段、屈服阶段、强化阶段、颈缩阶段

26. 设轴向拉伸杆横截面上的正应力为 σ，则 45° 斜截面上的正应力和切应力（　　）。

A. 分别为 $\sigma/2$ 和 σ　　　　　B. 均为 σ

C. 分别为 σ 和 $\sigma/2$　　　　　D. 均为 $\sigma/2$

27. 材料的塑性指标有（　　）。

A. σ_2 和 δ　　　　　　　　B. σ_s 和 ψ

C. δ 和 ψ　　　　　　　　　D. σ_3 和 ψ

28. 一等直杆在两端承受拉力作用，若其一半为钢，一半为铝，则两段的（　　）。

A. 应力相同，变形相同　　　　　　　B. 应力相同，变形不同

C. 应力不同，变形相同　　　　　　　D. 应力不同，变形不同

29. 如图所示，杆件受到大小相等的四个轴向力的作用，其中（　　）段的变形为零。

A. AB　　　　　　　　　　　　　　　B. AC

C. AD　　　　　　　　　　　　　　　D. BC

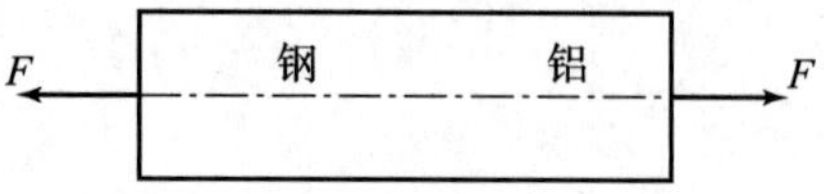

题 28 图 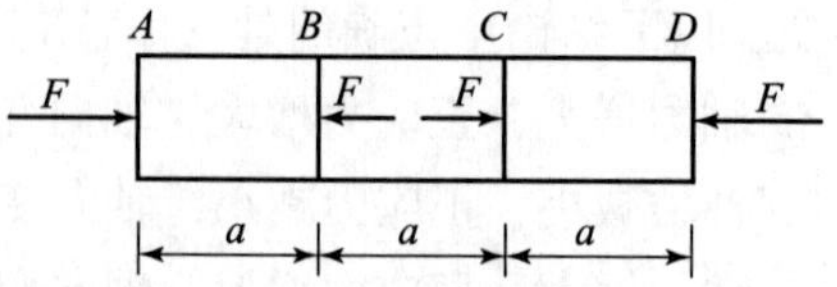　　　　　　　　　　　　　题 29 图

30. 由变形公式 $\Delta l = \dfrac{F_N l}{EA}$ 可得 $E = \dfrac{F_N l}{A \Delta l}$，故弹性模量 E（　　）。

A. 与轴力、杆长、横截面积均无关　　　B. 与轴力成正比

C. 与杆长成正比　　　D. 与横截面积成反比

31. 下列说法中，正确的是（　　）。

A. 应力随外力的增大而增大　　　B. 应力随外力的增大而减小

C. 应力与外力无关　　　D. 应力沿杆的轴线是不变的

（三）计算题

1. 一悬臂吊车的简图如图所示，构件 AB、AC 为一圆形横截面钢杆，已知材料的许用应力为 $[\sigma] = 120\ \text{MPa}$，载荷 $P = 20\ \text{kN}$，两杆夹角为 $\alpha = 20°$。杆的自重不计，试确定杆的直径。

2. 杆系结构如图所示，已知杆 AB、AC 材料相同，$[\sigma] = 160\ \text{MPa}$，横截面积分别为 $A_1 = 706.9\ \text{mm}^2$，$A_2 = 314\ \text{mm}^2$，试确定该结构的许可载荷 $[P]$。

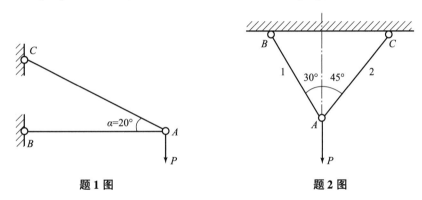

题 1 图　　　　　　　　　题 2 图

3. 图示杆系结构中，AB 杆为刚性杆，1、2 杆的刚度为 EA，外加载荷为 P，试求 1、2 杆的轴力。

4. 一等截面直杆如图所示，固定在两刚性墙壁之间，若杆的横截面积为 A，材料的弹性模量为 E，试求墙对杆的反力。

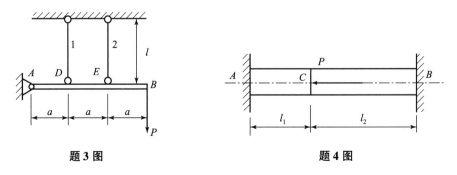

题 3 图　　　　　　　　　题 4 图

5. 某坦克履带板结构简图如图所示，已知履带销直径 $d = 20\ \text{mm}$，许用切应力 $[\tau] = 170\ \text{MPa}$，牵引力 $F = 90\ \text{kN}$，$a = 80\ \text{mm}$，$b = 120\ \text{mm}$。试校核履带销的剪切强度。

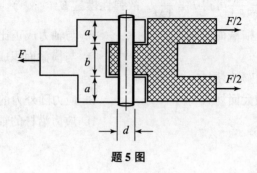

题 5 图

本章习题答案

（一）填空题

1. 5%；2. 比例；3. 增大；4. 4；5. 45；6. 等于、小于；7. 不变；8. 截面；9. 弹性模量、塑性；10. 屈服、强化；11. 相同、不同、不同；12. 3/4、3/4、3/4；13. 正应力、45、切应力；14. 204、240、410；15. a、b、c；16. 伸长率、断面收缩率

（二）选择题

1. C；2. D；3. B；4. D；5. D；6. C；7. D；8. A；9. A；10. A；11. A；12. D；13. B；14. D；15. A；16. B；17. B；18. C；19. C；20. A；21. D；22. D；23. C；24. C；25. D；26. D；27. C；28. B；29. D；30. A；31. C

（三）计算题

1. **解**：（1）计算各杆的轴力。

研究点 A 的平衡，如图（b）所示。

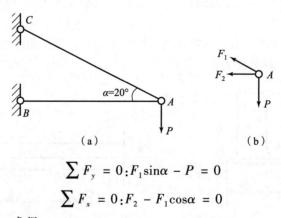

（a）　　　　　　　　　　（b）

$$\sum F_y = 0 : F_1 \sin\alpha - P = 0$$

$$\sum F_x = 0 : F_2 - F_1 \cos\alpha = 0$$

联立求解上两式，求得

$$F_1 = \frac{P}{\sin\alpha} = \frac{20 \times 10^3}{\sin 20°} = 5.85 \times 10^4 \text{ N}$$

$$F_2 = F_1 \cos\alpha = 5.85 \times 10^4 \times \cos 20° = 5.50 \times 10^4 \text{ N}$$

（2）确定杆件的横截面积。

由于 AB、AC 杆件的截面积相同，而杆 AC 所受的外力较大，故只要此杆能满足强度要求，则 AB 也能满足要求，故此只设计 AC 杆的截面尺寸。

$$A \geqslant \frac{F_1}{[\sigma]} = \frac{5.85 \times 10^4}{120 \times 10^6} = 4.88 \times 10^{-4} \text{ m}^2 = 488 \text{ mm}^2$$

$$d \geqslant \sqrt{\frac{4A}{\pi}} = \sqrt{\frac{4 \times 488}{\pi}} = 24.9 \text{ mm}$$

取杆的直径 $d = 25$ mm。

2. **解**：（1）由平衡条件计算杆的轴力。

设 AB 杆的轴力为 F_1，AC 杆的轴力为 F_2，选取接点 A 为研究对象。

$$\sum F_x = 0: F_2 \sin 45° = F_1 \sin 30°$$

$$\sum F_y = 0: F_2 \cos 45° + F_1 \cos 30° = P$$

联立上面两式，解得各杆轴力与载荷 P 的关系为

$$F_1 = \frac{2P}{1 + \sqrt{3}} = 0.732P$$

$$F_2 = \frac{\sqrt{2}P}{1 + \sqrt{3}} = 0.518P$$

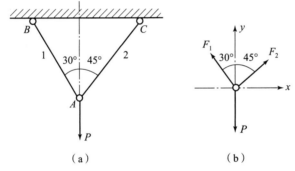

（a）　　　　　　　　　　（b）

（2）由强度条件 $F_1 \leqslant [F_1]$，$F_2 \leqslant [F_2]$，计算对应的载荷 [P]。

杆 AB 的许用载荷为　　　$F_1 \leqslant [F_1] = A_1[\sigma] = 113.1$ kN

$0.732P \leqslant 113.1$ kN　求得　$[P_1] \leqslant 154.5$ kN

同理，由 $F_2 \leqslant [F_2] = A_2[\sigma] = 50.3$ kN，求得 $[P_2] \leqslant 97.1$ kN

要保证 AB 杆和 AC 杆的强度，应取上述许可载荷两者中的小值，即 $[P_2]$。

故得　　　　　　　　　　　　$[P] = 97.1$ kN

3. **解**：

（1）静力平衡方程。

以整体为研究对象，受力分析如图（b）所示，设 F_1、F_2 为 1、2 杆的内力，F_{Ax}、F_{Ay} 为 A 处的约束力，可见未知力个数为 4 个，而静力学平衡方程仅有 3 个（平面力系），故该结构为一次超静定结构，该题属于一次超静定问题。

$$\sum M_A = 0: F_1 a + 2aF_2 = 3Pa$$
$$F_1 + 2F_2 = 3P$$

（2）变形协调方程。

由于横梁 AB 是刚性杆，结构变形后，它仍为直杆，由图中看出，1、2 两杆的伸长 Δl_1 和 Δl_2 应满足以下关系：

$$\frac{\Delta l_1}{\Delta l_2} = \frac{1}{2}$$

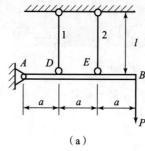

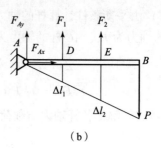

（a）　　　　　　　　　　　　　（b）

（3）物理方程。

由胡克定律，可得

$$\Delta l_1 = \frac{F_1 l}{EA}, \ \Delta l_2 = \frac{F_2 l}{EA}$$

联立上述三式，解得

$$F_1 = \frac{3}{5}P \ （拉力），\ F_2 = \frac{6}{5}P \ （拉力）$$

4. 解：

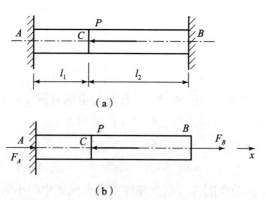

（a）

（b）

设杆受墙壁的支反力为 F_A，F_B，而在该题目中平衡方程只有一个，因此需建立补充方程。

（1）静力平衡方程：

$$\sum F_x = 0: F_A + F_B - P = 0$$

（2）变形协调方程：

解除右边的约束，用约束力 F_B 来代替，在外力 P 和 F_B 作用下，AB 杆将发生变形，

一般杆件的变形不为零，但是在本题中由于墙壁是刚性的，因此总的变形量应为零。故变形协调方程为

$$\Delta l = \Delta l_1 + \Delta l_2 = 0$$

（3）物理方程。

由胡克定律，可得

$$\Delta l_1 = -\frac{F_A l}{EA}, \qquad \Delta l_2 = \frac{F_B l}{EA}$$

联立上述三式，解得

$$F_A = \frac{l_2}{l_1 + l_2}P, \qquad F_B = \frac{l_1}{l_1 + l_2}P$$

5. **解**：履带销受力如图所示。根据受力情况，履带销中段相对于上、下两段，沿 m—m 和 n—n 两个截面向右错动。所以有两个剪切面，故为双剪切。

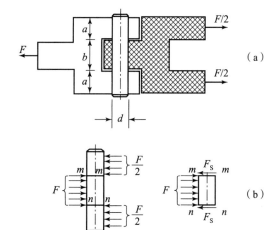

由平衡方程容易求出

$$F_S = \frac{F}{2}$$

$$\tau = \frac{F_S}{A} = \frac{45 \times 10^3}{\frac{\pi}{4}(20 \times 10^{-3})^2} = 143.4 \ \text{MPa} < [\tau]$$

故履带销满足剪切强度要求。

第六章

扭　转

■ 一、本章重点与难点

重点：

1. 圆轴扭转切应力的计算及其最大切应力。

2. 圆轴扭转变形及刚度条件。

3. 极惯性矩及抗扭截面系数的概念。

4. 切应力互等定理。

难点：

圆轴扭转最大切应力的计算。

■ 二、知识要点与辅导

（一）知识要点

1. 外力偶矩与扭矩的概念

外力偶矩：圆轴（本书主要研究圆轴）所受的外力偶的大小，外力偶矩往往不直接给出，通常是由轴所传送的功率和轴的转速计算得到。

$$M_e = 9\ 549\ \frac{P}{n}\ \text{N} \cdot \text{m}$$

式中，P 的单位为 kW，n 的单位为 r/min（转/分）。

扭矩：圆轴扭转变形时，圆轴横截面上的内力。一般用 T 来表示。

扭矩 T 的符号规定：按右手螺旋法则把 T 表示为矢量，当矢量方向与截面的外法线的方向一致时，T 为正；反之，为负。

2. 切应力互等定理

在相互垂直相交的两个平面上，切应力必然成对存在，且大小相等；切应力的方向都垂直于两个平面的交线，并且共同指向或共同背离这一交线。

3. 圆轴扭转时的应力和强度计算

（1）切应力的计算公式：

$$\tau_\rho = \frac{T \cdot \rho}{I_p} \quad （方向垂直于半径）$$

（2）圆轴扭转时的最大切应力发生在圆轴的表面：

$$\tau_{max} = \frac{TR}{I_p} = \frac{T}{W_p}$$

（3）圆轴扭转时的强度条件：

$$\tau_{max} = \frac{T}{W_p} \leqslant [\tau]$$

上述三个公式的适用条件：

①仅仅适用于等直圆轴或阶梯轴（实心或空心轴）；

②公式适用于比例极限以内；

③锥度直杆，但锥度 < 20°。

4. 极惯性矩和扭转截面系数

实心圆轴：

$$I_p = \frac{\pi D^4}{32} \quad W_p = \frac{\pi D^3}{16}$$

空心圆轴：

$$I_p = \frac{\pi D^4}{32}(1 - \alpha^4) \quad W_p = \frac{\pi(D^4 - d^4)}{16D} = \frac{\pi D^3}{16}(1 - \alpha^4), \alpha = \frac{d}{D}$$

备注：有的书籍将 W_p 记为 W_t。

5. 圆轴扭转时的变形

（1）扭转变形的标志是受扭杆件上两个横截面绕轴线的相对转角，即扭转角，用 φ 表示。

$$\varphi = \frac{Tl}{GI_p}$$

式中，T 为两个横截面间轴上的内力（扭矩）；GI_p 为圆轴的抗扭刚度。

（2）单位长度相对扭角，则有

$$\varphi' = \frac{T}{GI_p} \ \text{rad/m}$$

（3）扭转的刚度条件：　　　$\varphi'_{max} = \dfrac{T}{GI_p} \leqslant [\varphi] \ \text{rad/m}$

工程上多用　　　　　　　$\varphi'_{max} = \dfrac{T}{GI_p} \times \dfrac{180}{\pi} \leqslant [\varphi] \ \text{°/m}$

6. 圆轴扭转时的破坏形式

低碳钢圆轴在扭转破坏时，将沿着横截面被剪断；铸铁圆轴在扭转破坏时，将沿与轴线成45°斜截面被拉断。

（二）辅导

1. 外力偶矩和扭矩的确定

扭转时，外力偶作用平面垂直于杆件轴线，其大小用外力偶矩 M_e 度量。扭矩是横截面上内力系的合力偶之矩，它由截面法求得，一般随截面位置的不同而变化。外力偶矩和扭矩可按右手法则用矢量表示。

2. 扭矩图的绘制

许多处理方法与画轴力图类似。例如不一定求固定端的约束反力；因扭矩也有正负之分，通常假设各截面上扭矩均为正时较方便；任一横截面上的扭矩等于横截面一侧所有外力偶矩的代数和，外力偶矩矢背离截面时，外力偶矩为正；反之为负。据此法则，可不列平衡方程，直接写出各截面上的扭矩。

3. 圆轴扭转切应力公式推导过程中，平面假设的应用理解

分析应力的三个关系中，先由变形的几何关系通过胡克定理（物理关系）得出切应力分布规律，再用静力学关系得出切应力公式，逻辑推演较易理解，但对平面假设的作用稍难体会，可以由下列思路考虑，以助理解：

（1）分析见不到的应力，先从可见的变形现象着手。

（2）内部的变形现象见不到，因此先观察表面的变形现象。

（3）从观察到的表面变形现象过渡到内部未见的变形情况，靠作出平面假设来推断。

因此，应力分布规律的获得是借助由表及里（即平面假设），以及由变形规律到应力分布规律（即胡克定律）这两者而实现的。

4. 圆轴扭转强度与刚度计算步骤

圆轴是工程中常见的零件之一，其强度计算和刚度计算的一般过程如下：

（1）根据轴传递的功率及轴每分钟的转数，确定作用在轴上的外加力偶的力偶矩。

（2）应用截面法确定轴的横截面上的扭矩，当轴上同时作用有两个以上扭转外加力偶时，一般需要画出扭矩图。

（3）根据轴的扭矩图，确定可能的危险截面和危险截面上的扭矩数值。

（4）计算危险截面上的最大切应力或单位长度上的相对扭转角。

（5）根据需要，应用强度条件与刚度条件对圆轴进行强度与刚度校核，设计轴的直径及确定许用载荷。

5. 圆轴扭转切应力计算过程中，应该注意的几点问题

（1）应用公式 $M_e = 9\,549 \times \dfrac{P}{n}$ 计算外力偶矩时，忽略系数 9 549 与 M_e、P、n 单位间的对应关系。

（2）不认真按截面法用计算截面一侧轴上所有外力偶矩代数和的规则计算扭矩，误将截面邻近的外力偶矩当成该截面上的扭矩。

（3）在扭矩图的绘制中错定外力偶矩作用截面处的扭矩变化走向。为避免这类错误，可从扭矩的确定规则中总结出如下规律：沿着轴线的方向从右向左看，矩矢顺时针转动的外力偶矩作用处，右截面扭矩的代数值较左截面扭矩的代数值大，且所大之值等于该外力偶矩值，反之亦然。

（4）扭矩图不规范。如扭矩图与轴的计算简图分离、不对正，有图无值、有值缺单位，以及正负错误等。

（5）关于扭转剪应力的分布，常见错误是应力指向与扭矩转向不对应；忽视只有 $\rho=0$ 的圆心处应力为零，而误将空心圆截面内侧点的应力视为零等。

（6）盲目套用组合图形计算截面几何参数的方法，误用 $W_\mathrm{p}=\dfrac{\pi D^3}{16}-\dfrac{\pi d^3}{16}=\dfrac{\pi}{16}(D^3-d^3)=\dfrac{\pi D^3}{16}(1-\alpha^3)$ 来计算空心圆截面的抗扭截面系数。事实上，极惯性矩 $I_\mathrm{p}=\displaystyle\int_A \rho^2\,dA$，根据定积分的性质 $\displaystyle\int_a^b f(x)\,\mathrm{d}x=\int_a^c f(x)\,\mathrm{d}x+\int_c^b f(x)\,\mathrm{d}x$ 可知，极惯性矩具有按面积叠加的可加性，可用组合法求组合图形的极惯性矩，故对空心圆截面，有 $I_\mathrm{p}=\dfrac{\pi D^4}{32}-\dfrac{\pi d^4}{32}=\dfrac{\pi D^4}{32}(1-\alpha^4)$，而 W_p 并非定积分，因而这一算法不适合。

（7）不能全面地分析影响圆轴扭转强度及刚度的诸因素，如注意了各段的扭矩变化而忽略了截面尺寸的变化或各段材料的不同，从而误定了强度计算的危险截面或刚度计算的危险轴段。

（8）对于在运算中习惯以 mm 为长度单位的运算者来说，刚度计算中易出现的错误是忽视 $\dfrac{T}{GI_\mathrm{p}}\cdot\dfrac{180^\circ}{\pi}$ 的单位符号与 $[\varphi]$ 单位符号的一致。应注意当前者的单位为 $(^\circ)/\mathrm{mm}$ 时，应将其化为 $[\varphi]$ 的单位，即 $(^\circ)/\mathrm{m}$。

■ 三、例题精讲

例 6.1　某传动轴受如图 6.1（a）所示外加力偶矩作用，试求各段内的扭矩并作扭矩图。

解：本题应采用截面法，并进行分段计算，利用平衡方程求解各段上的内力 - 扭矩。

选取 AB 段为研究对象，用一假想的截面从 1 处截开，取截面左边为研究对象，如图 6.3（b）所示，在截面上设作用有正值的扭矩 T_1，由平衡条件 $\sum M=0$ 得

$$T_1=M$$

在 AB 段内各截面上的扭矩不变，皆为 M，所以在这一段内扭矩图为一水平线。利用同样的方法求取其他各段的扭矩，如图 6.1（c）、（d）所示。

BC 段：
$$-M+4M+T_2=0$$
$$T_2=-3M$$

负号表示实际扭矩的方向与假设相反，同时也表示该扭矩是负值。

CD 段：
$$-M+4M-2M+T_3=0$$
$$T_3=-M$$

根据所得数值，将各截面上的扭矩沿轴线的变化情况用图表示出来，就是扭矩图，如图6.1（e）所示。

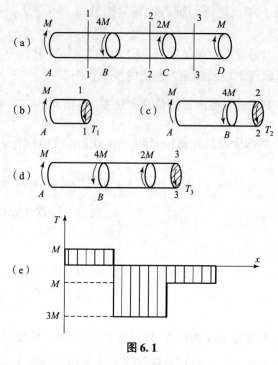

图6.1

例6.2 由无缝钢管制成的汽车传动轴外径 $D=90$ mm，内径 $d=85$ mm，材料为45钢。使用时的最大扭矩为 $T=1.5$ kN·m。如材料的 $[\tau]=60$ MPa，（1）试校核轴的扭转强度；（2）如果把传动轴改为实心轴，要求它与原来的空心轴强度相同，试确定其直径，并比较实心轴和空心轴的质量。

解：（1）校核轴的扭转强度。

由传动轴的截面尺寸计算抗扭截面系数：

$$\alpha = \frac{d}{D} = \frac{85 \times 10^{-3} \text{ m}}{90 \times 10^{-3} \text{ m}} = 0.944$$

$$W_{\text{P}} = \frac{\pi D^3}{16}(1-\alpha^4) = \frac{\pi (90 \times 10^{-3} \text{ m})^3}{16}(1-0.944^4) = 29\ 400 \times 10^{-9} \text{ m}^3$$

轴的最大切应力为

$$\tau_{\max} = \frac{T}{W_{\text{P}}} = \frac{1\ 500 \text{ N} \cdot \text{m}}{29\ 400 \times 10^{-9} \text{ m}^3} = 51 \times 10^6 \text{ Pa} = 51 \text{ MPa} < [\tau]$$

所以传动轴满足强度条件。

（2）求实心轴的直径。因为实心轴与空心轴的强度相同，即两轴的最大切应力相等。设实心轴的直径为 D_1，则有

$$\tau_{\max} = \frac{T}{W_{\text{P}}} = \frac{1\ 500 \text{ N} \cdot \text{m}}{\dfrac{\pi D_1^3}{16}} = 51 \times 10^6 \text{ Pa} = 51 \text{ MPa}$$

$$D_1 = \sqrt{\frac{1\ 500 \times 16}{\pi \times 51 \times 10^6}} = 53.1 \text{ mm} = 0.053\ 1 \text{ m}$$

实心轴横截面面积为

$$A_1 = \frac{\pi D_1^2}{4} = \frac{\pi\ (0.053\ 1\ m)^2}{4} = 22.2 \times 10^{-4}\ \text{m}^2$$

空心轴横截面面积为

$$A_2 = \frac{\pi}{4}(D^2 - d^2) = \frac{\pi}{4}[\ (90 \times 10^{-3}\ \text{m})^2 - (85 \times 10^{-3}\ \text{m})^2] = 6.87 \times 10^{-4}\ \text{m}^2$$

在两轴长度相等、材料相同的情况下，两轴质量之比等于横截面面积之比：

$$\frac{A_2}{A_1} = \frac{6.87 \times 10^{-4}\ \text{m}^2}{22.2 \times 10^{-4}\ \text{m}^2} = 0.313$$

例 6.3　如图 6.2 所示的传动轴，已知轴的转速为 $n = 500$ r/min，该轴由轮 A 输入功率 $P_1 = 500$ 马力①，通过该轴带动轮 B 和轮 C，其输出功率分别为 $P_2 = 200$ 马力，$P_3 = 300$ 马力。已知该轴的许用切应力为 $[\tau] = 70$ MPa，许用转角为 $[\varphi] = 1°/\text{m}$，此材料的切变模量 $G = 80$ GPa。试确定 AB 轴和 BC 轴的直径。

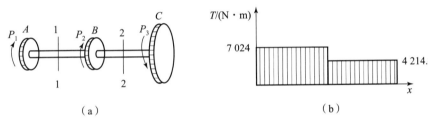

（a）　　　　　　　　　　　　（b）

图 6.2

解：（1）计算外力偶矩并作扭矩图：

$$M_A = 9\ 549 \times \frac{500 \times 0.735\ 5}{500} = 7\ 024 \text{ N} \cdot \text{m}$$

$$M_B = 9\ 549 \times \frac{200 \times 0.735\ 5}{500} = 2\ 809.6 \text{ N} \cdot \text{m}$$

$$M_C = 9\ 549 \times \frac{300 \times 0.735\ 5}{500} = 4\ 214.4 \text{ N} \cdot \text{m}$$

取 1—1 截面，设该截面上的内力为 T_1，列平衡方程得

$$T_1 = M_A = 7\ 024 \text{ N} \cdot \text{m}$$

同理可求取 2—2 截面的内力 T_2：

$$T_2 = M_C = 4\ 214.4 \text{ N} \cdot \text{m}$$

根据求得的扭矩作扭矩图，如图 6.3（b）所示。

（2）确定 AB 轴和 BC 轴的直径。

对于 AB 轴，由强度条件

①　1 马力 = 0.735 5 kW。

$$\tau_{max} = \frac{T_1}{W_t} = \frac{16T_1}{\pi d_1^3} \leqslant [\tau]$$

$$d_1 \geqslant \sqrt[3]{\frac{16T_1}{\pi[\tau]}} = \sqrt[3]{\frac{16 \times 7\,024}{\pi \times 70 \times 10^6}} \approx 80 \text{ mm}$$

由刚度条件

$$\varphi = \frac{T_1}{G\frac{\pi d_1^4}{32}} \times \frac{180}{\pi} \leqslant [\varphi]$$

$$d_1 \geqslant \sqrt[4]{\frac{32T_1 \times 180}{G\pi^2[\varphi]}} = \sqrt[4]{\frac{32 \times 7\,024 \times 180}{80 \times 10^9 \times \pi^2 \times 1}} = 84.6 \text{ (mm)}$$

取 $d_1 = 84.6$ mm 为 AB 轴的直径。

对于 BC 轴，由扭转强度条件得 $d_2 \geqslant 67$ mm，由扭转刚度条件得 $d_2 \geqslant 74.5$ mm，取 $d_2 = 74.5$ mm 为 BC 轴的直径。

例 6.4 如图 6.3 所示的空心圆轴外径 $D = 100$ mm，内径 $d = 80$ mm，$l = 500$ mm，$M_{e1} = 6$ kN·m，$M_{e2} = 4$ kN·m，材料的切变模量 $G = 80$ GPa。（1）求轴的最大切应力，并指出其位置；（2）求 C 截面对 A、B 截面的相对扭角 φ_{C-A}，φ_{C-B}。

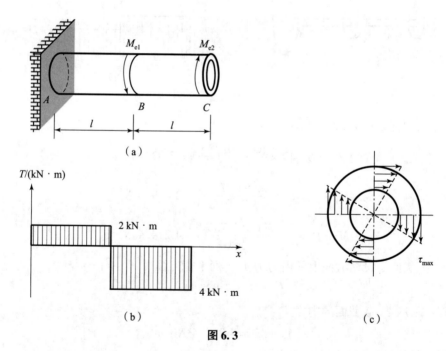

图 6.3

解：（1）求最大切应力。

首先绘制扭矩图，按照上例所述的方法（截面法），绘出扭矩图。最大（绝对值）扭矩发生在 BC 段截面上，其值为 4 kN·m，扭矩图如图 6.3（b）所示。由于 BC 段具有最大的扭矩，故此每一截面都是危险截面，其最大切应力为

$$\tau_{\max} = \frac{T_{\max}}{W_p} = \frac{4 \times 10^3}{\frac{\pi}{16} \times 0.1^3 \times (1 - 0.8^4)} = 34.5 \text{ MPa}$$

发生在截面的周边上，其方向垂直于半径，如图6.4（c）所示。

（2）求相对的转角。因为扭矩沿轴线不是连续函数，所以必须分段积分。

$$\int_0^{2l} \mathrm{d}\varphi = \int_0^{2l} \frac{T}{GI_p} \mathrm{d}x = \int_0^l \frac{T_{(A-B)}}{GI_p} \mathrm{d}x + \int_l^{2l} \frac{T_{(B-C)}}{GI_p} \mathrm{d}x$$

由于 $T_{(A-B)}$，$T_{(B-C)}$，G，I_p 在各段内都是常数，故上式为

$$\varphi_{C-A} = \frac{T_{(A-B)}l}{GI_p} + \frac{T_{(B-C)}l}{GI_p} = \frac{l}{GI_p}(T_{(A-B)} + T_{(B-C)})$$

$$= \frac{0.5 \times (2 - 4) \times 10^3}{80 \times 10^9 \times \frac{\pi}{32} \times 0.1^4 \times (1 - 0.8^4)} = -0.216 \times 10^{-2} \text{ rad} = -0.124°$$

同理，

$$\varphi_{C-B} = \int_l^{2l} \mathrm{d}\varphi = \int_l^{2l} \frac{T_{(C-B)}}{GI_p} \mathrm{d}x = \frac{T_{(C-B)}l}{GI_p}$$

$$= \frac{-4 \times 10^3 \times 0.5}{80 \times 10^9 \times \frac{\pi}{32} \times 0.1^4 \times (1 - 0.8^4)}$$

$$= -0.431 \times 10^{-2} \text{ rad} = -0.247°$$

负号表示面向 C 截面观察，该截面相对于 A 截面顺时针旋转。

■ 四、习题精练

（一）填空题

1. 在其他条件不变的情况下，受扭螺栓的直径增加了一倍，则其横截面上的最大切应力将变为原来切应力的_____倍。

2. 扭转变形的大小是用两个横截面之间绕轴线的_____来度量的，它称为_____，单位是_____。

3. 对于各向同性材料，三个弹性常数 E、G、μ 之间的关系式为_____。

4. 如图所示受扭圆轴，若使两端截面 A 和 C 的相对转角为零，则 $L_1 : L_2 =$_____。

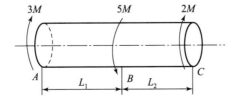

5. 受扭圆轴的最大切应力是 80 MPa，在其他条件不变的情况下，轴的直径增加一倍，

则其最大切应力变为_____。

6. 圆形截面的直径为 80 mm，则其过任意形心轴的极惯性矩为_____。

7. GI_p 称为_____，它反映了圆轴抵抗扭转变形的能力。

8. 在减速箱设计中，如果轴的材料、强度相同，则转速低的轴的直径与转速高的轴的直径相比_____。（填：偏大、偏小、相等）

9. 圆轴扭转时，最大切应力发生在_____。

10. 图示圆截面轴，在 B 截面处有扭转力偶 $2M_O$ 作用，在 C 截面处有扭转力偶 M_O 作用，圆轴半径为 R，则 C 截面相对 A 截面的扭转角 $\varphi_{CA} =$ _____，整个圆轴的最大扭转切应力 $\tau_{max} =$ _____。

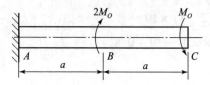

11. 根据圆轴扭转时横截面上的切应力分布规律，横截面上各点的切应力与_____成正比。

（二）选择题

1. 直径为 D 的实心圆轴，两端受扭转力偶矩的作用，轴内最大切应力为 τ，若轴的直径改为 $\dfrac{D}{2}$，则轴内最大切应力变为（　　）。

A. 2τ B. 4τ

C. 8τ D. 16τ

2. 空心圆截面轴的外径为 D、内径为 d，其抗扭截面系数为（　　）。

A. $\dfrac{\pi}{16}(D^3 - d^3)$ B. $\dfrac{\pi}{32}(D^3 - d^3)$

C. $\dfrac{\pi}{16}D^3\left(1 - \dfrac{d^4}{D^4}\right)$ D. $\dfrac{\pi}{32}D^3\left(1 - \dfrac{d^4}{D^4}\right)$

3. 两根长度相等、直径不等的圆轴受扭后，轴表面上母线转过相等的角度。设直径大的轴和直径小的轴的横截面上的最大切应力分别为 τ_{1max} 和 τ_{2max}，切变模量分别为 G_1 和 G_2，则下列结论中正确的是（　　）。

A. $\tau_{1max} > \tau_{2max}$ B. $\tau_{1max} < \tau_{2max}$

C. 若 $G_1 > G_2$，则 $\tau_{1max} > \tau_{2max}$ D. 若 $G_1 > G_2$，则 $\tau_{1max} < \tau_{2max}$

4. 空心圆截面轴的外径为 D、内径为 d，其极惯性矩为（　　）。

A. $\dfrac{\pi}{32}(D^3 - d^3)$ B. $\dfrac{\pi}{32}D^4\left(1 - \dfrac{d^4}{D^4}\right)$

C. $\dfrac{\pi}{64}(D^3 - d^3)$ D. $\dfrac{\pi}{64}D^4\left(1 - \dfrac{d^4}{D^4}\right)$

5. 实心圆轴两端受扭转力偶作用，许用载荷为 T。若将轴的横截面积增加一倍，则许用载荷变为（　　）。

A. $\sqrt{2}T$

B. $2T$

C. $2\sqrt{2}T$

D. $4T$

6. 如图所示，正方形单元体 $ABCD$，受力后变形为 $A'BC'D'$，该单元体的切应变 γ 为（　　）。

A. α

B. $90° - \alpha$

C. $90° - 2\alpha$

D. 2α

7. 实心圆截面轴的直径为 d，其极惯性矩为（　　）。

A. $\dfrac{\pi d^4}{32}$　　　　B. $\dfrac{\pi d^3}{64}$　　　　C. $\dfrac{\pi d^3}{32}$　　　　D. $\dfrac{\pi d^4}{64}$

8. 直径为 D 的圆轴，其抗扭截面系数为（　　）。

A. $\dfrac{\pi}{4}D^3$　　　　B. $\dfrac{\pi}{8}D^3$　　　　C. $\dfrac{\pi}{16}D^3$　　　　D. $\dfrac{\pi}{32}D^3$

9. 某材料的切变模量为 80 GPa，泊松比为 1/4，则其弹性模量为（　　）。

A. 200 GPa

B. 160 GPa

C. 120 GPa

D. 80 GPa

10. 圆轴扭转切应力（　　）。

A. 与扭矩和极惯性矩都成正比

B. 与扭矩成反比，与极惯性矩成正比

C. 与扭矩成正比，与极惯性矩成反比

D. 与扭矩和极惯性矩都成反比

11. 切应力互等定理与剪切胡克定律的正确适用范围是（　　）。

A. 都只在比例极限范围内成立

B. 超过比例极限时都成立

C. 切应力互等定理在比例极限范围内成立，剪切胡克定律不受比例极限限制

D. 剪切胡克定律在比例极限范围内成立，切应力互等定理不受比例极限限制

12. 有两根圆轴，一根是实心轴，一根是空心轴，它们的长度、横截面面积、所用材料、所受转矩均相同。若用 $\varphi_{实}$ 和 $\varphi_{空}$ 分别表示实心轴和空心轴的扭转角，则（　　）。

A. $\varphi_{实} = \varphi_{空}$

B. $\varphi_{实} > \varphi_{空}$

C. $\varphi_{实} < \varphi_{空}$

D. $\varphi_{实}$ 与 $\varphi_{空}$ 无法比较

13. 两根圆轴外径相同，轴 1 是实心的，轴 2 是空心的，当两轴承受相同扭矩时，关于两轴最大切应力的正确说法是（　　）。

A. 相等

B. 轴 1 大

C. 轴 2 大

D. 无法确定

14. 阶梯轴尺寸及其受力如图，其 AB 段上的最大切应力 τ_{1max} 与 BD 段上的最大切应力 τ_{2max} 之间的关系是（　　）。

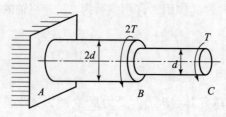

A. $\tau_{max1} = \tau_{max2}$ B. $\tau_{max1} = \dfrac{3}{2}\tau_{max2}$

C. $\tau_{max1} = \dfrac{3}{4}\tau_{max2}$ D. $\tau_{max1} = \dfrac{3}{8}\tau_{max2}$

15. 空心轴扭转时，横截面上的扭矩分布如图所示，则相应的切应力分布图正确的是（   ）。

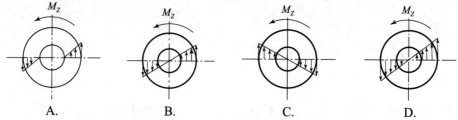

16. 由两种材料组成的圆轴，里层和外层材料的切变模量分别为 G_1 和 G_2，且 $G_1 = 2G_2$，尺寸如图所示。圆轴受扭转时，里、外层无相对滑动。关于横截面上的切应力分布情况，正确的是（   ）。

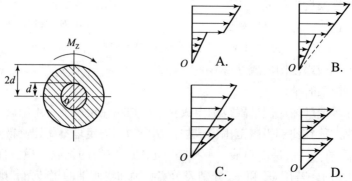

17. 关于扭转切应力公式 $\tau(\rho) = \dfrac{T\rho}{I_p}$ 应用范围的说法，正确的是（   ）。

A. 等截面圆轴，弹性范围内加载

B. 等截面圆轴

C. 等截面圆轴或椭圆轴

D. 等截面圆轴或椭圆轴，弹性范围内加载

18. 切应力互等定律的适用条件是（   ）。

A. 仅为纯剪切应力状态   B. 仅为平衡状态

C. 仅为线弹性范围   D. 仅为各向同性材料

19. 从受扭转圆杆内截取图中虚线所示的一部分，该部分没有切应力的截面是（　　）。

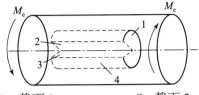

A. 截面 1　　　　　B. 截面 2　　　　　C. 截面 3　　　　　D. 截面 4

（三）计算题

1. 某车辆的变速箱中间轴如图所示，主动轮 A 输入功率 $P_A = 50$ 马力，从动轮 B、C、D 的输出功率分别为 $P_B = P_C = 15$ 马力，$P_D = 20$ 马力，轴的转速为 $n = 300$ r/min。试画出轴的扭矩图。

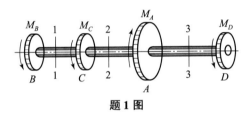

题 1 图

2. 某车辆的变速箱中间轴如图所示，主动轮 A 输入功率 $P_A = 50$ 马力，从动轮 B、C、D 的输出功率分别为 $P_B = P_C = 15$ 马力，$P_D = 20$ 马力，轴的转速为 $n = 300$ r/min。轴的材料为 45 钢，$[\tau] = 40$ MPa，$[\varphi] = 1°/$m，$G = 80$ GPa。试确定该实心轴的直径。

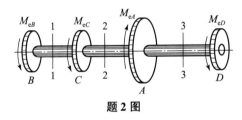

题 2 图

3. 汽车传动轴 AB，外径 $D = 90$ mm，壁厚 $\delta = 2.5$ mm，材料为 45 钢，$[\tau] = 60$ MPa。传动时最大扭矩为 $T = 1.5$ kN·m。

（1）试校核轴的强度。

（2）在相同强度条件下，若采用实心圆轴，确定二者的质量之比。

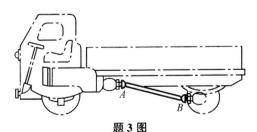

题 3 图

4. 如图所示的传动轴，$n = 500$ r/min，$P_1 = 500$ 马力，$P_2 = 200$ 马力，$P_3 = 300$ 马力，已知 $[\tau] = 70$ MPa，$[\varphi] = 1°/\text{m}$，$G = 80$ GPa。试分别确定 AB 段和 BC 段的直径。

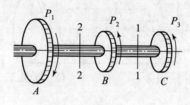

题 4 图

5. 机械设计中，在初步估算转轴直径时，常采用扭转时的强度和刚度条件得到下列公式：$d \geqslant A \cdot \sqrt[3]{\dfrac{P}{n}}$，$d \geqslant B \cdot \sqrt[4]{\dfrac{P}{n}}$，其中 P 为转轴传递的功率（kW），n 为轴的转速（r/min）。试推证上述公式，并写出 A、B 的表达式。（材料许用切应力 $[\tau]$ 及许用单位长度扭转角 $[\varphi]$ 为已知量）

6. 两个长度相等、材料相同的钢管套在一起。外管的外径与内径分别为 $D_1 = 100$ mm，$d_1 = 90$ mm；内管的外径与内径分别为 $D_2 = 90$ mm，$d_2 = 80$ mm。当内管承受扭矩 $M_x = 2\,000$ N·m 作用时，将两管的端部焊接在一起，然后去掉扭矩。试画出组合管横截面上的切应力分布图，并计算最大切应力的数值。

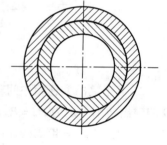

题 6 图

7. 等截面圆轴的直径 $d = 50$ mm，承受外力偶矩 $T = 1$ kN·m，圆轴材料的剪切弹性模量 $G = 82$ GPa。求：（1）横截面上半径 $\rho_A = \dfrac{d}{4}$ 处 A 点的切应力和切应变；（2）圆轴的最大切应力和最大切应变。

8. 等截面圆轴直径 $d = 50$ mm，转速 $n = 120$ r/min，已知该轴的最大切应力为 60 MPa，试问该轴所传递的功率为多少千瓦？

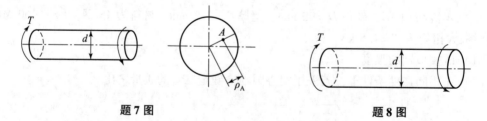

题 7 图   题 8 图

9. 长度相等的两根受扭圆轴，一根为实心轴，一根为空心轴，二者材料相同，所受扭矩均为 T，实心轴直径为 d，空心轴外径为 D、内径为 d_0，且 $\dfrac{d_0}{D} = 0.8$，两轴的最大切应力相同，试求它们的质量之比和抗扭刚度之比。

10. 由同一材料制成的实心轴和空心轴，二者长度、质量都相等，实心轴的半径为 R，空心轴的内、外半径分别为 R_1 和 R_2，且 $\dfrac{R_1}{R_2}=n$，二者所承受的外扭转力偶矩分别为 T_s 和

T_k。若二者横截面上的最大切应力相等，试证明：$\dfrac{T_s}{T_k}=\dfrac{\sqrt{1-n^2}}{1+n^2}$。

11. 如图所示，实心圆轴承受外扭转力偶 $T=3\ \text{kN}\cdot\text{m}$，直径 $d=60\ \text{mm}$。求：（1）圆轴横截面上的最大切应力；（2）圆轴横截面上半径 $r=15\ \text{mm}$ 以内部分承受的扭矩占全部横截面上的扭矩的百分比；（3）去掉 $r=15\ \text{mm}$ 以内部分，横截面上的最大切应力。

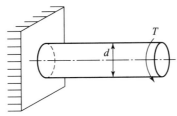

题 11 图

12. 传动轴长 $L=510\ \text{mm}$，直径 $D=50\ \text{mm}$，将轴的一段钻出内径 $d_1=25\ \text{mm}$ 的内腔，而余下的一段钻出 $d_2=38\ \text{mm}$ 的内腔，若要求切应力不超过 70 MPa，试求：（1）该轴所能承受的扭转力偶 T 的许可值；（2）若要使两段的扭转角相等，第二段的长度 L_2 应为多少？

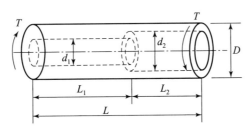

题 12 图

本章习题答案

（一）填空题

1. $\dfrac{1}{8}$；2. 转角、相对扭转角、弧度；3. $G=\dfrac{E}{2(1+\mu)}$；4. 2∶3；5. 10 MPa；

6. $4.02\times10^6\ \text{mm}^4$；7. 抗扭刚度；8. 偏大；9. 圆轴表面；10. 0，$\dfrac{2M_0}{\pi R^3}$；11. 点到截面中心的距离

（二）选择题

1. C；2. C；3. C；4. B；5. C；6. D；7. A；8. C；9. A；10. C；11. D；12. B；13. C；14. D；15. B；16. C；17. A；18. B；19. D

（三）计算题

1. **解**：按外力偶矩公式计算各轮上的外力偶矩：

$$M_A = 9\ 549 \times \frac{50 \times 0.735}{300} = 1\ 170\ \text{N} \cdot \text{m}$$

$$M_B = M_C = 9\ 549 \times \frac{15 \times 0.735}{300} = 351\ \text{N} \cdot \text{m}$$

$$M_D = = 9\ 549 \times \frac{20 \times 0.735}{300} = 468\ \text{N} \cdot \text{m}$$

从受力情况看出，轴在 BC、CA、AD 三段内的扭矩各不相等。

用截面法，根据平衡方程计算各段内的扭矩。

在 BC 段内，以 T_1 表示截面 1—1 上的扭矩，并把 T_1 的方向假设为如图（b）所示。列平衡方程，$\sum M_x = 0$，有：$T_1 + M_B = 0$，得

$$T_1 = -M_B = -351\ \text{N} \cdot \text{m}$$

在 BC 段内各截面上的扭矩不变，所以在这一段内扭矩图为水平线。

同理，在 CA 段内，由图（c），得

$$T_2 = -M_B - M_C = -702\ \text{N} \cdot \text{m}$$

在 AD 段内，由图（d），得

$$T_3 = M_D = 468\ \text{N} \cdot \text{m}$$

最后画出扭矩图如图（e）所示。其中最大扭矩发生于 CA 段内，且 $T_{\max} = 702\ \text{N} \cdot \text{m}$。

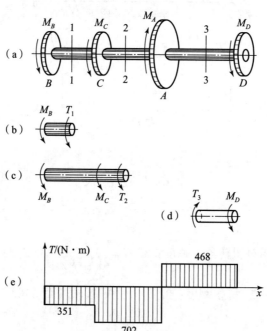

2. **解**：（1）按外力偶矩公式计算各轮上的外力偶矩：

$$M_A = 9\ 549 \times \frac{50 \times 0.735}{300} = 1\ 170\ \text{N} \cdot \text{m}$$

$$M_B = M_C = 9\ 549 \times \frac{15 \times 0.735}{300} = 351\ \text{N} \cdot \text{m}$$

$$M_D = 9\ 549 \times \frac{20 \times 0.735}{300} = 468\ \text{N} \cdot \text{m}$$

由扭力图可知最大的扭矩在 CA 段上，且 $T_{max} = 702\ \text{N} \cdot \text{m}$。

（2）按照强度条件设计轴的直径：

$$\tau_{max} = \frac{T_{max}}{W_p} \leqslant [\tau]$$

因为 $W_p = \dfrac{\pi d^3}{16}$，所以

$$d \geqslant \sqrt[3]{\frac{16 T_{max}}{\pi [\tau]}} = \sqrt[3]{\frac{16 \times 702}{\pi \times 40 \times 10^6}} = 0.044\ 7\ \text{m} = 44.7\ \text{mm}$$

（3）按照刚度条件设计轴的直径：

$$\varphi = \frac{T_{max}}{GI_p} \cdot \frac{180}{\pi} \leqslant [\varphi]$$

所以

$$d \geqslant \sqrt[4]{\frac{32 \times 180 T_{max}}{G\pi^2 [\varphi]}} = \sqrt[4]{\frac{32 \times 702 \times 180}{80 \times 10^9 \pi^2 \times 1}} = 0.047\ 6\ \text{m} = 47.6\ \text{mm}$$

由强度条件和刚度条件得到：该轴的直径为 47.6 mm。

3. **解**：（1）试校核轴的强度。

先计算 AB 轴的抗扭截面系数：

$$\alpha = \frac{d}{D} = \frac{90 \times 10^{-3} - 2 \times 2.5 \times 10^{-3}}{90 \times 10^{-3}} = 0.944$$

$$W_{空p} = \frac{\pi D^3}{16}(1 - \alpha^4) = \frac{\pi (90 \times 10^{-3})^3}{16}(1 - 0.944^4) = 29\ 400 \times 10^{-9}\ \text{m}^3$$

轴的最大切应力为

$$\tau_{max} = \frac{T}{W_{空p}} = \frac{1\ 500}{29\ 400 \times 10^{-9}} = 51 \times 10^6\ (\text{Pa}) = 51\ \text{MPa} \leqslant [\tau]$$

所以 AB 轴满足强度条件。

（2）确定实心圆轴直径 D_1。

$$\tau_{max} = \frac{T}{W_{实p}} = \frac{T}{\dfrac{\pi D_1^3}{16}} = 51\ \text{MPa}，\ \text{所以}\ D_1 = \sqrt[3]{\frac{16 \times 1.5 \times 10^6}{\pi \times 51}} = 53.1\ \text{mm}$$

计算质量之比：

空心轴的横截面积为：$A_2 = \dfrac{\pi}{4}(D^2 - d^2) = 6.87 \times 10^{-4} \ \text{m}^2$

实心轴的横截面积为：$A_1 = \dfrac{\pi D_1^2}{4} = 22.2 \times 10^{-4} \ \text{m}^2$

所以 $\dfrac{A_2}{A_1} = 0.31$

4. 解：（1）计算外力偶矩。

$$M_A = 7\,024 \times \frac{500}{500} = 7\,024 \ \text{N} \cdot \text{m}$$

$$M_B = 7\,024 \times \frac{200}{500} = 2\,809.6 \ \text{N} \cdot \text{m}$$

$$M_C = 7\,024 \times \frac{300}{500} = 4\,214.4 \ \text{N} \cdot \text{m}$$

作扭矩图，如下图所示。

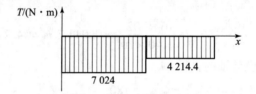

（2）计算直径 d。

AB 段：由强度条件，得

$$\tau_{\max} = \frac{T}{W_{p1}} = \frac{16T}{\pi d_1^3} \leqslant [\tau]$$

$$d_1 \geqslant \sqrt[3]{\frac{16T}{\pi[\tau]}} = \sqrt[3]{\frac{16 \times 7024}{\pi \times 70 \times 10^6}} \approx 80 \ \text{mm}$$

由刚度条件，得

$$\varphi = \frac{T}{G \dfrac{\pi d_1^4}{32}} \times \frac{180}{\pi} \leqslant [\varphi]$$

$$d_1 \geqslant \sqrt[4]{\frac{32T \times 180}{G\pi^2[\varphi]}} = \sqrt[4]{\frac{32 \times 7\,024 \times 180}{80 \times 10^9 \times \pi^2 \times 1}} = 84.6 \ \text{mm}$$

取 $d_1 = 84.6 \ \text{mm}$。

BC 段：由强度条件，得 $\qquad d_2 \geqslant 67 \ \text{mm}$

由刚度条件，得 $\qquad d_2 \geqslant 74.5 \ \text{mm}$

取 $\qquad d_2 = 74.5 \ \text{mm}$

5. 解：扭转时轴所承受的扭矩和轴传递的功率及转速之间的关系为

$$T = M_e = 9\,549 \times \frac{P}{n}$$

扭转时轴的强度条件为

$$\tau_{max} = \frac{T}{W_p} = \frac{16T}{\pi d_1^3} \leqslant [\tau]$$

$$d_1 \geqslant \sqrt[3]{\frac{16T}{\pi[\tau]}} = \sqrt[3]{\frac{16 \times 9\,549 \times P}{\pi \times [\tau] \times n}} = \sqrt[3]{\frac{16 \times 9\,549}{\pi \times [\tau]}} \cdot \sqrt[3]{\frac{P}{n}}$$

故在初步估算转轴直径时，采用扭转时的强度条件得到下列公式：

$$d \geqslant A \cdot \sqrt[3]{\frac{P}{n}}$$

其中，
$$A = \sqrt[3]{\frac{16 \times 9\,549}{\pi \times [\tau]}} = \sqrt[3]{\frac{48\,657}{[\tau]}}$$

扭转时轴的刚度条件为

$$\varphi = \frac{T}{GI_p} \cdot \frac{180}{\pi} \leqslant [\varphi]$$

由刚度条件

$$d_1 \geqslant \sqrt[4]{\frac{32T \times 180}{G\pi^2[\varphi]}} = \sqrt[4]{\frac{32 \times 9\,549 \times P \times 180}{G \times \pi^2 \times [\varphi] \times n}} = \sqrt[4]{\frac{32 \times 9\,549 \times 180}{G \times \pi^2 \times [\varphi]}} \cdot \sqrt[4]{\frac{P}{n}}$$

故在初步估算转轴直径时，采用扭转时的刚度条件得到下列公式：

$$d \geqslant B \cdot \sqrt[4]{\frac{P}{n}}$$

其中，
$$B = \sqrt[4]{\frac{32 \times 9\,549 \times 180}{G\pi^2 \times [\varphi]}}$$

6. **解**：设钢管的长度为 L，当内管承受扭矩 $M_x = 2\,000$ N·m 作用时，内管两端截面的相对扭转角为

$$\beta = \frac{M_x \cdot L}{GI_{p2}} \tag{1}$$

去掉扭矩后，设外管承受的扭矩为 M_1，转过的相对扭转角为 φ_1，内管承受的扭矩为 M_2，转过的相对扭转角为 φ_2，则

$$\varphi_1 = \frac{M_1 \cdot L}{GI_{p1}}, \quad \varphi_2 = \frac{M_2 \cdot L}{GI_{p2}} \tag{2}$$

根据静力学平衡关系，有　　　　$M_1 = M_2$ 　　　　　　　　　　　　(3)

根据变形几何关系，有　　　　$\varphi_1 + \varphi_2 = \beta$ 　　　　　　　　　　　(4)

联立式（1）~式（4），得到

$$M_1 = M_2 = \frac{\dfrac{M_x}{I_{p2}}}{\dfrac{1}{I_{p1}} + \dfrac{1}{I_{p2}}} = \frac{M_x}{I_{p2}} \cdot \frac{I_{p1} \cdot I_{p2}}{I_{p1} + I_{p2}} = \frac{M_x \cdot I_{p1}}{I_{p1} + I_{p2}}$$

外管的切应力：
$$\tau_1 = \frac{M_1 \cdot \rho_1}{I_{p1}} = \frac{M_x \cdot \rho_1}{I_{p1} + I_{p2}}$$

内管的切应力：
$$\tau_2 = \frac{M_2 \cdot \rho_2}{I_{p2}} = \frac{M_x \cdot I_{p1} \cdot \rho_2}{I_{p2} \cdot (I_{p1} + I_{p2})}$$

其中，
$$I_{p1} = \frac{\pi(D_1^4 - d_1^4)}{32} = \frac{\pi(100^4 - 90^4)}{32} = 3.4 \times 10^6 \ mm^4$$

$$I_{p2} = \frac{\pi(D_2^4 - d_2^4)}{32} = \frac{\pi(90^4 - 80^4)}{32} = 2.4 \times 10^6 \ mm^4$$

外管的最大切应力：

$$\tau_{1max} = \frac{M_1 \cdot \frac{D_1}{2}}{I_{p1}} = \frac{M_x \cdot \frac{D_1}{2}}{I_{p1} + I_{p2}} = \frac{2\ 000 \times 10^3 \times 50}{(3.4 + 2.4) \times 10^6} = 17.2 \ MPa$$

内管的最大切应力：

$$\tau_{2max} = \frac{M_2 \cdot D_2}{I_{p2}} = \frac{M_x \cdot I_{p1} \cdot \frac{D_2}{2}}{I_{p2} \cdot (I_{p1} + I_{p2})} = \frac{2\ 000 \times 10^3 \times 3.4 \times 10^6 \times 45}{2.4 \times 10^6 \times (3.4 + 2.4) \times 10^6} = 22 \ MPa$$

截面上的切应力分布如下图所示。

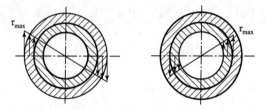

7. **解**：（1）A 点的切应力和切应变。

切应力为
$$\tau_A = \frac{T}{I_p} \cdot \rho_A = \frac{1\ 000}{\frac{\pi}{32}(0.05)^4} \cdot \frac{0.05}{4} = 20.4 \ MPa$$

切应变为
$$\gamma_A = \frac{\tau_A}{G} = \frac{20.4 \times 10^6}{82 \times 10^9} = 2.49 \times 10^{-4}$$

（2）圆轴的最大切应力和最大切应变。

最大切应力：
$$\tau_{max} = \frac{T}{W_p} = \frac{T}{\frac{\pi d^3}{16}} = \frac{16 \times 1\ 000}{\pi \times 0.05^3} = 40.8 \ MPa$$

最大切应变：
$$\gamma_{max} = \frac{\tau_{max}}{G} = \frac{40.8 \times 10^6}{82 \times 10^9} = 4.98 \times 10^{-4}$$

8. **解**：（1）求圆轴横截面上的扭矩。

由最大切应力公式：$\tau_{max} = \frac{T}{W_p}$，求得

$$T = \tau_{max} \cdot W_p = (60 \times 10^6) \times \left(\frac{\pi}{16} \cdot 0.05^3\right) = 1\ 473 \ N \cdot m$$

（2）求圆轴所传递的功率：

$$P = \frac{T \cdot n}{9\ 549} = \frac{1\ 473 \times 120}{9\ 549} = 18.5 \ kW$$

9. **解**：质量之比为

$$\frac{A_{空}}{A_{实}} = \frac{\dfrac{\pi(D^2 - d_0^2)}{4}}{\dfrac{\pi d^2}{4}} = \frac{D^2}{d^2} \times 0.36$$

又由 $\tau_{\max实} = \tau_{\max空}$，得

$$\frac{T}{\dfrac{\pi D^3 (1 - 0.8^4)}{16}} = \frac{T}{\dfrac{\pi d^3}{16}}$$

即

$$\frac{D}{d} = \frac{1}{0.84}$$

质量之比为

$$\frac{D^2}{d^2} \times 0.36 = \frac{1}{0.84^2} \times 0.36 = 0.51$$

抗扭刚度之比为

$$\frac{GI_{p空}}{GI_{p实}} = \frac{\pi(D^4 - d_0^4)/32}{\pi d^4/32} = \frac{D^4(1 - 0.8^4)}{d^4} = 1.18$$

10. 解： 由已知条件可以得出实心轴和空心轴的横截面积相同：$A_s = A_k$。

$$A_s = \pi \cdot R^2$$

$$A_k = \pi \cdot (R_2^2 - R_1^2) = \pi \cdot R_2^2 (1 - n^2)$$

即

$$\frac{R}{R_2} = \sqrt{1 - n^2}$$

因为

$$\tau_{smax} = \tau_{kmax}$$

$$\tau_{smax} = \frac{T_s}{W_{ps}} = \frac{T_s}{\dfrac{\pi \cdot (2R)^3}{16}}$$

$$\tau_{kmax} = \frac{T_k}{W_{pk}} = \frac{T_k}{\dfrac{\pi \cdot (2R_2)^3}{16}(1 - n^4)}$$

得

$$\frac{T_s}{\dfrac{\pi \cdot (2R)^3}{16}} = \frac{T_k}{\dfrac{\pi \cdot (2R_2)^3}{16}(1 - n^4)}$$

即

$$\frac{T_s}{T_k} = \frac{\sqrt{1 - n^2}}{1 + n^2} \quad （问题得证）$$

11. 解： （1） $\tau_{\max} = \dfrac{T}{W_p} = \dfrac{T}{\dfrac{\pi d^3}{16}} = \dfrac{3 \times 10^6}{\dfrac{\pi \times 60^3}{16}} = 70.7 \text{ MPa}$

（2） $\tau_\rho = \dfrac{T}{I_p} \cdot \rho$

圆轴横截面上半径 $r = 15 \text{ mm}$ 以内部分承受的扭矩为

$$T_1 = \int_0^{2\pi} \int_0^{15} \tau_\rho \cdot \rho^2 \cdot \mathrm{d}\rho \cdot \mathrm{d}\theta = \int_0^{2\pi} \int_0^{15} \frac{T}{I_p} \cdot \rho^3 \cdot \mathrm{d}\rho \cdot \mathrm{d}\theta = \frac{T}{I_p} \times 79\,481.3$$

$$\frac{T_1}{T} = \frac{T}{I_p} \times 79\,481.3/T = \frac{79\,481.3}{\dfrac{\pi \cdot d^4}{32}} = 0.062\,5 = 6.25\%$$

（3）去掉 $r = 15$ mm 以内部分后，横截面的抗扭截面系数为

$$W_p = \frac{\pi \cdot 60^3 \cdot (1 - 0.25^4)}{16} = 42\,251.3 \text{ mm}^3$$

$$\tau_{max} = \frac{T}{W_p} = \frac{3 \times 10^6}{42\,251.3} = 71 \text{ MPa}$$

12. **解**：（1）由两段轴的强度条件，得

$$T \leqslant W_{p1} \cdot [\tau] = \frac{\pi}{16} \times 50^3 \times 10^{-9} \left[1 - \left(\frac{25}{50}\right)^4\right] \times 70 \times 10^6 = 1\,610 \text{ N} \cdot \text{m}$$

$$T \leqslant W_{p2} \cdot [\tau] = \frac{\pi}{16} \times 50^3 \times 10^{-9} \left[1 - \left(\frac{38}{50}\right)^4\right] \times 70 \times 10^6 = 1\,144 \text{ N} \cdot \text{m}$$

最大许可扭矩为 1 144 N · m。

（2）若两段的扭转角相等，即 $\varphi_1 = \varphi_2$，则

$$\frac{TL_1}{GI_{p1}} = \frac{TL_2}{GI_{p2}}$$

$$\frac{L_1}{L_2} = \frac{I_{p1}}{I_{p2}} = \frac{\dfrac{\pi}{32}(50^4 - 25^4)}{\dfrac{\pi}{32}(50^4 - 38^4)} = 1.407$$

$$L_1 + L_2 = 510 \text{ mm}$$

得：$L_2 = 212$ mm

第七章
弯曲内力

■ 一、本章重点与难点

重点：

1. 梁上任意指定截面的内力计算。

2. 剪力与弯矩的符号规定。

3. 剪力方程与弯矩方程，剪力图与弯矩图。

4. 载荷集度、剪力和弯矩的关系。

5. 弯矩极值计算及确定相应极值发生的截面位置。

难点：

1. 剪力图与弯矩图的正确绘制。

2. 载荷集度、剪力和弯矩的关系。

■ 二、知识要点与辅导

（一）知识要点

1. 常见的几种梁的类型

简支梁、外伸梁、悬臂梁。

2. 剪力与弯矩的符号规定

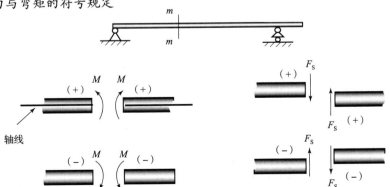

3. 载荷集度、剪力和弯矩的关系

$$\frac{\mathrm{d}^2 M(x)}{\mathrm{d}x^2} = \frac{\mathrm{d}F_s(x)}{\mathrm{d}x} = q(x)$$

在内力图中，有如下规律：

（1）在无分布载荷作用区间，剪力图为一平行于 x 轴的水平直线，弯矩图为一斜直线，且该斜直线的斜率等于剪力的数值。

（2）在载荷集度为常数的区间，剪力图是一条斜直线，弯矩图为抛物线，该抛物线的开口方向取决于载荷集度 $q(x)$。

（3）在剪力等于零的横截面上，弯矩将出现极值。

（4）在集中力或集中力偶作用点处，剪力或弯矩将出现突变。突变的大小等于该集中力或集中力偶的数值。

（二）辅导

1. 控制面的概念

集中力（含约束反力）和集中力偶作用点处两侧无限靠近作用点的截面称为"控制面"。对于间断性分布载荷，其起始作用点和终了作用点处的截面也是控制面。在两个相距宏观尺寸的控制面之间，梁的剪力和弯矩可用同一组函数式子来表示。

2. 剪力和弯矩的确定

确定梁横截面上剪力和弯矩的基本方法依然是截面法。截面法求剪力和弯矩的步骤与求轴力和扭矩时类似。其简便算法也与前类似，即任一横截面上的剪力等于截面一侧所有外力在梁轴垂直方向上投影的代数和，左侧的外力向上为正、向下为负，右侧的反之。任一横截面上的弯矩等于截面一侧所有外力对横截面形心之矩和外力偶矩的代数和，向上的外力（不管哪一侧）引起正弯矩，向下的外力引起负弯矩；左侧顺时针方向的外力偶引起正弯矩，逆时针方向的外力偶引起负弯矩，右侧则反之。

3. 画剪力图和弯矩图的简便方法

表7.1　剪力图、弯矩图的形状特征

	1. 无载荷区段	2. 均布载荷区段	3. 集中力处	4. 集中力偶处
Q 图	平行轴线	斜直线	发生突变 突变方向即载荷指向	无变化
M 图	斜直线	二次抛物线	弯矩图发生拐折 尖点方向即荷载指向	弯矩图发生突变 突变前后 M 图平行
备注	剪力等于零区段 M 图平行轴线	抛物线的凸向即荷载指向 剪力等于零处，M 达极值	集中力作用处的截面 剪力不确定	集中力偶作用处的截面弯矩不确定

利用表7.1中的关系，不必写出内力方程，直接由梁上载荷情况就可大致地定出剪力图和弯矩图的形状。这不仅可以对已作出的剪力图和弯矩图作定性校核，而且可以得到一种绘制内力图的简便方法。具体做法如下：

（1）求约束反力，并将约束反力按实际方向、实际数值标在梁的计算简图上。

（2）根据梁上的控制面，把梁分成若干段。

（3）自左向右沿轴线开始作剪力图。

①在集中力（载荷或约束反力）作用处，剪力图发生突变，突变的值等于集中力的值，突变的方向与集中力的方向相同。

②在无载荷作用梁段，剪力图平行于轴线。

③在均布载荷 q 作用梁段，剪力图为斜直线。如 q 指向向下，剪力图向右下倾斜，如指向向上，剪力图向右上方倾斜。斜直线的左右两端的剪力差值是均布载荷的合力 ql（l 是均布载荷的分布范围）；

④在集中力偶作用处，剪力图无变化。

（4）作弯矩图时，先求各控制面处的弯矩值。

①在无载荷作用梁段，将两端控制面处的弯矩标定点连成直线；

②在均布载荷作用梁段，还要求出该段中点截面弯矩（如有极值求出弯矩极值），三点连一条曲线；

③在集中力作用点，弯矩图出现尖点（发生拐折），尖点指向即集中力指向；

④在集中力偶作用处，弯矩图发生突变，突变的值等于集中力偶的值，突变的方向是：自左向右看，顺时针转动的力偶使弯矩图向下突变，逆时针转动的力偶使弯矩图向上突变。突变前后两条线（或其切线）保持平行。

（5）剪力图和弯矩图自左到右应该封闭。若不封闭，则作图有误。

■ 三、例题精讲

例7.1 图7.1（a）所示为一悬臂梁，在梁的自由端作用着一集中力 F，试作出该梁的剪力图和弯矩图。

解：将坐标原点取在梁的左端，在距左端为 x 处取一截面，从该处截开，研究左段梁，这样可以避免求支座反力。根据剪力和弯矩的计算方法和符号规则，求得该截面的剪力方程和弯矩方程为

$$F_S(x) = F, \ 0 \leqslant x \leqslant l \tag{1}$$

$$M(x) = Fx, \ 0 \leqslant x \leqslant l \tag{2}$$

由式（1）可知，各横截面上的剪力都等于 F，不随截面的位置变化，所以 $0 \leqslant x \leqslant l$ 内，剪力图是在 x 轴上方且平行于 x 轴的直线，如图7.1（b）所示。

由式（2）可知，弯矩是 x 的一次函数，所以弯矩图是一条斜直线。只要确定线上的两点，例如，$x = 0$ 处，$M = 0$；$x = l$ 处，$M = Fl$，就可以确定这条直线，如图7.1（c）所示。

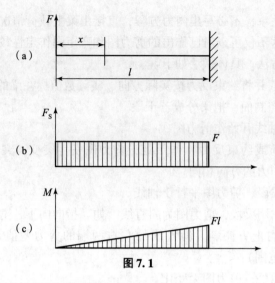

图 7.1

从弯矩图看出，最大弯矩在截面固定端处，$M_{\max} = Fl$。

例 7.2 图 7.2（a）所示为一悬臂梁，悬臂梁上作用有均布载荷，试作梁的剪力图和弯矩图。

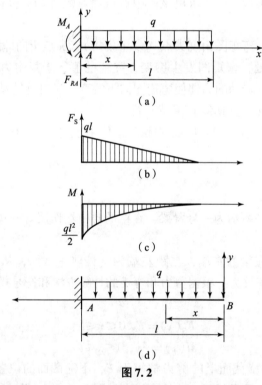

图 7.2

解： 由刚体静力学知识可知，悬臂梁的固定端约束可简化为垂直反力 F_{RA}、水平反力（本题中等于零）和反作用力偶 M_A。由平衡方程 $\sum F_y = 0$ 和 $\sum M_A = 0$，可求得

$$F_{RA} = ql, \quad M_A = \frac{ql^2}{2}$$

选取坐标系如图7.2所示。在距原点为 x 的横截面的左侧，有支反力 F_{RA}、M_A 和集度为 q 的均布载荷，但在截面的右侧只有均布载荷；所以，宜用截面右侧的外力来计算剪力和弯矩。这样，便可不必首先求出支反力，而直接算出 F_S 和 M，即

$$F_S(x) = q(l-x), 0 \leqslant x \leqslant l \tag{1}$$

$$M(x) = -q(l-x) \cdot \frac{l-x}{2} = -\frac{q(l-x)^2}{2}, 0 \leqslant x \leqslant l \tag{2}$$

式（1）表明，剪力图是一斜直线，只要确定两点就可定出这一斜直线，如图7.2（b）所示。

式（2）表明，弯矩图是一抛物线，要多确定曲线上的几点，才能画出这条曲线。例如

$$x=0, M(0) = -\frac{1}{2}ql^2; \quad x=\frac{l}{4}, M\left(\frac{l}{4}\right) = -\frac{9}{32}ql^2$$

$$x=\frac{l}{2}, M\left(\frac{l}{2}\right) = -\frac{1}{8}ql^2; \quad x=l, M(l) = 0$$

最后绘出弯矩图如图7.2（c）所示。

讨论：

本题亦可将坐标原点建立在 B 点，横坐标的方向由 B 指向 A，如图7.2（d）所示，此法便可不必首先求出支反力，而直接算出 F_S 和 M。取距原点为 x 的横截面，该截面的剪力方程和弯矩方程为

$$F_S(x) = qx, 0 \leqslant x \leqslant l \tag{3}$$

$$M(x) = -\frac{1}{2}qx^2, 0 \leqslant x \leqslant l \tag{4}$$

确定曲线上的几点，分别绘出剪力图和弯矩图，比较式（1）、式（2）和式（3）、式（4）可见后两式更简单，因此可以看出根据不同的题目，建立合适的坐标系可以使解题更简单些。

例7.3 在图7.3（a）中，外伸梁上有集度为 q 的均布载荷，集中力偶矩 qa^2，绘制该梁的剪力图和弯矩图。

解： 由梁的平衡方程，求出支反力为

$$F_{Ay} = \frac{5}{6}qa, \quad F_{By} = \frac{13}{6}qa \quad （方向如图所示）$$

在梁的 AC、CB、BD 三段内，剪力和弯矩都不能由同一个方程式来表示，所以应分三段考虑。对每一段都可仿照前面诸例的计算方法，列出剪力方程和弯矩方程。

AC 段：以点 A 为原点，在距原点为 x_1 处取一截面截开，坐标如图7.3（a）所示，取左半部分作为研究对象，由该部分平衡条件可得

$$F_S(x_1) = F_{Ay} = \frac{5}{6}qa, 0 < x_1 \leqslant a$$

$$M(x_1) = F_{Ay}x_1 = \frac{5}{6}qax_1, 0 \leqslant x_1 < a$$

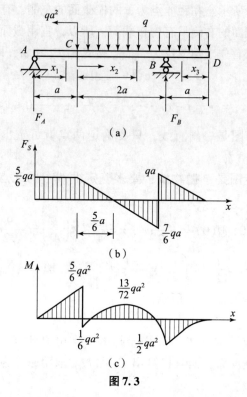

图 7.3

CB 段：以 C 点为原点，在距 C 点为 x_2 处取一截面截开，坐标如图 7.3（a）所示，同样取左半部分作为研究对象，由该部分平衡条件可得

$$F_S(x_2) = F_{Ay} - qx_2 = \frac{5}{6}qa - qx_2, 0 \leqslant x_2 < 2a$$

$$M(x_2) = F_{Ay}(x_2 + a) - qa^2 - \frac{1}{2}qx_2^2 = -\frac{1}{6}qa^2 + \frac{5}{6}qax_2 - \frac{1}{2}qx_2^2, 0 < x_2 \leqslant 2a$$

BD 段：以 D 点为原点，在距 D 点为 x_3 处取一截面截开（坐标轴方向由 D 指向 B），坐标如图 7.3（a）所示，取右半部分作为研究对象，由该部分平衡条件可得

$$F_S(x_3) = qx_3, 0 \leqslant x_3 < a$$

$$M(x_3) = -\frac{1}{2}qx_3^2, 0 \leqslant x_3 \leqslant a$$

分别按各段的剪力方程和弯矩方程画剪力图和弯矩图，如图 7.3（b）、（c）所示。

■ 四、习题精练

（一）填空题

1. 圆截面直杆受轴向外力作用时，该直杆称为_____；受扭转外力偶作用时，该直杆称为_____；受横向外力作用时，该直杆称为_____。

2. 简支梁全梁上受均布载荷作用时，当跨长增加一倍时，最大剪力增加一倍，最大弯矩增大了_____倍。

3. 若木梁和钢梁的截面、长度、支座形式及受载情况都相同，比较两梁最大弯矩之值，可得木梁上的最大弯矩_____钢梁上的最大弯矩。（填写：大于、小于、等于）

4. 材料、长度、支座形式及受载情况都相同的两根截面不同的简支梁，在强度都满足时，比较两梁的最大内力值，可得细梁上的最大内力_____粗梁上的最大内力。（填写：大于、小于、等于）

5. 双杠长 l，双杠的支座离最近端点的距离为_____时最为合理。

6. 若梁上某段内的弯矩值全为零，则该段的剪力值为_____。

7. 工程中把发生_____的构件称为梁。梁可分为_____、_____、_____三种基本形式。

8. 凡使微段梁弯曲变形下凹上凸的弯矩规定为_____，反之规定为_____。

9. 梁在纯弯曲时，梁内既不伸长也不压缩的那层纤维叫作_____，它与横截面的交线叫作_____。

10. 如图所示，该截面对 z 轴的惯性矩为_____。

11. 如图所示，该截面的抗弯截面系数 W_z 为_____。

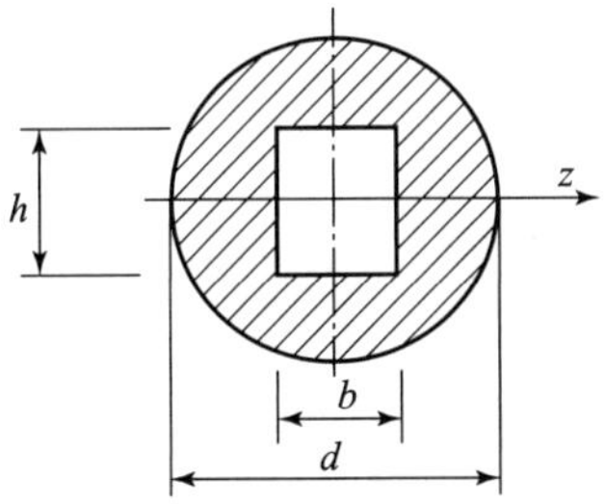

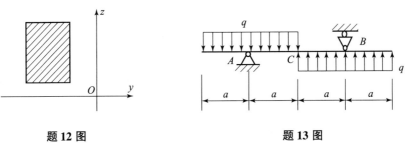

题 10 图 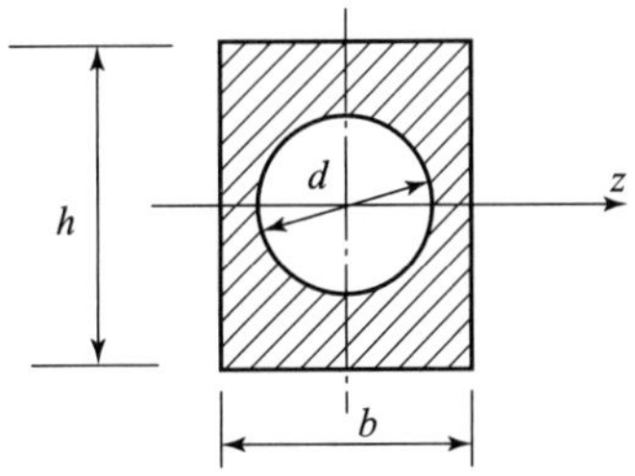　　　　　　　　　　　　　题 11 图

12. 如图所示，该平面图形对 z 轴的静矩为_____值，对 z 轴的惯性矩为_____值，对 y、z 轴的惯性积为_____值。（填写：正或负）

13. 如图所示，梁的受力情况对于中央截面为反对称，则梁中央截面 C 上的剪力和弯矩分别为_____。

题 12 图　　　　　　　　　　　　　题 13 图

（二）选择题

1. 用内力方程计算剪力和弯矩时，关于横向外力与外力矩的正负判别，正确的是（　　）。

A. 截面左边梁内向上的横向外力计算的剪力及其对截面形心计算的弯矩都为正

B. 截面右边梁内向上的横向外力计算的剪力及其对截面形心计算的弯矩都为正

C. 截面左边梁内向上的横向外力计算的剪力为正，向下的横向外力对截面形心计算的弯矩都为正

D. 截面右边梁内向下的横向外力计算的剪力为正，该力对截面形心计算的弯矩都为正

2. 对剪力和弯矩的关系，下列说法正确的是（　　）。

A. 同一段梁上，剪力为正，弯矩也必为正

B. 同一段梁上，剪力为正，弯矩必为负

C. 同一段梁上，弯矩的正负不能由剪力唯一确定

D. 剪力为零处，弯矩也必为零

3. 以下说法正确的是（　　）。

A. 集中力作用处，剪力和弯矩值都有突变

B. 集中力作用处，剪力有突变，弯矩图不光滑

C. 集中力偶作用处，剪力和弯矩值都有突变

D. 集中力作用处，剪力图不光滑，弯矩值有突变

4. 简支梁受集中力偶 M_O 作用，如图所示，以下结论中，错误的是（　　）。

A. $b = 0$ 时，弯矩图为三角形

B. $a = 0$ 时，弯矩图为三角形

C. 无论 C 在何处，最大弯矩必为 M_O

D. 无论 C 在何处，最大弯矩总在 C 处

5. 如图所示，载荷 F 可在 AB 梁上移动，当载荷移动到（　　）位置时，梁的弯矩值最大。

A. $x = \dfrac{l}{2}$

B. $x = \dfrac{l}{3}$

C. $x = \dfrac{l}{4}$

D. 端点

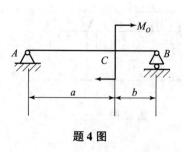

题 4 图

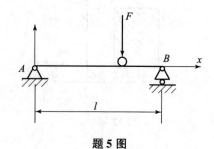

题 5 图

6. 如图所示，下列哪种加载方式使梁内产生的弯矩值最小？（　　　）

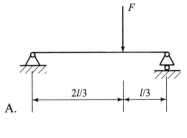

A.

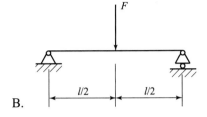

B.

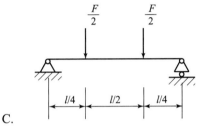

C.

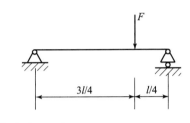

D.

7. 应用截面法计算梁横截面上的弯矩，其弯矩等于（　　　）。

A. 梁上所有外力偶矩的代数和

B. 梁上所有外力对该截面力矩的代数和

C. 该截面左段梁（或右段梁）上所有外力对任意矩心的代数和

D. 该截面左段梁（或右段梁）上所有外力（包括力偶）对该截面形心力矩的代数和

8. 应用 $\sum M_C = 0$ 计算弯矩时，其外力矩、外力偶、弯矩的符号规定，（　　　）是正确的。

A. 若用左段梁计算，顺时针转向的外力矩、外力偶为正，逆时针转的弯矩为正，反之为负

B. 若用左段梁计算，逆时针转向的外力矩、外力偶、弯矩为正，反之为负

C. 若用右段梁计算，逆时针转向的外力矩、外力偶、弯矩为正，反之为负

D. 无论选取左段梁还是右段梁，顺时针转向的外力矩、外力偶为正，逆时针转的弯矩为正，反之为负

9. 以下说法正确的是（　　　）。

A. 均布载荷作用的区间，剪力图为一条水平直线、弯矩图为斜直线

B. 均布载荷作用的区间，剪力图为一条斜直线、弯矩图为抛物线

C. 向下的均布载荷产生的剪力为负，向上的均布载荷产生的剪力为正

D. 向下的均布载荷产生的剪力为正，向上的均布载荷产生的剪力为负

10. 外伸梁受力情况如图所示，以下结论中，错误的是（　　　）。

A. 两个支座的支反力均为 $F = 3qa(\uparrow)$　　　　B. $F_{Smax} = 2qa$

C. $M_{max} = \dfrac{1}{2}qa^2$　　　　　　　　D. 中央截面处 $F_S = 0$

11. 外伸梁受力情况如图所示，以下结论中错误的是（　　　）。

A. 梁上各截面的剪力 $F_s(x) > 0$

B. 梁上各截面的弯矩 $M(x) \leq 0$

C. 在 $a < x < 2a$ 处，F_s 值相同

D. 在 $a < x < 2a$ 处，M 值相同

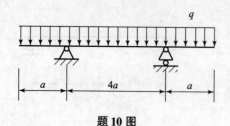

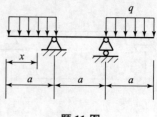

题 10 图　　　　　　　　　　　题 11 图

12. 悬臂梁受力情况如图所示，以下结论中错误的是（　　　）。

A. $F_{Smax} = 3qa$

B. 在 $3a < x \leq 4a$ 处，$F_s = 0$

C. $|M|_{max} = 6qa^2$

D. 在 $x = 2a$ 处，$M = 0$

13. 简支梁部分区段受均布载荷如图所示，以下结论中错误的是（　　　）。

A. AB 段的剪力方程为 $F_s(x) = \dfrac{3}{4}qa - qx$

B. AB 段的弯矩方程为 $M(x) = \dfrac{3}{4}qax - \dfrac{1}{2}qx^2$

C. BC 段的剪力方程为 $F_s(x) = \dfrac{1}{4}qa$

D. BC 段的弯矩方程为 $M(x) = \dfrac{1}{4}qa(2a - x)$

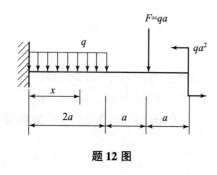

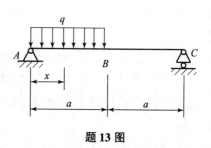

题 12 图　　　　　　　　　　　题 13 图

14. 如图所示，外伸梁受集中力偶作用，下列结论中错误的是（　　　）。

A. 支座 A 处的支反力为 $F_{RA} = \dfrac{M}{L}(\uparrow)$

B. 支座 B 处的支反力为 $F_{RB} = \dfrac{M}{L}(\downarrow)$

C. AB 段上各截面的剪力相同

D. BC 段上各截面的弯矩均为负值

15. 如图所示，外伸梁受集中力偶作用，下列结论中错误的是（　　　）。

A. 当集中力偶作用点 C 位于支座 B 的右侧时，梁的弯矩图为梯形

B. 当集中力偶作用点 C 位于支座 B 的右侧时，梁上各截面的弯矩 $M(x) \geq 0$

C. 当 C 点在梁上移动时，梁的剪力图不改变

D. 当 C 点在梁上移动时，梁的中央截面上的弯矩不改变

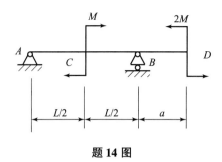

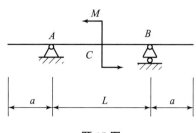

| 题 14 图 | 题 15 图 |

16. 外伸梁所受载荷如图所示，以下结论中错误的是（　　）。

A. 在 CB 段，$F_s = -\dfrac{5}{4}qa$

B. 在 AC 段和 BD 段，各截面不出现负剪力

C. 在截面 C 处，$M = \dfrac{3}{4}qa^2$

D. 在梁上，$M = 0$ 的截面有两处

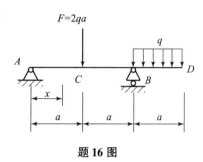

题 16 图

（三）计算题

1. 梁 CAB 受外载荷如图所示，其中均布载荷的载荷集度为 q，试画出其剪力图和弯矩图。

2. 画出图中所示梁的剪力图和弯矩图。

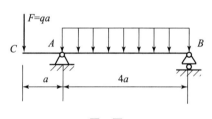

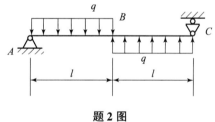

| 题 1 图 | 题 2 图 |

3. 画出图示梁的剪力图和弯矩图。

4. 如图所示的外伸梁，画出其剪力图和弯矩图。

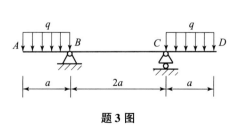

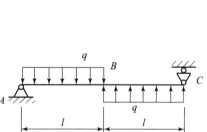

| 题 3 图 | 题 4 图 |

5. 如图所示的外伸梁，画出其剪力图和弯矩图。

6. 如图所示，简支梁 AB 受均布载荷 $q = 2$ kN/m，在梁的中点 C 作用集中载荷 $P =$

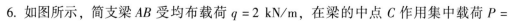

4 kN，$AC = 4$ m，$CB = 4$ m，试画出梁的剪力图和弯矩图，并求出剪力和弯矩的最大值。

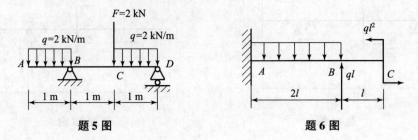

題 5 图　　　　題 6 图

7. 如图所示的外伸梁，试画出其剪力图与弯矩图。

8. 画出图示梁的剪力图和弯矩图。

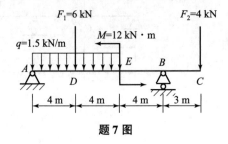
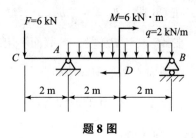

題 7 图　　　　題 8 图

9. 画出图示梁的剪力图和弯矩图，并求出弯矩的极值及其发生的位置。

10. 如图所示的外伸梁，画出其剪力图和弯矩图。

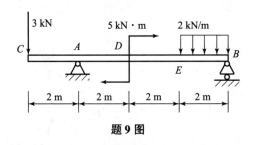
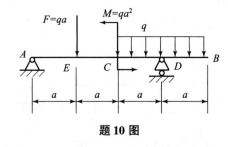

題 9 图　　　　題 10 图

11. 某柴油机的活塞销受力如图所示，试画出其剪力图和弯矩图，并求出距最左端为 $\frac{3}{2}a$ 处截面的弯矩。

12. 如图所示的外伸梁，已知 $q = 2$ kN/m。试画出其剪力图和弯矩图，并求出弯矩的极值及其发生的位置。

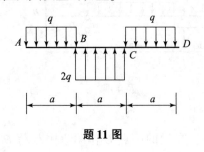
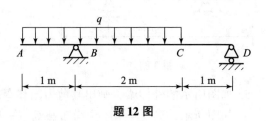

題 11 图　　　　題 12 图

本章习题答案

（一）填空题

1. 杆、轴、梁；2. 3；3. 等于；4. 等于；5. 1/6；；6. 零；7. 弯曲变形、简支梁、悬臂梁、外伸梁；8. 负、正；9. 中性层、中性轴；10. $\left(\dfrac{\pi}{64}d^4-\dfrac{bh^3}{12}\right)$；11. $\left(\dfrac{bh^2}{6}-\dfrac{\pi d^4}{32h}\right)$；

12. 负、正、负；13. $F_{SC}=0$、$M_C=0$

（二）选择题

1. A；2. C；3. B；4. C；5. A；6. C；7. D；8. A；9. B；10. C；11. A；12. C；13. C；

14. D；15. D；16. D

（三）计算题

1. **解**：（1）求支座反力（过程略）。

$$\sum M_A=0,\ F_B=\frac{7}{4}qa$$

$$\sum M_B=0,\ F_{Ay}=\frac{13}{4}qa$$

（2）画出剪力图和弯矩图，如图所示。

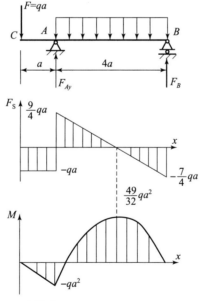

2. **解**：（1）求支座反力（过程略）。

$$\sum M_A=0,F_C=\frac{ql}{2}$$

$$\sum M_C=0,\ F_{Ay}=\frac{ql}{2}$$

（2）画出剪力图和弯矩图，如图所示。

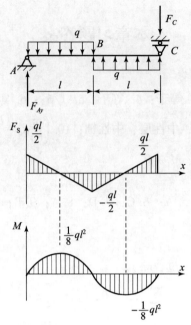

3. **解**：（1）求支座反力（过程略）。

$$\sum M_C = 0, \ F_{By} = qa$$

$$\sum F_y = 0, \ F_C = qa$$

（2）画出剪力图和弯矩图，如图所示。

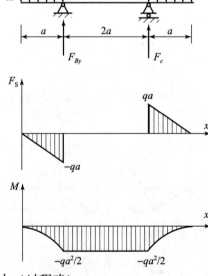

4. **解**：（1）求支座反力（过程略）。

$$\sum M_A = 0, \ F_D = 60 \text{ kN}$$

$$\sum F_y = 0, \ F_{Ay} = 80 \text{ kN}$$

（2）画出剪力图和弯矩图，如图所示。

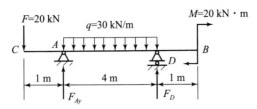

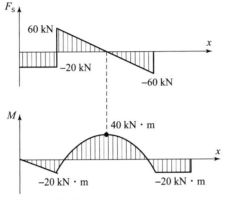

5. **解**：（1）求支座反力（过程略）。

$$F_{By} = 4 \text{ kN}, \quad F_D = 2 \text{ kN}$$

（2）画出剪力图和弯矩图，如图所示。

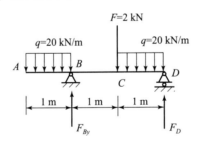

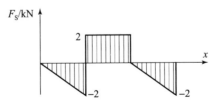

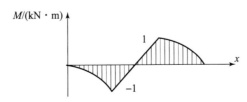

6. **解**：（1）求支座反力（过程略）。

$$\sum M_A(F) = 0, \quad M_A = ql^2$$

$$\sum F_y(F) = 0, \quad F_A = ql$$

（2）画出剪力图和弯矩图，如图所示。

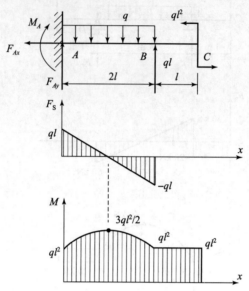

（3）求剪力和弯矩的最大值。

由梁的剪力图及弯矩图，可得

$$|F_S|_{max} = ql, \quad |M|_{max} = \frac{3}{2}ql^2$$

7. 解：（1）求支座反力（过程略）。

$$F_{Ay} = 12 \text{ kN}, \quad F_B = 10 \text{ kN}$$

（2）画出剪力图和弯矩图，如图所示。

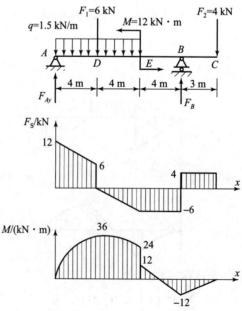

8. 解：（1）求支座反力（过程略）。

$$F_{Ay} = 13 \text{ kN}, \quad F_B = 5 \text{ kN}$$

（2）画出剪力图和弯矩图，如图所示。

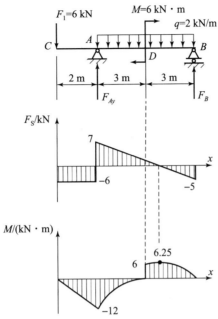

9. 解：（1）求支座反力（过程略）。

$$F_{Ay} = 3.83 \text{ kN}, \quad F_B = 3.17 \text{ kN}$$

（2）画出剪力图和弯矩图，如图所示。

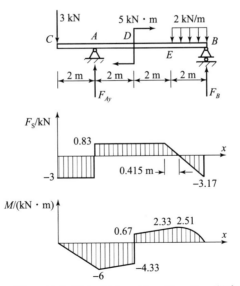

（3）从剪力图上可见，距 E 点右侧 0.415 m 处，$F_S = 0$，即在此处弯矩有极值。

弯矩的极大值为：$M_{max} = 2.33 + \dfrac{1}{2} \times 0.83 \times 0.415 = 2.51 \text{ kN} \cdot \text{m}$

10. **解**：（1）求支座反力（过程略）。

$$F_{Ay} = qa, \quad F_D = 2qa$$

（2）画出剪力图和弯矩图，如图所示。

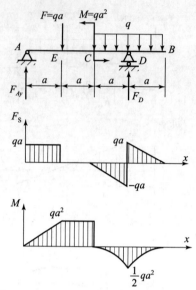

11. **解**：（1）根据外载荷，画出剪力图和弯矩图，如图所示。

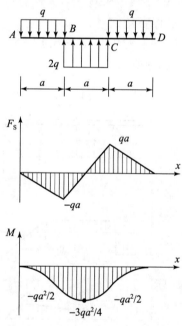

（2）求解距最左端为 $\dfrac{3}{2}a$ 处截面的弯矩。

$$M = \frac{1}{2} \times (-qa) \times a + \frac{1}{2} \times (-qa) \times \frac{1}{2}a = -\frac{3}{4}qa^2$$

12. **解**：（1）求支座反力（过程略）。

$$F_{By} = 5 \text{ kN}, \quad F_D = 1 \text{ kN}$$

（2）画出剪力图和弯矩图，如图所示。

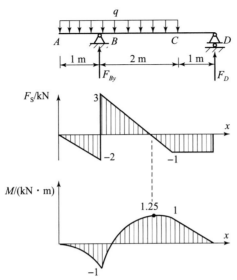

（3）求出弯矩的极值及其发生的位置。

从剪力图上可见，距 D 点 1.5 m 处，$F_S = 0$，即在此处弯矩有极值。弯矩的极大值为

$$M_{max} = F_D \times 1.5 - \frac{1}{2} \times 2 \times 0.5^2 = 1.25 \text{ kN} \cdot \text{m}$$

第八章
弯曲应力

■ 一、本章重点与难点

重点：

1. 横力弯曲、纯弯曲的概念。
2. 中性层和中性轴。
3. 梁横截面上正应力的计算。
4. 最大正应力的计算，位置及其强度条件。

难点：

1. 非矩形、圆形截面梁中性轴位置的确定。
2. 梁横截面上最大正应力的计算及其位置。

■ 二、知识要点与辅导

（一）知识要点

1. 横力弯曲和纯弯曲

横力弯曲：在梁的横截面上既存在正应力，又存在切应力。

纯弯曲：在梁的横截面上只存在正应力，无切应力。

2. 中性层和中性轴

中性层：梁弯曲时，沿着轴线方向既不伸长又不缩短的一层。

中性轴：中性层和横截面的交线，即横截面上正应力为零的各点的连线。当平面弯曲时，中性轴通过横截面的形心。

3. 梁横截面上的正应力

$$\sigma = \frac{My}{I_z}$$

最大正应力发生在弯矩最大的横截面且距离中性轴最远的点上，即

$$\sigma_{\max} = \frac{M_{\max} y_{\max}}{I_z}$$

令

$$W = \frac{I_z}{y_{\max}}, \qquad \sigma_{\max} = \frac{M_{\max}}{W}$$

高为 h、宽为 b 的矩形截面：　　$W = \dfrac{bh^2}{6}$ 或 $W = \dfrac{hb^2}{6}$

半径为 d 的圆形截面：　　　　$W = \dfrac{\pi \cdot d^3}{32}$

4. 梁弯曲时的强度条件

$$\sigma_{\max} = \frac{M_{\max}}{W} \leqslant [\sigma]$$

（1）已知外力、截面形状尺寸、许用应力，校核梁的强度。

（2）已知外力、许用应力，设计梁的截面尺寸。

（3）已知截面形状尺寸、许用应力，求许可载荷。

（二）辅导

1. 平面弯曲的基本假定

（1）平截面假定：对于纯弯曲的梁，横截面变形前确实就是一个平面，而变形后也确实就是一个平面，因此，这是一个精确的假定。换句话说，这个假定是完全符合客观情况的。但是对于横力弯曲的梁，横截面变形后不再是一个平面了，也就是说，这时平截面假定不是一个精确的假定，这是由于横截面上剪力的作用，这个平面发生翘曲，翘曲导致平面不再是平面，在距离平面不远的地方发生轻微的翘曲情况，它所带来的误差是工程中弯曲可以接受的。因此，对于横力弯曲来说，平截面假定仍然成立，只是它此时是一个近似的假设。

（2）单向受力假定：如果将梁看成由无数多个和轴线平行的纤维组成，当梁发生弯曲变形时，这些纤维被拉长或者缩短，说明沿着纤维方向，也就是垂直于轴线的截面上有了正应力。在同一个梁上，上下平行于轴线的纤维之间，没有拉压或者挤压，说明沿着垂直于轴线方向的截面上没有正应力，这就是单向受力假设。不难理解，对于集中的载荷而言，这个假定是精确成立的。对于分布载荷而言，这个假定是近似成立的。

2. 梁的强度计算中危险点的确定

一般情况下，梁的各个截面上的弯矩和剪力是不相等的。进行梁的强度计算时，应首先找出最大弯矩所在截面和最大剪力所在截面（即危险截面）。

梁弯曲时，横截面上的应力（σ 和 τ）分布不均匀，各点应力不完全相同。危险截面上正应力最大点和切应力最大点以及正应力和切应力都比较大的点，是三种类型不同的危险点。这三类危险点并不一定都发生在同一危险截面上，也不发生在同一点上。

其中最大正应力发生在离中性轴最远的截面边缘，这些点上切应力等于零；最大切应力一般发生在中性轴上，而这些点上的正应力等于零。所以，这两类危险点分别处于单向拉伸（或压缩）和纯剪切状态。对于在弯矩和剪力都比较大的截面上，正应力 σ 和切应

力 τ 都比较大的点，其受力状态比较复杂，这类危险点的强度条件要用到强度理论才能建立。

3. 梁平面弯曲时正应力的正、负判断

判断既可用直观法，也可用符号法。直观法是以中性层为界，弯曲时梁在凸出一侧受拉，凹入一侧受压。这时，正应力计算公式中的 M 和 y 均应以绝对值代入。符号法则是将正应力计算公式中的 M 和 y 均以代数值代入，故正弯矩时，y 坐标为正的点上是拉应力，y 坐标为负的点上是压应力。弯矩为负时则反之。直观法较简洁，而符号法则需时时考虑 M 和 y 的正负，但符号法在公式推导和列平衡方程时具有严谨性。当然，在进行强度校核时，如果关心的是应力的绝对值，一般 M 和 y 均用绝对值代入公式即可。

4. 平面弯曲正应力最大值 σ_{max} 的确定

有时仅考虑 M_{max} 截面是不够的。当各截面 I_z 不同时，还需考虑 $I_{z,min}$ 截面；当中性轴不是截面的水平对称轴时，还需考虑 y_{max} 的点；对于脆性材料，因其许用拉、压应力 $[\sigma_t]$、$[\sigma_c]$ 不相等，故还需对 $\sigma_{t,max}$ 和 $\sigma_{c,max}$ 分别进行强度校核。

5. 梁的合理截面形状

梁的强度计算，一般是由正应力强度条件控制的。由正应力强度条件 $\sigma_{max} = \dfrac{M_{max}}{W} \leqslant [\sigma]$ 可见，σ_{max} 与抗弯截面系数 W 成反比，显然在截面面积相同的情况下，W 越大截面越合理。因此，矩形比方形好，方形比圆形好；如果以同样面积做成工字形截面，将比矩形截面更好；另外，矩形截面梁竖放比平放要好。

另外，从正应力分布规律来看，正应力在中性轴附近很小，材料没有充分发挥作用。因此，为了更好地发挥材料的作用，就应尽量减少中性轴附近的材料，使更多的材料分布在离中性轴较远的位置。因此，在面积相同的情况下，工字形比矩形好，空心截面比实心截面好。

6. 平面弯曲强度条件的选择

对受弯曲的梁而言，一般正应力是决定强度的主要因素。所以，无论是强度校核还是截面设计，首先考虑正应力强度条件，再对切应力作校核。

7. 计算组合图形惯性矩的常错点

1）误记公式

圆截面极惯性矩 $I_p = \dfrac{\pi d^4}{32}$，轴惯性矩 $I_y = I_z = \dfrac{\pi d^4}{64}$，抗扭截面系数 $W_p = \dfrac{\pi d^3}{16}$，式中分母 32、64 及 16 三个数字极易混淆，除需仔细分辨、准确记忆外，联想关系式 $I_p = I_y + I_z$ 及 $W_p = \dfrac{I_p}{\rho_{max}}$ 将有助于避免混淆。

2）遗忘移轴

计算组合图形相对于形心轴的惯性矩时，常易忽视分割后的简单形状截面自身的形心轴与整个组合截面的形心轴的区别，不理解公式 $I_z = \sum_{i=1}^{n} I_{iz}$ 中，各简单形状截面的惯性矩 I_{iz} 不是对自身形心轴，而应该是对整个组合截面的形心轴的惯性矩，因而必须应用平行移轴公式。

3）错误应用移轴公式

平行移轴公式 $I_z = I_{zc} + a^2 A$ 中，z_c 是形心轴，I_{zc} 必须是对形心轴的惯性矩。在已知的轴惯性矩是对非形心轴的惯性矩时，应用此式需先将已知惯性矩换算成对形心轴的，然后才能应用此式，否则将导致错误。

4）其他可能出现的错误

查用型钢表时，忽略表列量的单位和轴名（x、y）等与问题相对应量的单位和轴名的差异，而造成错误。例如，型钢表中有些量的长度单位符号为 mm，同一表中另一些量的长度单位符号为 cm，表中的 x 轴常是问题中的 z 轴等，均需注意分辨。

■ 三、例题精讲

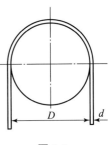

图 8.1

例 8.1　如图 8.1 所示，将一根直径 $d = 1$ mm 的直钢丝绕于直径 $D = 1$ m 的卷筒上，已知钢丝的弹性模量 $E = 200$ GPa，试求钢丝由于弹性弯曲而产生的最大弯曲正应力。材料的屈服极限 $\sigma_s = 350$ MPa，求不使钢丝产生塑性变形的卷筒轴径 D_1 应为多大。

解：（1）最大弯曲正应力。

由曲率与弯矩间的关系

$$\frac{1}{\rho} = \frac{M}{EI_z}$$

可以得到

$$\sigma_{max} = \frac{M}{W_z} = \frac{EI_z y}{\rho I_z} = \frac{Ey}{\rho} = \frac{200 \times 10^9 \times 0.5 \times 10^{-3}}{0.5} = 200 \text{ MPa}$$

（2）求轴径 D_1。

$$\sigma_{max} = \frac{Ey}{\rho} = \sigma_s$$

则

$$\rho = \frac{Ey}{\sigma_s} = \frac{200 \times 10^9 \times 0.5 \times 10^{-3}}{350 \times 10^6} = 0.285 \text{ m}$$

得轴径 $D_1 = 0.571$ m。

解题指导：钢丝的直径 d 远小于卷筒的直径 D，因此钢丝的曲率半径可以近似为 $\rho = \frac{D}{2} + \frac{d}{2} \approx \frac{D}{2}$。

例 8.2　T 形截面铸铁梁的载荷和截面尺寸如图 8.2（a）所示。铸铁的抗拉许用应力为 $[\sigma_t] = 40$ MPa，抗压许用应力为 $[\sigma_c] = 160$ MPa。试按正应力强度条件校核梁的强度。

解：

（1）求截面形心及惯性矩。由于 y 轴为对称轴，形心必在 y 轴上。选参考轴 z_1，于是形心位置为

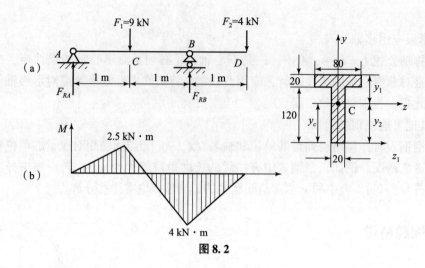

图 8.2

$$y_z = \frac{S_{z1}}{A} = \frac{120 \times 20 \times \dfrac{120}{2} + 80 \times 20 \times \left(120 + \dfrac{20}{2}\right)}{80 \times 20 + 120 \times 20} = 88 \text{ mm}$$

形心轴 z 距离上边缘的距离为 $|y_1| = 52$ mm。

$$I_z = \left[\frac{1}{12} \times 80 \times 20^3 + 80 \times 20 \times (120 + -88)^2 + \frac{1}{12} \times 20 \times 120^3 + 120 \times 20 \times \left(88 - \frac{120}{2}\right)^2\right]$$

$$= 763 \times 10^6 \text{ mm}^4 = 7.63 \times 10^{-6} \text{ m}^4$$

（2）由静力平衡方程求得梁的支座反力：

$$F_{RA} = 2.5 \text{ kN}, \quad F_{RB} = 10.5 \text{ kN}$$

（3）作弯矩图。弯矩图如图 8.2（b）所示。

（4）强度校核。由弯矩图可知，最大正弯矩在截面 C 上，$M_C = 2.5$ kN·m；最大负弯矩在截面 B 上，$M_B = -4$ kN·m。

由于 T 形截面对中性轴不对称，同一截面上的最大拉应力和压应力并不相等。计算最大应力时，应以 y_1 和 y_2 分别代入正应力计算公式。在截面 B 上，弯矩是负的，最大拉应力发生于上边缘各点。

$$\sigma_t = \frac{M_B y_1}{I_z} = \frac{(4 \times 10^3 \text{ N·m})(52 \times 10^{-3} \text{ m})}{763 \times (10^{-2} \text{ m})^4} = 27.2 \times 10^6 \text{ Pa} = 27.2 \text{ MPa}$$

最大压应力发生于下边缘各点，且

$$\sigma_c = \frac{M_B y_2}{I_z} = \frac{(4 \times 10^3 \text{ N·m})(120 \times 10^{-3} \text{ m} + 20 \times 10^{-3} \text{ m} - 52 \times 10^{-3} \text{ m})}{763 \times (10^{-2} \text{ m})^4}$$

$$= 46.2 \times 10^6 \text{ Pa} = 46.2 \text{ MPa}$$

在截面 C 上，虽然弯矩 M_C 的绝对值小于 M_B，但 M_C 是正弯矩，最大拉应力发生在截面的下边缘各点，而这些点到中性轴的距离却比较远，因而就有可能产生比截面 B 还要大的拉应力。

$$\sigma_t = \frac{M_C y_2}{I_z} = \frac{(2.5 \times 10^3 \text{ N·m})(120 \times 10^{-3} \text{ m} + 20 \times 10^{-3} \text{ m} - 52 \times 10^{-3} \text{ m})}{763 \times (10^{-2} \text{ m})^4}$$

$$= 28.8 \times 10^6 \ \text{Pa} = 28.8 \ \text{MPa}$$

所以，最大拉应力是在截面 C 的下边缘各点处。从所得结果看出，全梁满足强度条件。

解题指导：由此例可知，对于铸铁等脆性材料，由于拉、压许可应力不等，通常制成上、下不对称截面，以充分发挥材料的承载潜力。应特别注意此种梁的弯矩有正、有负时，可能出现两个危险截面，而且两个危险点可能不在同一个截面上。

例8.3 T形截面铸铁梁的载荷和截面尺寸如图 8.3（a）所示。铸铁的抗拉许用应力为 $[\sigma_\text{t}] = 40 \ \text{MPa}$，抗压许用应力为 $[\sigma_\text{c}] = 160 \ \text{MPa}$。试按正应力强度条件校核梁的强度。

解：

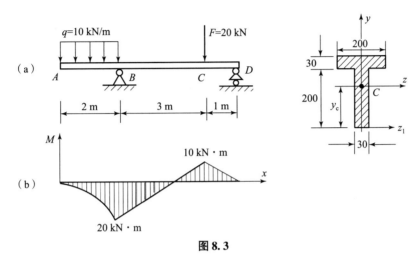

图 8.3

（1）求截面形心及惯性矩。由于 y 轴为对称轴，形心必在 y 轴上。选参考轴 z_1，于是形心位置为

$$y_z = \frac{S_{z1}}{A} = \frac{200 \times 30 \times \dfrac{200}{2} + 200 \times 30 \times \left(200 + \dfrac{30}{2}\right)}{30 \times 200 + 200 \times 30} = 157.5 \ \text{mm}$$

$$I_z = \Big[\frac{1}{12} \times 30 \times 200^3 + 200 \times 30 \times (157.5 - 100)^2$$

$$+ \frac{1}{12} \times 200 \times 30^3 + 200 \times 30 \times (215 - 157.5)^2\Big]$$

$$= 6\,012.5 \ \text{cm}^4$$

（2）由静力平衡方程求得梁的支座反力

$$F_{RD} = 10 \ \text{kN}, \ F_{RB} = 30 \ \text{kN}$$

（3）作弯矩图。弯矩图如图 8.3（b）所示。

（4）强度校核。由弯矩图可知，最大正弯矩在截面 C 上，$M_C = 10 \ \text{kN} \cdot \text{m}$；最大负弯矩在截面 B 上，$M_B = -20 \ \text{kN} \cdot \text{m}$。参照上例对两截面进行校核：

B 截面：

$$\sigma_\text{t} = \frac{20 \times 10^3 \times (23 - 15.75) \times 10^{-2}}{6\,012.5 \times 10^{-8}} \ \text{Pa} = 24.12 \ \text{MPa} < [\sigma_\text{t}] = 40 \ \text{MPa}$$

$$\sigma_c = \frac{20 \times 10^3 \times 15.75 \times 10^{-2}}{6\,012.5 \times 10^{-8}} \text{ Pa} = 52.4 \text{ MPa} < [\sigma_c] = 160 \text{ MPa}$$

C 截面:

$$\sigma_t = \frac{10 \times 10^3 \times 15.75 \times 10^{-2}}{6\,012.5 \times 10^{-8}} \text{ Pa} = 26.2 \text{ MPa} < [\sigma_t] = 40 \text{ MPa}$$

$$\sigma_c = \frac{10 \times 10^3 \times (23 - 15.75) \times 10^{-2}}{6\,012.5 \times 10^{-8}} \text{ Pa} = 12.1 \text{ MPa} < [\sigma_t] = 160 \text{ MPa}$$

无论是最大拉应力或最大压应力都未超过许用应力,满足强度条件,结构安全。

例 8.4 一矩形截面木梁,如图 8.4 (a) 所示,已知梁上作用力 $P = 15$ kN,$a = 0.8$ m,木材的许用应力 $[\sigma] = 10$ MPa,设梁横截面的高宽比 $h/b = \frac{3}{2}$,试选择梁的截面尺寸。

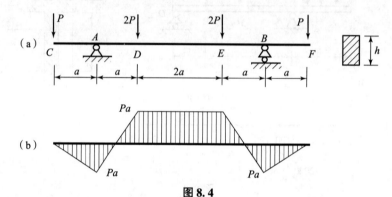

图 8.4

解:(1)由静力平衡方程求出梁的支座反力:

$$F_{RD} = 45 \text{ kN}, \quad F_{RB} = 45 \text{ kN}$$

(2)作弯矩图。弯矩图如图 8.4 (b) 所示。最大正弯矩为

$$M_{\max} = 12 \text{ kN} \cdot \text{m}$$

(3)选择截面尺寸。由强度条件

$$\frac{M_{\max}}{W_z} \leqslant [\sigma]$$

得

$$W_z = \frac{M_{\max}}{[\sigma]} = \frac{12 \times 1\,000}{10 \times 10^6} = 1\,200 \times 10^{-6} \text{ m}^3 = 1\,200 \text{ cm}^3$$

因为

$$W_z = \frac{bh^2}{6} = \frac{b\left(\frac{3}{2}b\right)^2}{6} = \frac{3}{8}b^3$$

于是

$$\frac{3}{8}b^3 \geqslant 1\,200 \text{ cm}^3$$

$$b \geqslant \sqrt[3]{\frac{8}{3} \times 1\,200} = 14.74 \text{ cm}, \quad \text{取 } b = 15 \text{ cm}$$

$$h = \frac{3}{2} \times 15 = 22.5 \text{ cm}$$

例 8.5　加热炉炉前机械操作装置如图8.5（a）所示，其操作部分由两根无缝钢管组成，已知外伸梁夹具所夹的钢材料的重力为 $P = 2.2$ kN，平均分配到两根钢管上，考虑到外伸梁在高温下工作，设材料的许用应力 $[\sigma] = 40$ MPa，钢管的内外径之比为0.6，试选择钢管的直径。（钢管的自重不计）

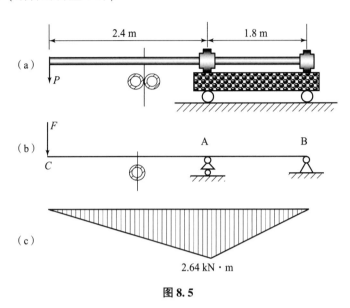

图 8.5

解：先将操作臂中的一根钢管简化为一根外伸梁，其端部的载荷为 $F = 1.1$ kN，如图8.5（b）所示。

（1）求梁的支座反力并作弯矩图。

$$F_{RB} = 1.466\ 7\ \text{kN}$$

由弯矩图可知，梁上的最大弯矩为

$$M_{max} = 2.64\ \text{kN} \cdot \text{m}$$

（2）选择钢管的直径。由强度条件

$$\frac{M_{max}}{W_z} < [\sigma]$$

要求钢管抗弯截面系数的最小值为

$$W_z = \frac{M_{max}}{[\sigma]} = \frac{2\ 640}{40 \times 10^6} = 66 \times 10^{-6}\ \text{m}^3$$

再由空心圆截面的抗弯截面系数的计算公式

$$W_z = \frac{\pi D^3}{32}\ (1 - \alpha^4)$$

得

$$D = \sqrt[3]{\frac{32 W_z}{\pi (1 - \alpha^4)}} = \sqrt[3]{\frac{32 \times 66 \times 10^{-6}}{\pi (1 - 0.6^4)}} = 9.18 \times 10^{-2}\ \text{m}$$

$$d = 0.6D = 5.51 \times 10^{-2}\ \text{m}$$

根据钢管的规格，取 $D = 9.5$ cm，$d = 5.5$ cm。

四、习题精练

（一）填空题

1. 截面的中性轴是_____与_____的交线，必通过截面的_____。

2. 梁的横截面积为 A，抗弯截面系数为 W，衡量截面合理性和经济性的指标是_____。

3. 如图所示截面的抗弯截面系数 W_z 为_____。

4. 梁的横截面若有对称轴，弯曲中心必在_____上。

5. 提高梁弯曲强度的主要措施有 _____、_____、_____、_____。

6. 把直径 $d = 1$ mm 的钢丝绕在直径为 2 m 的卷筒上，则该钢丝中产生的最大正应力为_____MPa。

7. 在弯曲正应力公式 $\sigma = \dfrac{My}{I_z}$ 中，y 表示欲求应力点到_____的距离。

8. 如果横截面关于中性轴对称，那么横截面上的最大拉应力和最大压应力的数值必定_____。

9. 矩形截面梁，若 F_{smax}，M_{max} 和截面宽度 b 不变，而高度增加 1 倍，则最大弯曲正应力为原来的_____倍，最大弯曲切应力为原来的_____倍。

10. 如图所示，T 形截面铸铁梁的许用拉应力 $[\sigma_t] = 50$ MPa，许用压应力 $[\sigma_c] = 200$ MPa，则上下边缘距中性轴的合理比值 $y_1/y_2 =$ _____。（c 为形心）

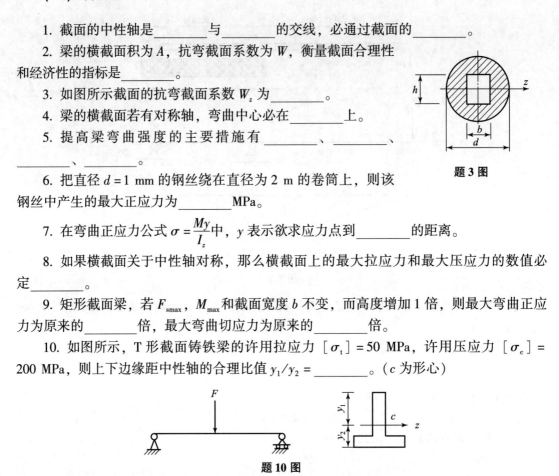

题 3 图

题 10 图

（二）选择题

1. 图示三种截面的截面积相等，高度相同，按其抗弯截面系数由大到小依次排列为（   ）。

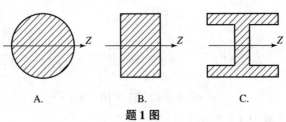

A.　　　　　　B.　　　　　　C.

题 1 图

2. 在梁的正应力公式 $\sigma = \dfrac{My}{I}$ 中，I 为梁截面对（　　）的惯性矩。

A. 形心轴

B. 对称轴

C. 中性轴

D. 形心主惯性轴

3. 设计铸铁梁时，宜采用中性轴为（　　）的截面。

A. 对称轴

B. 偏于受拉边的非对称轴

C. 偏于受压边的非对称轴

D. 对称或非对称轴

4. 悬臂梁如图所示，下列情况正确的是（　　）。

A. 梁 AB 段是纯弯曲

B. 梁 BC 段是纯弯曲

C. 全梁都是纯弯曲

D. 全梁都不是纯弯曲

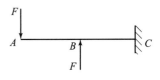

题 4 图

5. 一梁的横截面是矩形，其截面的宽高比 $b/h = 2$，采用横放和竖放两种放置方式，从弯曲正应力强度角度分析，承载能力竖放是横放的（　　）倍。

A. 2　　　　　　　B. 4　　　　　　　C. 6　　　　　　　D. 8

6. 受力状况相同的等截面梁，其横截面有三种情况，如图所示。若用 $(\sigma_{max})_1$、$(\sigma_{max})_2$、$(\sigma_{max})_3$ 分别表示这三种梁横截面上的最大正应力，则下列结论正确的是（　　）。

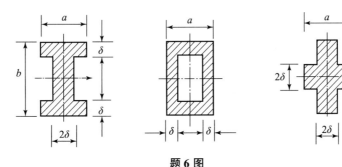

题 6 图

A. $(\sigma_{max})_1 = (\sigma_{max})_2 = (\sigma_{max})_3$

B. $(\sigma_{max})_1 < (\sigma_{max})_2 < (\sigma_{max})_3$

C. $(\sigma_{max})_1 = (\sigma_{max})_2 < (\sigma_{max})_3$

D. $(\sigma_{max})_1 < (\sigma_{max})_2 = (\sigma_{max})_3$

7. 如图所示，T 字形截面的梁，两端受力偶矩 M_0 作用，以下结论中错误的是（　　）。

题 7 图

A. 梁截面的中性轴通过形心

B. 梁的最大压应力出现在截面的上边缘

C. 梁的最大压应力与最大拉应力的绝对值不相等

D. 梁的最大压应力的绝对值小于最大拉应力的绝对值

8. 矩形截面的外伸梁受力情况如图所示，在截面上 A 点处的切应力为 （　　）。

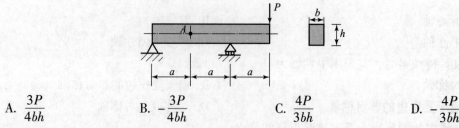

A. $\dfrac{3P}{4bh}$　　　　 B. $-\dfrac{3P}{4bh}$　　　　 C. $\dfrac{4P}{3bh}$　　　　 D. $-\dfrac{4P}{3bh}$

9. 若梁的截面为 T 形截面，如图所示，截面有正弯矩，则弯曲正应力沿截面高度的分布规律是 （　　）。

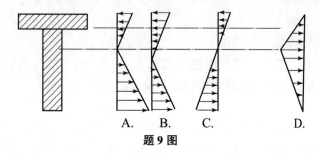

A.　　　 B.　　　 C.　　　 D.

题 9 图

10. 矩形截面的简支梁，受力情况如图所示，以下结论正确的是 （　　）（σ 表示横截面上的正应力）。

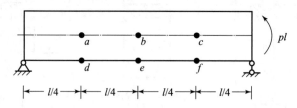

A. $\sigma(a) = \sigma(b) = \sigma(c)$，$\sigma(d) = \sigma(e) = \sigma(f)$

B. $\sigma(a) = \sigma(b) = \sigma(c)$，$\sigma(d) < \sigma(e) < \sigma(f)$

C. $\sigma(a) < \sigma(b) < \sigma(c)$，$\sigma(d) = \sigma(e) = \sigma(f)$

D. $\sigma(a) < \sigma(b) < \sigma(c)$，$\sigma(d) < \sigma(e) < \sigma(f)$

（三）计算题

1. 欲使图示外伸梁的跨度中点处的正弯矩值等于支点处的负弯矩值，则支座到端点的距离 a 与梁长 l 之比等于多少？

2. ⊥形截面铸铁悬臂梁，尺寸和载荷如图所示。若材料的拉伸许用应力 $[\sigma_t] = 40$ MPa，压缩许用应力 $[\sigma_c] = 160$ MPa，截面对形心轴 z_c 的惯性矩 $I_{z_c} = 10\ 180$ cm^4，$h_1 = 9.64$ cm，试求该梁的许可载荷 F。

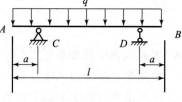

题 1 图

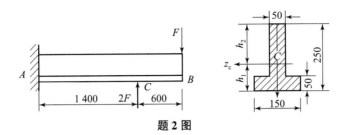

题 2 图

3. 简支梁 AB 的载荷、截面形状和尺寸如图所示，若 $q = 20 \text{ kN/m}$，截面形心到底边的距离 $y_c = 82 \text{ mm}$。（1）试画出剪力图和弯矩图；（2）试求梁内的最大正应力，并画出危险截面上的正应力分布图。

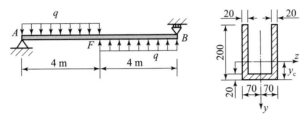

题 3 图

4. 某圆轴的外伸部分是空心截面，载荷情况如图所示，试画出该轴的弯矩图，并求轴内的最大正应力。

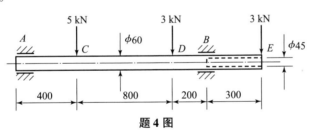

题 4 图

5. 简易起重机架由 No. 18 号工字梁 AB 及拉杆 AC 组成，滑车自重及载重共计 $P = 25 \text{ kN}$，梁的 $[\sigma] = 120 \text{ MPa}$。当滑车移动到梁中点时，试校核梁 AB 是否安全。已知工字梁的横截面积 $A = 3\,060 \text{ mm}^2$，抗弯截面系数 $W = 185 \times 10^3 \text{ mm}^3$。

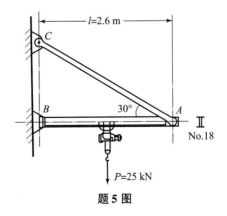

题 5 图

6. 为改善载荷分布，在主梁 AB 上安置辅助梁 CD。设主梁和辅助梁的抗弯截面系数分别为 W_1 和 W_2，材料相同，试求辅助梁的合理长度 a。

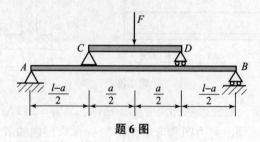

题 6 图

7. 试计算在均布载荷作用下，直径为 50 mm 的圆截面简支梁内的最大正应力和最大切应力，并指出它们发生在何处。

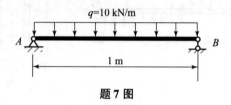

题 7 图

8. 如图所示，简支梁受均布载荷作用。若分别采用截面积相等的实心和空心圆截面，且 $D_1 = 40$ mm，$d_2/D_2 = 3/5$，试分别计算二者的最大正应力，并求空心截面比实心截面的最大正应力减少了百分之几?

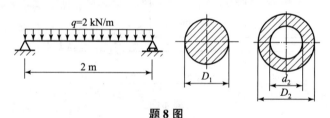

题 8 图

9. 如图所示，轧辊轴直径 $D = 280$ mm，跨长 $L = 1\,000$ mm，$l = 450$ mm，$b = 100$ mm。轧辊材料的弯曲许用应力 $[\sigma] = 100$ MPa，试求轧辊能承受的最大轧制力。

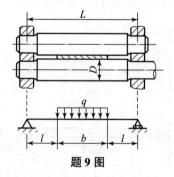

题 9 图

10. 压板的尺寸和载荷情况如图所示，材料为 45 钢，$\sigma_s = 380$ MPa，取安全因数 $n = 1.5$。试校核压板的强度。

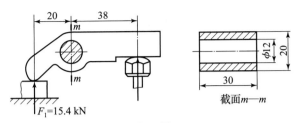

题 10 图

11. 图示为一承受纯弯曲的铸铁梁，其截面为⊥形，材料的拉伸许用应力和压缩许用应力之比 $[\sigma_t]/[\sigma_c]=1/4$。求水平翼板的合理宽度 b。

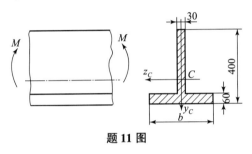

题 11 图

本章习题答案

（一）填空题

1. 中性层、横截面、形心；2. W/A；3. $\left(\dfrac{\dfrac{\pi d^4}{64}-\dfrac{bh^3}{12}}{\dfrac{d}{2}}\right)$；4. 对称轴；5. 减少弯矩、增大

抗弯截面系数、合理利用材料、采用等强度梁；6. 100；7. 中性轴；8. 相等；9. $\dfrac{1}{4}$，

$\dfrac{1}{2}$；10. 4

（二）选择题

1. C、B、A；2. C；3. B；4. B；5. A；6. C；7. D；8. B；9. A；10. B

（三）计算题

1. **解**：此处应理解为弯矩的绝对值相等，先绘制弯矩图。

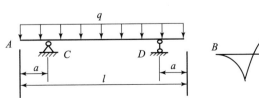 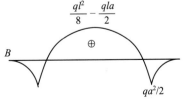

根据题意有
$$\frac{ql^2}{8} - \frac{qla}{2} = \frac{qa^2}{2}$$

化简后得
$$\left(\frac{a}{l}\right)^2 + \frac{a}{l} - \frac{1}{4} = 0$$

于是得到
$$\frac{a}{l} = \frac{1}{2}$$

2. **解**：首先画出弯矩图。

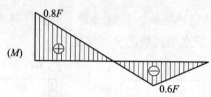

从弯矩图可以看出，A 处和 C 处截面弯矩较大。由于该梁是不对称的，需要分别对这两处截面所承受的拉应力或压应力进行校核。

（1）对于 A 截面：弯矩为正，下边缘受拉，则
$$\sigma_{At} = \frac{M_A h_1}{I_{z_c}} = \frac{0.8 F h_1}{I_{z_c}} \leq [\sigma_t]$$

$$F \leq \frac{I_{z_c}[\sigma_t]}{0.8 h_1} = \frac{10\,180 \times 10^{-8} \times 40 \times 10^6}{0.8 \times 96.4 \times 10^{-3}} = 52.8 \text{ kN}$$

上边缘受压，则
$$\sigma_{Ac} = \frac{M_A h_2}{I_{z_c}} = \frac{0.8 F h_2}{I_{z_c}} \leq [\sigma_c]$$

得
$$F \leq 132.6 \text{ kN}$$

（2）对于 C 截面：弯矩为负，上边缘受拉，则
$$\sigma_{Ct} = \frac{M_C h_2}{I_{z_c}} = \frac{0.6 F h_2}{I_{z_c}} \leq [\sigma_t]$$

$$F \leq \frac{I_{z_c}[\sigma_t]}{0.6 h_2} = \frac{10\,180 \times 10^{-8} \times 40 \times 10^6}{0.6 \times (250 - 96.4) \times 10^{-3}} = 44.3 \text{ kN}$$

所以许可载荷 F 为 44.3 kN。

3. **解**：求出支反力，利用微分关系画出梁的剪力图和弯矩图如下所示。

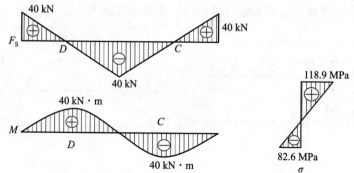

4. **解：**

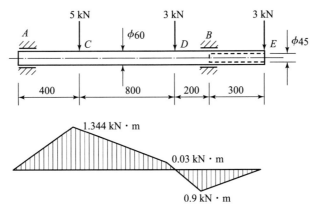

由平衡条件得：$F_B = 7.64$ kN，$F_A = 3.36$ kN

弯矩图如图所示，C、B 为危险截面，正应力为

$$\sigma_C = \frac{M_C}{W_{PC}} = \frac{32M_C}{\pi D^3} = 63.4 \text{ MPa}, \quad \sigma_B = \frac{M_B}{W_{PB}} = \frac{32M_B}{\pi D^3 (1 - \alpha^4)} = 62 \text{ MPa}$$

故轴内的最大应力在 C 截面的上下边缘，大小为 63.4 MPa。

5. **解：** 解除约束，分析受力，画出弯矩图、轴力图和应力分布图。

$$M = \frac{F_P l}{4} = 16.3 \text{ kN} \cdot \text{m}$$

$$F_2 = 21.7 \text{ kN}$$

$$|\sigma| = \frac{F_2}{A} + \frac{M}{W} = \frac{21.7 \times 10^3}{A} + \frac{16.3 \times 10^6}{W}$$

解得

$$|\sigma| = 95.2 \text{ MPa} < [\sigma] = 120 \text{ MPa}$$

因此，梁 AB 强度安全。

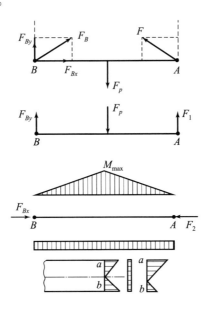

6. 解：首先画出主梁和辅助梁的弯矩图，得到两个梁的最大弯矩分别是

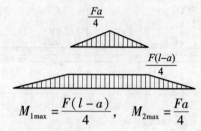

$$M_{1\max} = \frac{F(l-a)}{4}, \quad M_{2\max} = \frac{Fa}{4}$$

两梁的最大正应力相同时最合理，即

$$\frac{F(l-a)}{4W_1} = \frac{Fa}{4W_2}$$

解得

$$a = \frac{W_2}{W_1 + W_2}l$$

7. 解：画出梁的剪力图和弯矩图，发现最大剪力发生在梁的两端支座处，最大弯矩发生在梁的中点截面上，求得

$$M_{\max} = \frac{1}{8}ql^2 = \frac{1}{8} \times 10 \times 1^2 = 1.25 \text{ kN} \cdot \text{m}$$

$$F_{S\max} = \frac{1}{2}ql = \frac{1}{2} \times 10 \times 1 = 5 \text{ kN}$$

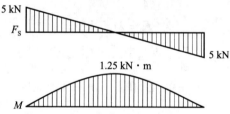

最大和最小正应力在中央截面的最下点和最上点：

$$|\sigma_{\min}| = \sigma_{\max} = \frac{M_{\max}}{W} = \frac{1.25 \times 10^6 \times 32}{\pi \times 50^3} = 101.9 \text{ MPa}$$

最大切应力作用在支座处内侧截面的中性轴上：

$$\tau_{\max} = \frac{4F_S}{3A} = \frac{4 \times 4 \times 5 \times 10^3}{3 \times \pi \times 50^2} = 3.39 \text{ MPa}$$

8. 解：先画出弯矩图，如下图所示。

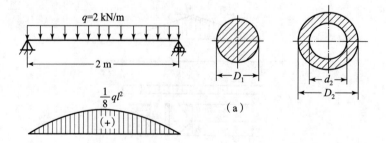

（a）

得
$$M_{max} = \frac{1}{8}ql^2 = 1 \text{ kN} \cdot \text{m}$$

实心轴：
$$\sigma_{1max} = \frac{M_{max}}{W_1} = \frac{M_{max}}{\frac{1}{32}\pi D_1^3} = 159.2 \text{ MPa}$$

由于空心轴和实心轴的横截面积相同，所以
$$D_1^2 = D_2^2 - d_2^2 = D_2^2 - \left(\frac{3}{5}D_2\right)^2 = \frac{16}{25}D_2^2$$

求得
$$D_2 = 50 \text{ mm}$$

空心轴：
$$\sigma_{2max} = \frac{M_{max}}{W_2} = \frac{M_{max}}{\frac{1}{32}\pi D_2^3(1-\alpha^4)} = 93.6 \text{ MPa}$$

$$\frac{\sigma_{1max} - \sigma_{2max}}{\sigma_{1max}} = 41.2\%$$

9. **解：**

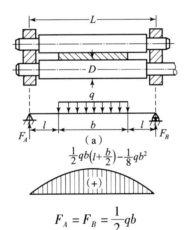

（a）

求支反力：
$$F_A = F_B = \frac{1}{2}qb$$

绘制弯矩图，求轴的最大弯矩：
$$M_{max} = \frac{1}{2}qb\left(l + \frac{b}{2}\right) - \frac{1}{8}qb^2 = \frac{1}{2}qbl + \frac{1}{8}qb^2 = 0.023\ 8q$$

根据强度条件：
$$\sigma_{max} = \frac{M_{max}}{W} \leqslant [\sigma], \quad W = \frac{\pi D^3}{32}$$

得
$$q \leqslant 9\ 060 \text{ kN/m}$$

故最大允许轧制力：
$$F = qb = 906 \text{ kN}$$

10. **解：** 最大弯矩：
$$M_{max} = F_1 \times 0.02 = 308 \text{ N} \cdot \text{m}$$

截面抗弯截面系数：
$$W = \frac{\sum\limits_{i=1}^{2} \frac{b_i h_i^3}{12}}{\frac{h_1}{2}} = \frac{\frac{1}{12} \times 30 \times 20^3 - \frac{1}{12} \times 30 \times 12^3}{10} = 1\ 568 \text{ mm}^3$$

最大应力：
$$\sigma_{max} = \frac{M_{max}}{W} = 196.4 \text{ MPa}$$

许用应力：
$$[\sigma] = \frac{\sigma_s}{n} = 253 \text{ MPa} > \sigma_{max}$$

故满足强度要求。

11. **解**：应使上、下边缘的压应力和拉应力同时达到许用压应力和许用拉应力。

$$\frac{\sigma_t}{\sigma_c} = \frac{[\sigma_t]}{[\sigma_c]} = \frac{y_1}{y_2} = \frac{1}{4}$$

而
$$y_1 + y_2 = 400$$

解得
$$y_1 = 80 \text{ mm}, \quad y_2 = 320 \text{ mm}$$

整个截面对 z_c 轴的静矩为零，$60b \times (80 - 30) + 20 \times 30 \times 10 = 30 \times 320 \times 320/2$

解得
$$b = 510 \text{ mm}$$

第九章
弯曲变形

■ 一、本章重点与难点

重点:

1. 梁的挠度与转角。

2. 弯曲变形的挠曲线微分方程。

3. 积分法与叠加法计算梁的变形。

4. 简单超静定梁的解法。

难点:

1. 弯曲变形的挠曲线微分方程。

2. 积分法求梁的变形时积分常数的确定。

3. 超静定梁的解法。

■ 二、知识要点与辅导

(一) 知识要点

1. 挠度和转角

挠度:轴线上的某点沿垂直轴线方向的位移称为挠度,一般用符号 w 表示。

转角:梁的横截面相对原来位置转过的角度称为转角,一般用 θ 表示。

2. 挠曲线微分方程

梁的轴线在变形后成为一条曲线,这条曲线称为挠曲线。

在小变形问题内,挠曲线是一条非常平坦的曲线,挠曲线的近似微分方程可表示为

$$\frac{\mathrm{d}^2 w}{\mathrm{d}x^2} = \frac{M}{EI}$$

由于变形较小,梁的转角和梁的挠度有如下关系:

$$\theta \approx \tan\theta = \frac{\mathrm{d}w}{\mathrm{d}x}$$

3. 积分法求梁的变形

根据挠曲线微分方程，积分一次得到转角方程，积分两次得到挠度方程。

$$\theta = \frac{\mathrm{d}w}{\mathrm{d}x} = \int \frac{M}{EI} \cdot \mathrm{d}x + C$$

$$w = \iint \left(\frac{M}{EI} \cdot \mathrm{d}x \right) \cdot \mathrm{d}x + Cx + D$$

其中，C 和 D 是积分常数，需通过梁的边界条件确定。

常见约束的边界条件：

铰链约束：挠度 $w = 0$，转角不定；

固定端约束：挠度 $w = 0$，转角 $\theta = 0$。

4. 梁的刚度条件

$$\theta_{\max} \leqslant [\theta]$$
$$w_{\max} \leqslant [w]$$

（二）辅导

1. 弯曲变形与工程问题

工程中对某些受弯杆件除强度要求外，往往还有刚度要求，即要求它变形不能过大，如车床主轴、吊车大梁、坦克炮管等。工程中虽然经常限制弯曲变形，但在另外一些情况下，常常又利用弯曲变形达到某种要求，如叠板弹簧、扭力扳手等。弯曲变形计算除用于解决弯曲刚度问题外，还用于求解超静定系统和振动问题的计算。

2. 挠曲线近似微分方程的适用范围

（1）小变形，挠曲线是一条非常平坦的曲线。

（2）线弹性。

（3）纯弯曲或细长梁的横力弯曲，对跨度远大于截面高度的梁，剪力对弯曲变形的影响可以忽略。

3. 弯曲变形问题的分类

弯曲变形问题，具体可分为以下三类：

第一类：载荷已知，梁的材料和尺寸已知，求梁上某点处的挠度或转角。

第二类：允许发生的最大挠度或转角（许用挠度和许用转角）已知，梁的材料和尺寸也已确定，求可以施加的最大载荷——许用载荷。

第三类：梁的许用载荷和许用挠度、许用转角都已确定，要求选择梁的材料以及尺寸。

4. 叠加法

在小变形且材料服从胡克定律的条件下，不但载荷与弯矩之间的关系是线性的，而且载荷与变形之间的关系也是线性的。因此，就为应用叠加法提供了依据。

所谓叠加法，就是若干个载荷联合作用下产生的变形等于各单个载荷独立作用产生变形的代数和。

具体来说，用叠加法求变形问题可分为"载荷叠加"和"变形叠加"两种。

1）载荷叠加

前面将梁分为了简支梁、悬臂梁和外伸梁三种类型。对载荷而言，常见的载荷又可以分为集中力、集中力偶和均匀分布载荷三种，而其他复杂的载荷情况也往往可以分解为若干个简单载荷的共同作用，在解决问题时先求各简单载荷独立作用产生的变形，然后再叠加，这样会使过程更为简便。

特别是可以将各种简单载荷作用于各种梁的挠度方程和转角方程预先求出并建立表格，应用查表计算会大大提高效率。

2）变形叠加

所谓变形叠加，就是指在一个简单载荷作用下，对系统会产生一个复杂的变形，当需要计算某一处的挠度或转角时，需要综合考虑整个系统所发生的所有变形。这时可以采用"逐段刚化"的思维方式来将其变形分解，分别研究分解得到的单个变形对所求问题的影响，然后叠加。

5．超静定梁

求解超静定问题，除需建立平衡方程外，还需建立变形协调方程和物理方程。超静定梁的强度和刚度都得到了提高，但超静定梁容易引起装配应力。

6．提高弯曲刚度的措施

弯曲变形与弯矩大小、跨度长短、支座条件、梁截面的惯性矩 I、材料的弹性模量 E 有关。要减小弯曲变形，应该从考虑以上各因素入手，主要途径有：

（1）改善结构形式和载荷作用方式，合理安排受力、减小弯矩、减小跨度。

（2）选择合理的截面形状。不同的截面形状，尽管面积相等，但惯性矩却并不一定相等，所以选取形状合理的截面，增大截面惯性矩，也是提高抗弯刚度和减小弯曲变形的有效措施。例如，工字形、槽型、T 形截面都比面积相等的矩形截面有更大的惯性矩。

弯曲变形还与材料的弹性模量 E 有关。对于 E 值不同的材料来说，E 值越大弯曲变形越小。因为各种钢材的弹性模量 E 大致相同，所以为提高弯曲刚度和减小弯曲变形而采用高强度钢材，并不会达到预期的效果。

■ 三、例题精讲

例 9.1　图 9.1 所示悬臂梁，在梁的自由端承受集中载荷 F 的作用，若梁的抗弯刚度 EI 为常量，试求梁的最大挠度和转角。

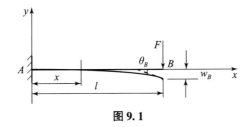

图 9.1

解：（1）列弯矩方程。选取坐标系如图所示，用截面法求得任意横截面上的弯矩方程为

$$M = -F(l-x)$$

（2）列挠曲线微分方程并积分，挠曲线的微分方程为

$$EIw'' = M = -F(l-x)$$

积分得

$$EIw' = \frac{F}{2}(x-l)^2 + C, \quad EIw = \frac{F}{6}(x-l)^3 + Cx + D$$

（3）由边界条件确定积分常数，在固定端 A，转角和挠度均应等于零，即

当 $x=0$ 时，$\qquad w'_A = \theta_A = 0, \quad w_A = 0$

把边界条件代入上面的方程得

$$C = -\frac{1}{2}Fl^2, \quad D = \frac{1}{6}Fl^3$$

（4）确定转角方程和挠曲线方程，将积分常数代入微分方程，可得

$$EIw' = \frac{F}{2}(x-l)^2 - \frac{1}{2}Fl^2$$

$$EIw = \frac{F}{6}(x-l)^3 - \frac{1}{2}Fl^2x + \frac{1}{6}Fl^3$$

（5）求最大转角和挠度。由图 6.1 可知，该截面的挠度和转角最大，因此以截面 B 的横坐标 $x=l$ 代入以上两式，得截面 B 的转角和挠度分别为

$$\theta_B = w'_B = -\frac{Fl^2}{2EI}, \quad w_B = -\frac{Fl^3}{3EI}$$

θ_B 为负，表示截面 B 的转角是顺时针的。w_B 也为负，表示 B 点的挠度向下。

例 9.2 建筑中的一些梁都可简化成图 9.2 所示简支梁，梁的自重就是均布载荷。试讨论在均布载荷作用下，简支梁的转角和挠度方程，并求出最大转角和最大挠度。梁的抗弯刚度 EI 为常量。

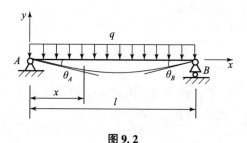

图 9.2

解：（1）计算简支梁的反力并写出弯矩方程。

由平衡条件可求得支反力 $\qquad F_A = \frac{1}{2}ql, \quad F_B = \frac{1}{2}ql$

其弯矩方程为 $\qquad M = \frac{1}{2}qlx - \frac{1}{2}qx^2$

（2）列挠曲线微分方程并积分，挠曲线的微分方程为

$$EIw'' = M = \frac{1}{2}qlx - \frac{1}{2}qx^2$$

积分两次，分别得出转角方程和挠度方程

$$EIw' = \frac{ql}{4}x^2 - \frac{q}{6}x^3 + C, \quad EIw = \frac{ql}{12}x^3 - \frac{q}{24}x^4 + Cx + D$$

（3）由边界条件确定积分常数。

铰支座上的挠度等于零，故

$$x = 0 \text{ 时，} w = 0$$

因为梁上的外力和边界条件都对跨度中点对称，挠曲线也应对该点对称。因此，在跨度中点，挠曲线切线的斜率 w' 和截面的转角 θ 都等于零，即 $x = \frac{l}{2}$ 时，$w' = 0$。把以上两个边界条件分别代入 w 和 w' 的表达式，可以求出

$$C = -\frac{ql^3}{24}, \quad D = 0$$

（4）确定转角方程和挠曲线方程。将积分常数代入微分方程，可得

$$EIw' = EI\theta = \frac{ql}{4}x^2 - \frac{q}{6}x^3 - \frac{ql^3}{24}, \quad EIw = \frac{ql}{12}x^3 - \frac{q}{24}x^4 - \frac{ql^3}{24}x$$

（5）求最大转角和挠度。在跨度中点，挠曲线切线的斜率等于零，挠度为极值。因此，当 $x = \frac{l}{2}$ 时，$w_{max} = w\big|_{x=\frac{l}{2}} = -\frac{5ql^4}{384EI}$

在 A、B 两端，截面转角的数值相等，符号相反，且绝对值最大。于是，当 $x = 0$ 和 $x = l$ 时，

$$\theta_{max} = -\theta_A = \theta_B = \frac{ql^3}{24EI}$$

例 9.3　如图 9.3 所示悬臂梁，在梁的 C 截面处作用有集中力偶 M，设 EI 为常量，试求悬臂梁的挠曲线方程及自由端的挠度和转角。

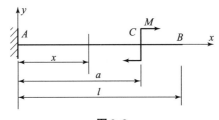

图 9.3

解：（1）在 x 截面处截开，其弯矩方程为

$$M(x) = -M, \, 0 \leqslant x \leqslant a$$

（2）列挠曲线微分方程并积分，得挠曲线的微分方程为

$$EIw'' = -M$$

积分两次，分别得出转角和挠度方程

$$EIw' = -Mx + C, \quad EIw = -\frac{1}{2}Mx^2 + Cx + D$$

（3）由边界条件确定积分常数。

由 $x=0$，$w'=0$，由 $x=0$，$w=0$，得

$$C=0, \quad D=0$$

（4）确定转角方程和挠曲线方程。

将积分常数代入微分方程，可得

$$EIw' = -Mx, \quad EIw = -\frac{1}{2}Mx^2$$

（5）求自由端的挠度和转角。

由转角方程和挠曲线方程可确定 C 截面的挠度和转角为

$$w_C = -\frac{Ma^2}{2EI}, \quad w' = \theta_C = -\frac{Ma}{EI}$$

自由端的挠度和转角

$$\theta_B = \theta_C = -\frac{ma}{EI}$$

$$w_B = w_C + \theta_C(l-a) = -\frac{Ma^2}{2EI} - \frac{Ma}{EI}(l-a) = -\frac{Ma}{EI}\left(l - \frac{a}{2}\right)$$

■ 四、习题精练

（一）填空题

1. 工程中对某些受弯杆件除强度要求外，往往还有＿＿＿＿＿＿＿要求，即要求变形不能过大。

2. 弯曲变形计算除用于解决弯曲刚度问题外，还用于求解＿＿＿＿＿＿＿和＿＿＿＿＿＿＿。

3. 挠曲线近似微分方程的近似性表现在＿＿＿＿＿＿＿＿＿＿和＿＿＿＿＿＿＿＿＿＿。

4. 纯弯曲梁变形后的曲率与外力偶矩 M 的关系为＿＿＿＿＿＿＿，其变形后的曲线为＿＿＿＿＿＿＿。

5. 梁的弯曲变形可以用两个基本量来度量，分别是＿＿＿＿＿＿＿和＿＿＿＿＿＿＿。

6. 图示简支梁 EI 已知，如在梁的跨中作用一集中力 P，则中性层在 A 处的曲率半径 ρ 为＿＿＿＿＿＿＿。

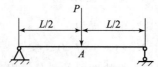

7. 在梁的变形中，挠度和转角的关系是＿＿＿＿＿＿＿＿。

8. 当梁上作用有均布载荷时，其挠曲线方程是 x 的＿＿＿＿＿＿＿次方程。当梁上作用有集

中力时，挠曲线方程是 x 的_____次方程。当梁上作用有力偶时，挠曲线方程是 x 的_____次方程。

9. 已知梁的挠曲线方程为 $y(x) = \dfrac{Px^2}{6EI}(3l - x)$，则该梁的弯矩方程为_____。

10. 如图所示，用积分法求解该梁变形时，应分为_____段积分，共包含_____个积分常数。确定这些积分常数的条件为_____。

11. 应用叠加原理求梁的变形时，应满足的条件是_____。

12. 图示两梁的抗弯刚度相同，若使两者自由端的挠度相同，则 $\dfrac{F_1}{F_2} =$_____。

13. 两根 EI 相同、跨度之比为 $1:2$ 的简支梁，当承受相同的均布载荷 q 作用时，它们的最大挠度之比为_____。

14. 求解超静定问题，除需建立平衡方程外，还需建立_____方程和_____方程。

15. 减小梁变形的主要途径有_____。

16. 截面尺寸和长度相同的两悬臂梁，一为钢制，一为木制，在相同载荷作用下，两梁中的最大应力_____，最大挠度_____。（填：相同或不同）

（二）选择题

1. 在下面这些关于梁的弯矩与变形之间关系的说法中，正确的是（　　）。
A. 弯矩为正的截面转角为正
B. 弯矩最大的截面挠度最大
C. 弯矩突变的截面转角也有突变
D. 弯矩为零的截面曲率必为零

2. 在下面关于梁、挠度和转角的讨论中，正确的是（　　）。
A. 挠度最大的截面转角为零
B. 挠度最大的截面转角最大
C. 转角为零的截面挠度最大
D. 挠度的一阶导数等于转角

3. 普通钢制简支梁中部受集中力，为提高梁的刚度，最为合理的措施是（　　）。
A. 改用高强度钢
B. 采用等强度梁
C. 将梁中心部分挖去
D. 在总载荷不变的前提下，将集中载荷变为分布载荷；在横截面面积不变的条件下，将梁制成空心梁

4. 简支梁长为 l，跨度中点作用有集中力 P，则梁的最大挠度为（　　　）。（$EI =$ 常量）

A. $\dfrac{Pl^3}{24EI}$ 　　　　B. $\dfrac{Pl^3}{48EI}$ 　　　　C. $\dfrac{5Pl^3}{384EI}$ 　　　　D. $\dfrac{Pl^3}{3EI}$

5. 悬臂梁长为 l，梁上作用有均布载荷 q，则自由端的挠度为（　　　）。

A. $\dfrac{ql^4}{3EI}$ 　　　　B. $\dfrac{ql^4}{6EI}$ 　　　　C. $\dfrac{ql^4}{8EI}$ 　　　　D. $\dfrac{ql^4}{12EI}$

6. 挠曲线方程中的积分常数主要反映了（　　　）。

A. 对近似微分方程误差的修正　　　　B. 剪力对变形的影响

C. 约束条件对变形的影响　　　　D. 梁的轴向位移对变形的影响

7. 两根梁的尺寸和材料都相同，而受力情况如图所示，则两梁的（　　　）。

A. 弯矩相同，挠曲线形状不相同　　　　B. 弯矩相同，挠曲线形状相同

C. 弯矩不相同，挠曲线形状不相同　　　　D. 弯矩不相同，挠曲线形状相同

8. 如图示两梁，长度、截面尺寸及约束均相同，图（a）梁的外力偶矩作用在 C 截面，图（b）梁的外力偶矩作用在 B 支座的右侧，则两梁 AB 段的内力和弯曲变形的比较结果是（　　　）。

A. 内力相同，变形不相同　　　　B. 内力及变形均相同

C. 内力及变形均不相同　　　　D. 内力不相同，变形相同

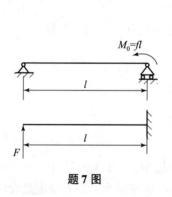

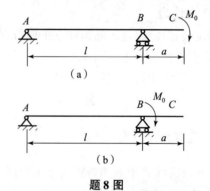

题 7 图　　　　　　　　　　题 8 图

9. 图示简支梁在分布载荷 $q(x) = f(x)$ 的作用下，梁的挠度曲线方程为 $EIy(x) = -\iint M(x)\,\mathrm{d}x\mathrm{d}x + Cx + D$，其中，积分常数（　　　）。

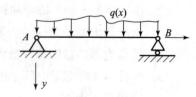

A. $C = 0$，$D = 0$

B. $C = 0$，$D \neq 0$

C. $C \neq 0$，$D \neq 0$

D. $C \neq 0$，$D = 0$

10. 在等直梁的最大弯矩所在截面附近，局部加大截面的尺寸（　　　）。

A. 仅对提高梁的强度是有效的　　　　B. 仅对提高梁的刚度是有效的

C. 对提高梁的强度和刚度都有效　　　　D. 对提高梁的强度和刚度都无效

11. 若已知某直梁的抗弯截面刚度为常数，挠曲线的方程为 $y(x) = cx^4$，则该梁在 $x = 0$ 处的约束和梁上载荷情况分别是（　　）。

A. 固定端，集中力　　　　　　　　　　B. 固定端，均布载荷

C. 铰支，集中力　　　　　　　　　　　D. 铰支，均布载荷

12. 在下列关于转角和挠度正负号的说法中，（　　）是正确的。

A. 转角的正负号与坐标系有关，挠度的正负号与坐标系无关

B. 转角的正负号与坐标系无关，挠度的正负号与坐标系有关

C. 转角和挠度的正负号均与坐标系有关

D. 转角和挠度的正负号均与坐标系无关

13. 两根材料相同的棱柱形梁，彼此几何相似，即第二根梁的各个尺寸是第一根梁相应尺寸的 n 倍。两根梁支座情况相同，且承受的载荷仅为自重。这两根梁相应挠度的比值 $\dfrac{f_2}{f_1}$ 为（　　）。

A. n　　　　　　　B. n^2　　　　　　　C. n^3　　　　　　　D. n^4

14. 正方形截面分别按（a）、（b）两种方式放置，关于二者的刚度比较，正确的是（　　）。

A. （a）>（b）　　　　　　　　　　　B. （a）<（b）

C. （a）=（b）　　　　　　　　　　　D. 不一定

（a）　　　　　　　　　　（b）

15. 已知等截面直梁在某一段上的挠曲线方程为 $y(x) = Ax^2(4lx - 6l^2 - x^2)$，则该段梁上（　　）。

A. 无分布载荷作用　　　　　　　　　　B. 有均布载荷作用

C. 分布载荷是 x 的一次函数　　　　　D. 分布载荷是 x 的二次函数

16. 若梁上中间铰处无集中力偶作用，则中间铰左、右两侧截面的（　　）。

A. 挠度相等，转角不等　　　　　　　　B. 挠度不等，转角相等

C. 挠度和转角都相等　　　　　　　　　D. 挠度和转角都不等

17. 等截面直梁在弯曲变形时，挠曲线曲率在最大（　　）处一定最大。

A. 挠度　　　　　　　　　　　　　　　B. 转角

C. 剪力　　　　　　　　　　　　　　　D. 弯矩

18. 梁挠曲线近似微分方程 $w'' = \dfrac{M}{EI}$ 成立的条件是（　　）。

A. 梁的变形为小变形　　　　　　　　　B. 材料服从胡克定律

C. 梁发生平面弯曲　　　　　　　　　　D. 同时满足 A、B、C

19. 挠曲线近似微分方程 $w'' = \dfrac{M}{EI}$ 的近似性表现在（　　）。

A. 略去了剪力对变形的影响

B. 用 w'' 代替了曲率 $\dfrac{1}{\rho}$

C. 一是略去了剪力对变形的影响，二是用 w'' 代替了曲率 $\dfrac{1}{\rho}$

D. 一是略去了剪力对变形的影响，二是认为梁发生平面弯曲

20. 等截面直梁在发生弯曲变形时，若挠度曲线上存在拐点，则在拐点所对应的截面处，必定（　　）。

A. 剪力为零　　　　　　B. 弯矩为零　　　　　C. 剪力最大　　　　　D. 弯矩最大

21. 已知梁的弯矩图如图所示，则梁的挠曲线（　　）。

A. AB 段下凸，BC 段上凸

B. BC 段下凸，AB 段上凸

C. 两段均下凸

D. 两段均上凸

（三）计算题

1. 求如图所示悬臂梁的挠曲线方程及自由端的挠度和转角。设 EI 为常量。求解时应注意到梁在 CB 段内无载荷，故 CB 仍为直线。

2. 车刀加工工件时，工件在自由端受到切削力 F_P 的作用（如图所示），工件的悬臂长度和截面弯曲刚度分别为 l 和 EI_z。求工件的最大挠度和转角。

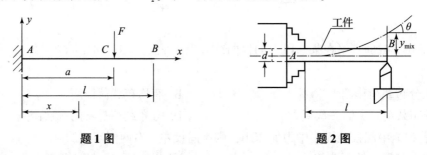

题 1 图　　　　　　　　　　　　　　题 2 图

3. 图中的悬臂梁由弹性系数为 k 的弹簧支承，并受单个集中力的作用。试求 B 点的挠度。

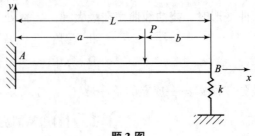

题 3 图

4. 图示为一等截面空心机床主轴的平面简图，已知其外径 $D = 80$ mm，内径 $d = 40$ mm，AB 跨度 $l = 400$ mm，BC 段外伸 $a = 100$ mm，材料的弹性模量 $E = 210$ GPa。切削力在该平面上的分力 $F_1 = 2$ kN，齿轮啮合力在该平面上的分力 $F_2 = 1$ kN，若主轴 C 端的许用挠度 $[w] = 0.01$ mm，轴承 B 处的许用转角 $[\theta] = 0.001$ rad，试校核机床的刚度。

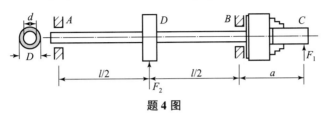

题 4 图

5. 试求图示梁的约束力，并画出剪力图和弯矩图。

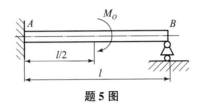

题 5 图

本章习题答案

（一）填空题

1. 刚度；2. 超静定系统、振动计算；3. 忽略剪力的影响，$1 + (y')^2 \approx 1$；4. $\dfrac{1}{\rho} = \pm \dfrac{M}{EI}$，圆弧线；5. 挠度、转角；6. $\dfrac{4EI}{PL}$；7. $y'(x) = \theta(x)$；8. 四、三、二；9. $M(x) = P(l - x)$；

10. 三、六，$v_A = 0$，$\theta_D = 0$，$v_D = 0$，$v_B^- = v_B^+$，$\theta_C^- = \theta_C^+$，$v_C^- = v_C^+$；11. 小变形、线弹性；12. 8；13. 1 : 16；14. 变形协调、物理；15. 合理安排受力、减小弯矩、减小长度；16. 相同、不同

（二）选择题

1. D；2. D；3. D；4. A；5. C；6. C；7. A；8. B；9. D；10. A；11. B；12. C；13. B；14. C；15. B；16. A；17. D；18. D；19. C；20. B；21. B

（三）计算题

1. **解**：弯矩方程、挠曲线微分方程及其积分为

$$M(x) = -F(a - x), 0 \leq x \leq a$$

$$EIy'' = -F(a - x)$$

$$EIy' = \frac{1}{2}F(a - x)^2 + C$$

$$EIy = -\frac{1}{6}F(a - x)^3 + Cx + D$$

由边界条件确定积分常数：

由 $x=0$，$y'=0$，得 $\qquad\qquad C=-\dfrac{1}{2}Fa^2$

由 $x=0$，$y=0$，得 $\qquad\qquad D=\dfrac{1}{6}Fa^2$

挠曲线方程和转角方程为

$$y(x)=\frac{1}{EI}\Big[-\frac{F}{6}(a-x)^3-\frac{1}{2}Fa^2x+\frac{1}{6}Fa^3\Big]$$

$$\theta(x)=\frac{1}{EI}\Big[\frac{1}{2}F(a-x)^2-\frac{1}{2}Fa^2\Big]$$

C 截面的挠度和转角为

$$w_C=-\frac{Fa^3}{3EI},$$

$$\theta_C=-\frac{Fa^2}{2EI}$$

自由端的转角

$$\theta_B=\theta_C=-\frac{Fa^2}{2EI}$$

自由端的挠度

$$w_B=w_C+\theta_C(l-a)=-\frac{Fa^3}{3EI}-\frac{Fa^2}{2EI}(l-a)=-\frac{Fa^2}{6EI}(3l-a)$$

2. **解**：工件可简化为悬臂梁，其计算简图分别如图所示。

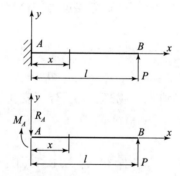

（1）计算约束反力并列出弯矩方程：

$$M_A=F_Pl,\quad F_{RA}=F_P$$

弯矩方程为 $\qquad\qquad M(x)=M_A-F_{RA}x=F_Pl-F_Px$

（2）列挠曲线近似微分方程并积分：

$$\frac{\mathrm{d}w^2}{\mathrm{d}x^2}=-\frac{M(x)}{EI_z}$$

积分一次得 $\qquad\qquad EI_z\theta=F_Plx-\frac{1}{2}F_Px^2+C \qquad\qquad (1)$

再积分一次得　　　　　　$EI_z w = \dfrac{1}{2}F_P l x^2 - \dfrac{1}{6}F_P x^3 + Cx + D$　　　　　　　　（2）

（3）确定积分常数。

因为 A 截面为固定端，没有转角和挠度，故相应的边界条件为：

当 $x = 0$ 时，$\theta_A = 0$；当 $x = 0$ 时，$w_A = 0$。

（4）确定转角方程和挠度方程。

将这两个边界条件分别代入（1）（2）两式，得到转角方程为

$$EI_z \theta = F_P l x - \frac{1}{2}F_P x^2$$

挠度方程为　　　　　　　　　$EI_z w = \dfrac{1}{2}F_P l x^2 - \dfrac{1}{6}F_P x^3$

（5）求最大挠度和转角。

根据梁的受力和约束情况，在固定端 A 处的挠度和转角都为 0，AB 段的弯矩是正值，挠曲线应凸向下，故可画出梁的挠曲线的大致形状（如图（a）所示）。

在梁的自由端，其挠度和转角为最大。

$$\theta_{\max} = \theta\,|_{x=l} = \frac{F_P l^2}{EI_z} - \frac{F_P l^2}{2EI_z} = \frac{F_P l^2}{2EI_z} \quad （正号表示转角为逆时针方向）$$

$$w_{\max} = w\,|_{x=l} = \frac{F_P l^3}{2EI_z} - \frac{F_P l^3}{6EI_z} = \frac{F_P l^3}{3EI_z} \quad （正号表示挠度向上）$$

3. **解**：将弹簧作用力的大小记为 P_S，于是所求的挠度 Δ_B 就是力 P 引起的挠度与力 P_S 引起的挠度之和。在无弹簧支承时，梁末端由力 P 引起的挠度可查表得

$$EIy\,|_{x=L} = -\frac{Pa^2 L}{2} + \frac{Pa^3}{6}$$

同理，在 B 点由弹性力 P_S 引起的挠度为：$\dfrac{P_S L^3}{3EI}$

于是，采用叠加法，B 点的挠度如图（b）所示。

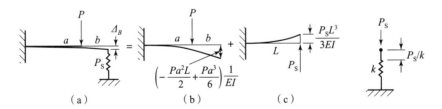

（a）　　　　　　　　（b）　　　　　　　　（c）

因为梁对弹簧施加一大小为 P_S 的力，弹簧的变形量为 P_S/k，如图所示。

由于梁末端向下的位移必等于弹簧的纯变形量，故

$$-\frac{P_S}{k} = \Delta_B = \left(-\frac{Pa^2 L}{2} + \frac{Pa^3}{6}\right)\frac{1}{EI} + \frac{P_S L^3}{3EI} \tag{1}$$

注意：式（1）中，我们将弹簧的变形量表示为负值，因为弹簧的顶端向下，即 y 轴的负方向。

解式（1），得

$$P_S = \frac{\left(\dfrac{Pa^2L}{2} - \dfrac{Pa^3}{6}\right)\dfrac{1}{EI}}{\dfrac{1}{k} + \dfrac{L^3}{3EI}} \tag{2}$$

于是梁末端的挠度为

$$\Delta_B = -\frac{P_S}{k} = \frac{-\dfrac{Pa^2L}{2} + \dfrac{Pa^3}{6}}{EI\left(1 + \dfrac{kL^3}{3EI}\right)} \tag{3}$$

若弹簧的刚度无限大，即 $k \to \infty$，则式（3）的结果为 $\Delta = 0$。

4. **解**：机床主轴发生弯曲变形，其惯性矩为

$$I_z = \frac{\pi D^4}{64}(1 - \alpha^4) = \frac{\pi \times 80^4 \times 10^{-12}}{64}\left[1 - \left(\frac{40}{80}\right)^4\right] = 1.88 \times 10^{-6} \text{ m}^4$$

图为主轴的计算简图，利用叠加原理，计算出 F_1、F_2 单独作用在主轴时 C 端的挠度。

F_1 单独作用时 C 端的挠度为

（c）

$$(\omega_C)_{F1} = \frac{F_1 a^2(l + a)}{3EI_z}$$

$$= \frac{2 \times 10^3 \times 100^2 \times 10^{-6} \times (400 + 100) \times 10^{-3}}{3 \times 210 \times 10^9 \times 1.88 \times 10^{-6}} = \frac{10^{-3}}{3 \times 21 \times 1.88} = 8.443 \times 10^{-6} \text{ m}$$

F_2 单独作用时 C 端的挠度为

（d）

$$(\omega_C)_{F2} = -\theta_B \cdot a = -\frac{F_2 l^2}{16EI_z} \cdot a$$

$$= -\frac{1 \times 10^3 \times 400^2 \times 10^{-6} \times 100 \times 10^{-3}}{16 \times 210 \times 10^9 \times 1.88 \times 10^{-6}} = -\frac{16 \times 10^{-4}}{16 \times 21 \times 1.88} = -2.533 \times 10^{-6} \text{ m}$$

C 端总的挠度为

$$\omega_C = (\omega_C)_{F1} + (\omega_C)_{F2} = (8.443 - 2.533) \times 10^{-6} \text{ m} = 0.006 \text{ mm} < [\omega] = 0.01 \text{ mm}$$

F_1 单独作用时 B 点的转角为

（c）

$$(\theta_B)_{F1} = \frac{F_1 a l}{3EI_z}$$

$$= \frac{2 \times 10^3 \times 100 \times 400 \times 10^{-6}}{3 \times 210 \times 10^9 \times 1.88 \times 10^{-6}} = \frac{80 \times 10^{-4}}{3 \times 21 \times 1.88} = 6.754 \times 10^{-5} \text{ rad}$$

F_2 单独作用时 B 点的转角为

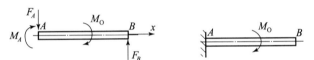

（d）

$$(\theta_B)_{F2} = -\frac{F_2 l^2}{16EI_z}$$

$$= -\frac{1 \times 10^3 \times 400^2 \times 10^{-6}}{16 \times 210 \times 10^9 \times 1.88 \times 10^{-6}} = -\frac{16 \times 10^{-3}}{16 \times 21 \times 1.88} = 2.533 \times 10^{-5} \text{ rad}$$

B 点总的转角为

$$\theta_B = (\theta_B)_{F1} + (\theta_B)_{F2} = (6.754 - 2.533) \times 10^{-5} = 4.221 \times 10^{-5} \text{ rad} < [\theta] = 0.001 \text{ rad}$$

由以上计算可知，主轴满足刚度要求。

5. **解**：由平衡方程，得

$$F_A = F_B$$

$$\sum M_A(F) = 0, \quad F_B \cdot |AB| - M_O - M_A = 0, \quad F_B l - M_O - M_A = 0$$

将梁 B 处的约束去除

其在力矩 M_O 作用下，B 处的位移为

$$w_{B1} = \frac{M_O\left(\frac{l}{2}\right)^2}{2EI} + \frac{M_O\left(\frac{l}{2}\right)}{EI} \cdot \left(\frac{l}{2}\right) = \frac{3M_O l^2}{8EI}$$

其在力 F_B 作用下，B 处的位移为

$$w_{B2} = -\frac{F_B l^3}{3EI}$$

则 $w_{B1} + w_{B2} = 0$，有

$$F_B = \frac{9M_O}{8l}$$

因而：

$$F_A = F_B = \frac{9M_O}{8l}$$

$$M_A = F_B l - M_O = \frac{M_O}{8}$$

在 $0 \leqslant x < \dfrac{l}{2}$ 段，梁的剪力和弯矩分别为

$$F_Q = -F_A = -\frac{9M_O}{8l}, \quad M(x) = M_A - F_A x = \frac{M_O}{8} - \frac{9M_O}{8l}x$$

在$\dfrac{l}{2} \leqslant x < l$ 段，梁的剪力和弯矩分别为

$$F_Q = -F_A = -\dfrac{9M_O}{8l}, \quad M(x) = M_A - F_A x + M_O = \dfrac{9M_O}{8} - \dfrac{9M_O}{8l}x$$

梁的剪力图和弯矩图为

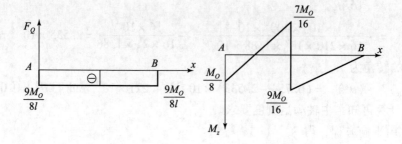

第十章
应力状态及强度理论

■ 一、本章重点与难点

重点：

1. 应力状态、主平面、主应力。

2. 平面应力状态应力分析。

3. 三向应力状态的最大应力。

4. 广义胡克定律的应用。

5. 强度理论及其应用。

难点：

1. 应力圆的性质及绘制。

2. 主应力的计算。

■ 二、知识要点与辅导

（一）知识要点

1. 主平面、主应力

对受力构件内任一点总可以找到这样的一个单元体，在单元体的三个相互垂直的面上都无切应力，这种切应力等于零的面称为主平面。主平面上的正应力称为主应力。

单元体上三个主应力按照代数值的大小排列有

$$\sigma_1 \geqslant \sigma_2 \geqslant \sigma_3$$

2. 单向、二向、三向应力状态

单向应力状态——三个主应力中只有一个主应力不等于零。

二向应力状态——三个主应力中有两个主应力不等于零。

三向应力状态——三个主应力均不等于零。

3. 二向应力状态时斜截面上的应力、主应力和主平面方位——解析法

斜截面的方向：由 x 轴转到斜截面外法线 n 为逆时针转向时，则 α 为正。

（1）斜截面上的应力为

$$\sigma_\alpha = \frac{\sigma_x + \sigma_y}{2} + \frac{\sigma_x - \sigma_y}{2}\cos(2\alpha) - \tau_{xy}\sin(2\alpha)$$

$$\tau_\alpha = \frac{\sigma_x - \sigma_y}{2}\sin(2\alpha) + \tau_{xy}\cos(2\alpha)$$

（2）最大、最小正应力：

$$\left.\begin{array}{c}\sigma_{\max}\\\sigma_{\min}\end{array}\right\} = \frac{\sigma_x + \sigma_y}{2} \pm \sqrt{\left(\frac{\sigma_x - \sigma_y}{2}\right)^2 + \tau_{xy}^2}$$

注：最大、最小正应力是平面应力状态的两个主应力，即

$$\left.\begin{array}{c}\sigma'\\\sigma''\end{array}\right\} = \frac{\sigma_x + \sigma_y}{2} \pm \sqrt{\left(\frac{\sigma_x - \sigma_y}{2}\right)^2 + \tau_{xy}^2}$$

（3）主平面的方位：

$$\tan(2\alpha_0) = -\frac{2\tau_{xy}}{\sigma_x - \sigma_y}$$

4. 二向应力状态时斜截面上的应力、主应力和主平面方位——图解法

（1）应力圆的圆心坐标：$\left(\dfrac{\sigma_x + \sigma_y}{2},\ 0\right)$；应力圆半径：$\dfrac{1}{2}\sqrt{(\sigma_x - \sigma_y)^2 + 4\tau_{xy}^2}$。

（2）应力圆的画法：找到两个相互垂直的方向面（如是平面应力状态，找到两个相互垂直的直角边），利用方向面上的应力在应力坐标系中描点。并利用三种对应关系，作出应力圆。

点面对应：应力圆上某一点的坐标值对应着微元某一方向面上的正应力和切应力。

转向对应：半径旋转方向与方向面法线旋转方向一致。

二倍角对应：半径转过的角度是坐标旋转角度的 2 倍。

（3）应力圆的特点：应力圆圆心永远在横轴上。应力圆与横轴的交点为两个主应力。

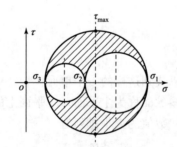

5. 三向应力状态

三向应力状态可以作出三个两两相切的应力圆。与三个主应力都不平行的任意斜截面，所对应点在三向应力圆的阴影范围内。

$$\sigma_{\max} = \sigma_1$$
$$\sigma_{\min} = \sigma_3$$

$$\tau_{max} = \frac{\sigma_1 - \sigma_3}{2}$$

6. 广义胡克定律

$$\varepsilon_x = \frac{1}{E}\left[\sigma_x - \mu(\sigma_y + \sigma_z)\right]$$

$$\varepsilon_y = \frac{1}{E}\left[\sigma_y - \mu(\sigma_x + \sigma_z)\right]$$

$$\varepsilon_z = \frac{1}{E}\left[\sigma_z - \mu(\sigma_x + \sigma_y)\right]$$

$$\gamma_{xy} = \frac{\tau_{xy}}{G}, \quad \gamma_{yz} = \frac{\tau_{yz}}{G}, \quad \gamma_{zx} = \frac{\tau_{zx}}{G}$$

当各面上的应力为主应力时，广义胡克定律可表示为

$$\varepsilon_1 = \frac{1}{E}\left[\sigma_1 - \mu(\sigma_2 + \sigma_3)\right]$$

$$\varepsilon_2 = \frac{1}{E}\left[\sigma_2 - \mu(\sigma_1 + \sigma_3)\right]$$

$$\varepsilon_3 = \frac{1}{E}\left[\sigma_3 - \mu(\sigma_1 + \sigma_2)\right]$$

各向同性均匀材料的弹性常数有三个，即 E、G、μ，其中两个是独立的，三个弹性常数之间的关系为

$$G = \frac{E}{2(1+\mu)}$$

7. 脆性断裂的强度理论

1）最大拉应力理论（第一强度理论）

无论材料处于什么应力状态，只要最大拉应力达到与材料有关的某一极限值，则材料就会发生断裂。

第一强度理论得到的强度条件：

$$\sigma_{r1} = \sigma_1 \leqslant [\sigma] = \sigma_b$$

2）最大伸长线应变理论（第二强度理论）

无论材料处于什么应力状态，只要最大伸长线应变 ε_1 达到与材料有关的某一极限值，材料即发生断裂。

第二强度理论得到的强度条件：

$$\sigma_{r2} = \sigma_1 - \mu(\sigma_2 + \sigma_3) \leqslant [\sigma] = \sigma_b$$

8. 塑性屈服的强度理论

1）最大切应力理论（第三强度理论）

无论材料处于什么应力状态，只要最大切应力达到与材料有关的某一极限值，则材料就会发生屈服。

第三强度理论得到的强度条件：

$$\sigma_{r3} = \sigma_1 - \sigma_3 \leqslant [\sigma] = \sigma_s$$

2）畸变能密度理论（第四强度理论）

无论材料处于什么应力状态，只要畸变能密度 v_d 达到与材料有关的某一极限值，则材料就会发生屈服。

第四强度理论得到的强度条件：

$$\sigma_{r4} = \sqrt{\frac{1}{2}[(\sigma_1 - \sigma_2)^2 + (\sigma_2 - \sigma_3)^2 + (\sigma_3 - \sigma_1)^2]} \leqslant [\sigma] = \sigma_s$$

（二）辅导

1. 解析法与图解法的比较

用解析的方法对应力状态进行分析，优点是数据准确、计算过程规范；缺点是公式复杂、记忆困难，特别是不能很直观地反映一点处应力在不同方向面上的变化规律和变化趋势。图解法是一种可以克服上述缺点的分析方法。实际应用中，可根据问题需要选用合适的分析方法。

2. 应力圆的应用

（1）确定任意方向面上的正应力和切应力。

（2）确定主平面方位以及主应力的数值。

（3）确定面内最大切应力和最小切应力，并确定作用面。

3. 正负号约定

正应力以拉应力为正，压应力为负；切应力以对单元体内任意点的矩为顺时针转向为正，反之为负；α 为斜截面外法线与 x 轴间的夹角，由 x 轴转到斜截面外法线 n 为逆时针转向时，则 α 为正。在解析法和图解法中要时刻注意正负号的约定问题。

4. 体积胡克定律

体积变化与应力之间的关系用体积胡克定律描述：体应变 θ 与平均应力 σ_m 成正比，写成公式形式：$\theta = \dfrac{\sigma_m}{K}$，其中体应变 $\theta = \varepsilon_1 + \varepsilon_2 + \varepsilon_3$，平均应力 $\sigma_m = \dfrac{\sigma_1 + \sigma_2 + \sigma_3}{3}$，体积弹性模量 $K = \dfrac{E}{3(1 - 2\mu)}$。可以看出，单位体积的改变量只与平均主应力有关，与三个主应力之间的比例无关。体积胡克定律的适用范围与胡克定律、剪切胡克定律、广义胡克定律一样：线弹性范围内。

5. 相当应力

通过对比上述四个强度理论，工程上为了计算方便起见，可以将所有的强度条件表达为统一的形式：

$$\sigma_{ri} \leqslant [\sigma]$$

其中，σ_{ri} 称为相当应力或计算应力，不同的强度理论，相当应力也是不同的，按照顺序应该是

$$\sigma_{r1} = \sigma_1$$
$$\sigma_{r2} = \sigma_1 - \mu(\sigma_1 + \sigma_2)$$

$$\sigma_{r3} = \sigma_1 - \sigma_3$$

$$\sigma_{r4} = \sqrt{\frac{1}{2}\left[(\sigma_1 - \sigma_2)^2 + (\sigma_2 - \sigma_3)^2 + (\sigma_3 - \sigma_1)^2\right]}$$

6. 强度理论的选用

一般情况下，脆性材料选用关于脆断的强度理论与莫尔强度理论，如铸铁、石料、混凝土、玻璃等；塑性材料选用关于屈服的强度理论，如碳钢、铜、铝等。但材料的失效形式还与应力状态有关。例如，无论是塑性还是脆性材料，在三向拉应力情况下将以断裂形式失效，宜采用最大拉应力理论。在三向压应力情况下都引起塑性变形，宜采用第三或第四强度理论。

■ 三、例题精讲

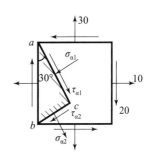

图 10.1

例 10.1　单元体上的应力如图 10.1 所示，其铅垂方向和水平方向各平面上的应力已知，相互垂直的斜面 ac 和 bc 的外法线分别与 x 轴成 30° 和 -60° 角。试求此两斜面 ab 和 bc 上的应力。

解： 按应力和夹角的符号规定，此题中 $\sigma_x = 10$ MPa，$\sigma_y = 30$ MPa，$\tau_{xy} = 20$ MPa，$\alpha_1 = 30°$，$\alpha_2 = -60°$。

（1）求 $\alpha_1 = 30°$ 斜截面上的应力，将有关数据代入斜截面应力公式，可得出此斜截面上的正应力

$$\sigma_{\alpha1} = \frac{\sigma_x + \sigma_y}{2} + \frac{\sigma_x - \sigma_y}{2}\cos(2\alpha_1) - \tau_{xy}\sin(2\alpha) = \frac{10+30}{2} + \frac{10-30}{2}\cos 60° - 20\sin 60°$$

解得　　　　　　　　　　$\sigma_{\alpha1} = -2.32$ MPa

斜截面上的切应力为

$$\tau_{\alpha1} = \frac{\sigma_x - \sigma_y}{2}\sin(2\alpha_1) + \tau_{xy}\cos(2\alpha_1) = \frac{10-30}{2}\sin 60° + 20\cos 60°$$

解得　　　　　　　　　　$\tau_{\alpha1} = 1.33$ MPa

所得的正应力为负值，表明它是压应力，切应力为正值，其方向如图 10.1 所示。

（2）求 $\alpha_1 = -60°$ 斜截面上的应力。

由斜截面应力公式，可得出此斜截面上的正应力和切应力为

$$\sigma_{\alpha2} = \frac{\sigma_x + \sigma_y}{2} + \frac{\sigma_x - \sigma_y}{2}\cos(2\alpha_2) - \tau_{xy}\sin(2\alpha_2)$$

$$= \frac{10+30}{2} + \frac{10-30}{2}\cos(-120°) - 20\sin(-120°)$$

解得　　　　　　　　　　$\sigma_{\alpha2} = 42.32$ MPa

斜截面上的切应力为

$$\tau_{\alpha2} = \frac{\sigma_x - \sigma_y}{2}\sin(2\alpha_2) + \tau_{xy}\cos(2\alpha_2) = \frac{10-30}{2}\sin(-120°) + 20\cos(-120°)$$

解得 $\tau_{\alpha 2} = -1.33$ MPa

解题指导：由上面计算结果，可得两相互垂直的平面上的应力关系为

$$\sigma_{\alpha 1} + \sigma_{\alpha 2} = \sigma_x + \sigma_y = 40 \text{ MPa}, \quad \tau_{\alpha 1} = -\tau_{\alpha 2} = 1.33 \text{ MPa}$$

第一式表明，单元体的两相互垂直平面上正应力之和是不变的。第二式表明，单元体的两相互垂直平面上切应力数值相等，而方向相反。

例 10.2 如图 10.2 所示的单元体。求：（1）图 10.2（a）所示斜截面上的应力；（2）主方向和主应力，画出主单元体。

解：（1）求斜截面上的正应力 $\sigma_{-30°}$ 和切应力 $\tau_{-30°}$：

$$\sigma_{-30°} = \frac{-50 + 100}{2} + \frac{-50 - 100}{2}\cos(-60°) - (-60)\sin(-60°) = -64.5 \text{ MPa}$$

$$\tau_{-30°} = \frac{-50 - 100}{2}\sin(-60°) + (-60)\cos(-60°) = 34.95 \text{ MPa}$$

（2）求主方向及主应力：

$$\tan(2\alpha) = -\frac{2\tau_x}{\sigma_x - \sigma_y} = -\frac{-120}{-50 - 100} = -0.8, \quad 2\alpha = -38.66°$$

$$\alpha_1 = -19.33°, \quad \alpha_2 = 70.67°$$

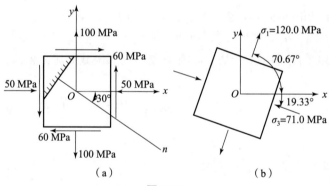

图 10.2

由切应力方向知，最大主应力在第一象限中，对应的角度为 $\alpha_0 = 70.67°$，则主应力

$$\sigma_1 = \frac{-50 + 100}{2} + \frac{-50 - 100}{2}\cos(2 \times 70.67°) - (-60)\sin(2 \times 70.67°) = 121.0 \text{ MPa}$$

由 $\sigma_{\alpha 1} + \sigma_{\alpha 2} = \sigma_x + \sigma_y$ 可解出

$$\sigma_{\alpha 2} = \sigma_x + \sigma_y - \sigma_1 = (-50) + 100 - (121.0) = -71.0 \text{ MPa}$$

因有一个为零的主应力，因此

$$\sigma_3 = -71.0 \text{ MPa} \quad （第三主方向 \alpha_3 = -19.33°）$$

画出主单元体如图 10.2（b）所示。

解题指导：（1）正确使用平面应力状态分析公式的关键是正确地给出斜截面外法线 n 与 x 轴的夹角 α，以逆时针为正。法线与 x 轴同向，截面上的切应力以向下为正。

（2）求出平面应力状态的两个正应力后，在确定主应力的排序时，切记已有一个为零的主应力。

例 10.3　如图 10.3 所示两端封闭的薄壁筒同时承受内压 p 和扭矩 m 的作用。在圆筒表面 a 点用应变仪测出与 x 轴分别成正负 45°方向两个微小线段 ab 和 ac 的应变 $\varepsilon_{45°} = 629.4 \times 10^{-6}$，$\varepsilon_{-45°} = -66.9 \times 10^{-6}$，试求压强 p 和扭矩 m。已知平均直径 $d = 200$ mm，厚度 $t = 10$ mm，$E = 200$ GPa，$\mu = 0.25$。

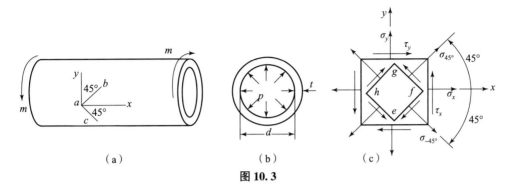

图 10.3

解：（1）a 点为平面应力状态。在 a 点取出如图 10.3（c）所示的原始单元体，其上应力：

$$\sigma_x = \frac{pd}{4t}, \quad \sigma_y = \frac{pd}{2t}, \quad \tau_x = -\frac{2m}{\pi d^2 t}$$

注：正应力的求解见课本例题。

（2）求图 10.3（c）斜单元体 $efgh$ 各面上的正应力：

$$\sigma_{45°} = \frac{\sigma_x + \sigma_y}{2} - \tau_x = \frac{3}{8}\frac{pd}{t} + \frac{2m}{\pi d^2 t}$$

$$\sigma_{-45°} = \frac{\sigma_x + \sigma_y}{2} + \tau_x = \frac{3}{8}\frac{pd}{t} - \frac{2m}{\pi d^2 t}$$

（3）利用胡克定律，列出应变 $\varepsilon_{45°}$、$\varepsilon_{-45°}$ 表达式：

$$\varepsilon_{45°} = \frac{1}{E}(\sigma_{45°} - \mu\sigma_{-45°}) = \frac{1}{E}\left[\frac{3}{8}\frac{pd}{t}(1-\mu) + \frac{2m}{\pi d^2 t}(1+\mu)\right]$$

$$\varepsilon_{-45°} = \frac{1}{E}(\sigma_{-45°} - \mu\sigma_{45°}) = \frac{1}{E}\left[\frac{3}{8}\frac{pd}{t}(1-\mu) - \frac{2m}{\pi d^2 t}(1+\mu)\right]$$

将给定数据代入上式

$$629.4 \times 10^{-6} = \frac{1}{200 \times 10^3}\left(\frac{3}{8} \times \frac{p \times 200}{10} \times 0.75 + \frac{2m \times 10^6}{\pi \times 200^2 \times 10} \times 1.25\right)$$

$$-66.9 \times 10^{-6} = \frac{1}{200 \times 10^3}\left(\frac{3}{8} \times \frac{p \times 200}{10} \times 0.75 - \frac{2m \times 10^6}{\pi \times 200^2 \times 10} \times 1.25\right)$$

$$1\,288 = 625p + 1.989m$$

$$-13.38 = 625p - 1.989m$$

得

$$p = 10 \text{ MPa}, \quad m = 35 \text{ kN} \cdot \text{m}$$

解题指导：已知一点沿斜方向线应变，由线应变求解载荷或其他未知量是应力状态分析中的常见问题，处理此类问题的基本方法是：先分析该点的应力状态，画出其原始单元体（由坐标平面切出的单元体）；然后利用斜截面应力公式求出与给定应变方向同向和垂直的两个正应力，并利用胡克定律建立此两个正应力与给定线应变的关系式，解出外力。

例 10.4　已知铸铁构件上危险点处的应力状态，如图 10.4 所示，若铸铁的拉伸许用应力为 $[\sigma]=30$ MPa，试判断该点处的强度是否安全。

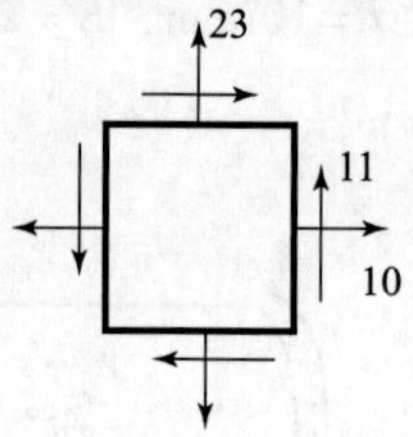

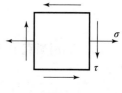

解：根据图示的应力状态，可以认为铸铁在这种应力状态下将发生脆性断裂，故应该采用第一强度理论。

对于所给的平面应力状态，可以算出非零主应力值为

图 10.4

$$\begin{matrix} \sigma' \\ \sigma'' \end{matrix} = \frac{\sigma_x + \sigma_y}{2} \pm \frac{1}{2}\sqrt{(\sigma_x - \sigma_y)^2 + 4\tau_{xy}^2}$$

$$= \frac{10 + 23}{2} \pm \frac{1}{2}\sqrt{(10 - 23)^2 + 4 \times (-11)^2} = 16.5 \pm 12.78 \times 10^6 \text{ Pa}$$

$$= \begin{cases} 29.28 \text{ MPa} \\ 3.72 \text{ MPa} \end{cases}$$

因为是平面应力状态，一个主应力为零，故此三个主应力分别为

$$\sigma_1 = 29.28 \text{ MPa}, \quad \sigma_2 = 3.27 \text{ MPa}, \quad \sigma_3 = 0$$

显然

$$\sigma_1 = 29.28 \text{ MPa} < [\sigma] = 30 \text{ MPa}$$

因此该点强度是安全的。

例 10.5　已知结构危险点的应力状态如图 10.5 所示，其中 $\sigma = 116.7$ MPa，$\tau = 46.3$ MPa，材料为钢，许用应力为 $[\sigma] = 160$ MPa，试判断该点处的强度是否安全。

解：对于所给的平面应力状态，其主应力值为

$$\begin{matrix} \sigma' \\ \sigma'' \end{matrix} = \frac{\sigma}{2} \pm \frac{1}{2}\sqrt{\sigma^2 + 4\tau^2}$$

由于一个主应力为零，故此三个主应力分别为

$$\sigma_1 = \frac{\sigma}{2} + \frac{1}{2}\sqrt{\sigma^2 + 4\tau^2}$$

$$\sigma_2 = 0$$

图 10.5

$$\sigma_3 = \frac{\sigma}{2} - \frac{1}{2}\sqrt{\sigma^2 + 4\tau^2}$$

钢材在该应力状态下可能发生屈服，故采用第三或第四强度理论，得

$$\sigma_{r3} = \sigma_1 - \sigma_3 = \sqrt{\sigma^2 + 4\tau^2} \leqslant [\sigma]$$

$$\sigma_{r4} = \sqrt{\frac{1}{2}\left[(\sigma_1 - \sigma_2)^2 + (\sigma_2 - \sigma_3)^2 + (\sigma_3 - \sigma_1)^2\right]} = \sqrt{\sigma^2 + 3\tau^2} \leqslant [\sigma]$$

代入已知的数值，可得

$$\sigma_{r3} = \sqrt{\sigma^2 + 4\tau^2} = 149 \times 10^6 \text{ Pa} = 149 \text{ MPa} \leqslant [\sigma] = 160 \text{ MPa}$$

$$\sigma_{r4} = \sqrt{\sigma^2 + 3\tau^2} = 141.6 \times 10^6 \text{ Pa} = 141.6 \text{ MPa} \leqslant [\sigma] = 160 \text{ MPa}$$

可见，采用第三或者第四强度理论进行校核时，该结构全是安全的。

解题指导： 由上述两例可见，利用强度理论进行校核时，首先判断构件是何材料，进而得出材料的失效形式（断裂或屈服），从而选定强度理论，并算出相应的主应力。

■ 四、习题精练

（一）填空题

1. 单向拉伸属于_____向应力状态；纯剪切应力状态属于_____向应力状态；二向应力状态相当于三个主应力中其中有一个是_____。

2. 圆轴扭转变形时，危险点处于_____应力状态；单向拉伸时，与横截面成_____度的斜截面上切应力最大。

3. 应力圆上某一点处的坐标值对应着微元某一方向面上的_____和_____。

4. 应力圆上半径转过的角度，等于单元体方向面外法线旋转角度的_____倍。

5. 已知平面应力状态的 σ_x、σ_y 和 τ_{xy}，则应力圆的圆心坐标为_____，半径为_____。

6. 已知平面应力状态的 σ_x、σ_y 和 τ_{xy}，则应力圆的三个主应力分别为_____、_____、_____。

7. 已知平面应力状态的 σ_x、σ_y 和 τ_{xy}，则应力圆的面内最大切应力为_____。

8. 由扭转或弯曲时杆件横截面上应力的分布情况，表明在受力物体同一截面上，各点处的_____一般是不同的。

9. 研究杆件内某一点处不同方向的截面上的应力及其相互关系，通常称为一点的_____。

10. 切应力等于零的平面称为_____，作用在该平面上的应力称为_____。

11. 最大切应力和最小切应力所在的方向面与主平面成_____度角。

12. 若在单元体上任意两截面夹角为30°，则在应力圆上与之对应的两点间的圆心角为_____。

13. 二向应力状态单元体的四个面上的正应力分别为 60 MPa 和 –20 MPa，切应力为 30 MPa，则应力圆的圆心为_____MPa，半径为_____MPa。

14. 承受内压的薄壁容器纵向截面上的正应力是横向截面上的正应力的_____倍。

15. 矩形截面梁产生横力弯曲，则梁的上、下边缘各点处于_____应力状态，中性轴上各点处于_____应力状态。

16. 二向应力状态的单元体的应力情况如图所示，已知该单元体的一个主应力为5 MPa，则另一个非零主应力为_____MPa。

17. 单向受拉直杆，若横截面上的正应力为 σ_0，则杆内任一点的最大正应力为_____，最大切应力为_____。

80 MPa

18. 图示三向应力状态的单元体，其最大切应力为_____。

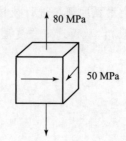

19. 当三个主应力_____时，三向应力圆成为横坐标轴上的一个点圆。

20. 广义胡克定律的适用条件是_____。

21. 图示应力圆对应的单元体是_____向应力状态。

22. 图示应力圆对应的单元体是_____向应力状态。

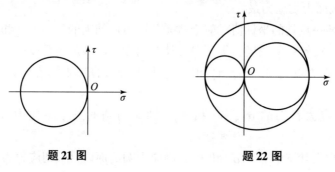

题 21 图　　　　　　　　　　题 22 图

23. 图示矩形薄平板四边受均布力作用，若从板中任一点取出单元体，则该单元体上的最大正应力为_____，最大切应力为_____。

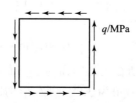

24. 最大切应力的作用平面与主平面成_____度角。

25. 各向同性材料的弹性模量、切变模量和泊松比的关系是_____。

26. 单元体的变形比能分为两部分，分别是_____和_____。

27. 塑性材料以出现_____作为失效的标志；脆性材料的失效现象是突然_____。

28. 第一强度理论认为_____是引起材料断裂的主要因素；第三强度理论认为_____是引起材料塑性屈服破坏的主要因素。

29. 材料塑性屈服破坏一般采用第_____或第_____强度理论进行强度计算，材料脆性断裂破坏宜采用第_____或第_____强度理论进行强度计算。

30. 三向受拉且各主应力值相近，不论什么材料都应选用第_____强度理论；三向受压且各主应力值相近，不论什么材料都应选用第_____强度理论。

31. 强度失效的主要形式有两种，分别是_____和_____。

（二）选择题

1. 直角三角形单元体，斜截面上无应力，则该单元体的（　　　）。

A. 三个主应力均为零　　　　　　　　B. 两个主应力为零

C. 一个主应力为零　　　　　　　　　D. 三个主应力均不为零

2. 在单元体的主平面上，（　　　）。

A. 正应力一定最大　　　　　　　　　B. 正应力一定为零

C. 切应力一定最大　　　　　　　　　D. 切应力一定为零

3. 三向应力状态及其相应的应力圆如图所示。单元体上任意斜截面上的应力可能对应于应力圆中的哪一点？（　　　）

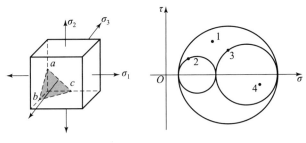

A. 1 点　　　　　　　B. 2 点　　　　　　　C. 3 点　　　　　　　D. 4 点

4. 当三向应力状态的三向应力圆成为一个应力圆时，单元体上的主应力情况一定是（　　　）。

A. $\sigma_1 = \sigma_2$　　　　　　　　　　　B. $\sigma_2 = \sigma_3$

C. $\sigma_1 = \sigma_3$　　　　　　　　　　　D. $\sigma_1 = \sigma_2$ 或 $\sigma_2 = \sigma_3$

5. 图示悬臂梁给出了 1、2、3、4 点的应力状态单元体，其中错误的是（　　　）。

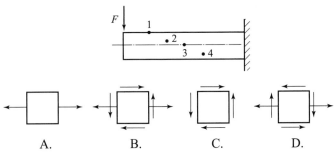

A.　　　　　　B.　　　　　　C.　　　　　　D.

6. 图示三角形单元体，已知 ab、bc 两斜面上的正应力均为 σ，切应力为零，则在竖直面 ac 上的应力为（　　　）。

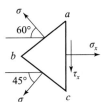

A. $\sigma_x = \sigma$，$\tau_x = 0$

B. $\sigma_x = \sigma$，$\tau_x = \sigma \sin 60° - \sigma \sin 45°$

C. $\sigma_x = \sigma \cos 60° + \sigma \cos 45°$，$\tau_x = 0$

D. $\sigma_x = \sigma \cos 60° + \sigma \sin 45°$，$\tau_x = \sigma \sin 60° - \sigma \sin 45°$

7. 图示直角三角形单元体，若斜截面上无应力，则该单元体的（　　　）。

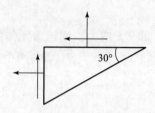

A. 三个主应力均为零
B. 两个主应力为零
C. 一个主应力为零
D. 三个主应力均不为零

8. 已知平面应力状态的主应力分别为 30 MPa 和 80 MPa，下列说法错误的是（　　　）。

A. 最大切应力为 25 MPa
B. 最大切应力为 40 MPa
C. 第三个主应力为零
D. 最大拉应力为 80 MPa

9. 已知平面应力状态的第二主应力和最大切应力分别是 30 MPa 和 50 MPa，则下列说法错误的是（　　　）。

A. 最小主应力为 0

B. 最大主应力为 50 MPa

C. 最大主应力为 100 MPa

D. 三个主应力分别为 0、30 MPa、100 MPa

10. 如图所示应力状态，下列说法正确的是（　　　）。

A. 最大主应力为 500 MPa，最小主应力为 100 MPa

B. 最大主应力为 500 MPa，最大切应力为 250 MPa

C. 最大主应力为 500 MPa，最大切应力为 100 MPa

D. 最小主应力为 100 MPa，最大切应力为 250 MPa

11. 关于构件受力后某一方向的应力与应变的关系，下列说法正确的是（　　　）。

A. 有应力一定有应变，有应变不一定有应力

B. 有应力不一定有应变，有应变不一定有应力

C. 有应力不一定有应变，有应变一定有应力

D. 有应力一定有应变，有应变一定有应力

12. 图示单元体，已知 $\sigma_x = 120$ MPa，$\sigma_y = -50$ MPa，且 α 斜截面上的正应力 $\sigma_\alpha = 90$ MPa，则 β 斜截面上的正应力为 σ_β 为（　　　）。（注：$\alpha + \beta = 90°$）

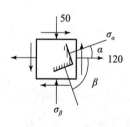

A. 0
B. -20 MPa
C. 100 MPa
D. 150 MPa

13. 如图所示，一个铝质立方块嵌入刚性凹槽内，假设铝块与刚性凹槽之间既无间隙，也无摩擦。若在铝块的顶部作用有均布压力，则铝块处于（　　　）。

A. 单向压应力状态，单向应变状态
B. 二向应力状态，平面应变状态
C. 单向拉应力状态，平面应变状态
D. 二向应力状态，单向应变状态

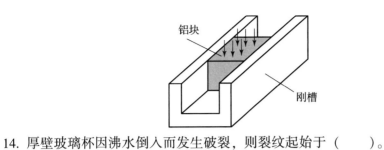

铝块

刚槽

14. 厚壁玻璃杯因沸水倒入而发生破裂，则裂纹起始于（　　）。

A. 内壁
B. 外壁
C. 壁厚中间
D. 内外壁同时

15. 下列论述中，正确的是（　　）。

A. 强度理论只适用于复杂应力状态

B. 第一和第二强度理论只适用于脆性材料

C. 第三和第四强度理论只适用于塑性材料

D. 第三和第四强度理论只适用于屈服失效

16. 脆性材料的单元体和塑性材料的单元体，均在相同的三向等压应力状态下，若发生破坏，其破坏方式（　　）。

A. 分别为脆性断裂和塑性屈服
B. 分别为塑性屈服和脆性断裂
C. 都为脆性断裂
D. 都为塑性屈服

17. 将一实心钢球在外部迅速加热升温，这时球心处的单元体所处的应力状态为（　　）。

A. 单向拉伸
B. 单向压缩
C. 各向等拉
D. 各向等压

18. 对于一个微单元体，下列结论错误的是（　　）。

A. 正应力最大的面上切应力必为零

B. 切应力最大的面上正应力必为零

C. 正应力最大的面与切应力最大的面相交成45°角

D. 正应力最大的面与正应力最小的面互相垂直

19. 在发生平面弯曲的梁上，任一点应力状态的特点是（　　）。

A. $\sigma_1 \geqslant \sigma_2 \geqslant 0$，$\sigma_3 = 0$
B. $\sigma_1 = 0$，$\sigma_3 \leqslant \sigma_2 \leqslant 0$
C. $\sigma_1 \geqslant 0$，$\sigma_2 = 0$，$\sigma_3 \leqslant 0$
D. $\sigma_1 \geqslant \sigma_2 \geqslant \sigma_3 \geqslant 0$

20. 测得钢梁某点处在载荷作用面内的线应变为 $\varepsilon_x = 4.0 \times 10^{-4}$，$\varepsilon_y = -1.2 \times 10^{-4}$。若弹性模量 $E = 200$ GPa，泊松比 $\mu = 0.3$，则该点处沿 x 方向和 y 方向的正应力分别为（　　）。（单位：MPa）

A. $\sigma_x = 20$，$\sigma_y = 60$
B. $\sigma_x = 80$，$\sigma_y = 20$
C. $\sigma_x = 60$，$\sigma_y = -20$
D. $\sigma_x = 80$，$\sigma_y = 0$

21. 对于受静水压力作用的小球，下列结论中错误的是（　　）。

A. 球内各点的应力状态均为三向等压

B. 球内不存在切应力

C. 对于球内所有点的应力状态，应力圆均为点圆

D. 对于圆球中心，三个主应力之和为零

22. 一个应力状态中，主平面的个数为（   ）。

A. 两个

B. 最多不超过三个

C. 无穷多个

D. 一般情况有三个，特殊情况有无穷多个

23. 某平面应力状态的应力圆的圆心和半径分别为 40 MPa 和 50 MPa，则其三个主应力分别为（   ）。

A. 0，40 MPa，50 MPa   B. 0，10 MPa，90 MPa

C. 0，−10 MPa，90 MPa   D. 40 MPa，50 MPa，70 MPa

24. 某平面应力状态的应力圆的圆心和半径分别为 0 和 30 MPa，则其三个主应力分别为（   ）。

A. 0，30 MPa，60 MPa   B. 0，0，60 MPa

C. −30 MPa，0，30 MPa   D. 30 MPa，50 MPa，70 MPa

25. 某平面应力状态的应力圆的圆心和半径分别为 20 MPa 和 20 MPa，则其三个主应力分别为（   ）。

A. 0，0，20 MPa   B. 0，0，40 MPa

C. 0，20 MPa，40 MPa   D. 20 MPa，40 MPa，60 MPa

26. 已知某空间应力状态的三个主应力分别为 10 MPa、30 MPa、60 MPa，则其最大切应力为（   ）。

A. 25 MPa   B. 30 MPa   C. 15 MPa   D. 10 MPa

27. 已知某空间应力状态的第一和第二主应力分别为 80 MPa 和 60 MPa。若要求其最大切应力不超过 50 MPa，则其第三主应力须（   ）。

A. 大于 −20 MPa   B. 大于 30 MPa

C. 大于 10 MPa   D. 小于 30 MPa

28. 某各向同性材料，弹性模量和切变模量分别为 200 GPa 和 80 GPa，其泊松比为（   ）。

A. 0.25   B. 0.40   C. 0.50   D. 0.15

29. 下列关于平面应力状态和平面应变状态的描述，错误的是（   ）。

A. 平面应力状态必有一个主应力为 0

B. 平面应变状态必有一个主应变为 0

C. 平面应力状态和平面应变状态等效

D. 平面应力状态和平面应变状态不等效

30. 某空间应力状态三个方向的主应变分别为 0.003、0.005、0.006，其体积应变为（   ）。

A. 0.014   B. 0.007   C. 0.008   D. 0.028

31. 某空间应力状态三个方向的主应力分别是 30 MPa、20 MPa、–50 MPa，下列说法中错误的是（　　　）。

A. 主应力之和为 0

B. 主应变之和为 0

C. 体积应变为 0

D. 该应力状态与某个平面应力状态等效

32. 某空间应力状态的体积改变比能为 0，必需的条件是（　　　）。

A. 该应力状态必有一个主应力为 0　　　　B. 该应力状态必有一个主应变为 0

C. 该应力状态主应力之和为零　　　　　　D. 该应力状态为零应力状态

33. 某空间应力状态的形状改变比能为 0，必需的条件是（　　　）。

A. 该应力状态必有一个主应力为 0

B. 该应力状态必有一个主应变为 0

C. 该应力状态三个主应力相等

D. 该应力状态为零应力状态

34. 关于强度理论，下列说法错误的是（　　　）。

A. 单向应力状态下，强度条件是以实验为基础的

B. 强度失效主要是屈服和断裂两种类型

C. 强度理论认为失效的原因与应力状态无关

D. 强度理论适用于所有材料

35. 关于强度理论，下列说法错误的是（　　　）。

A. 单向应力状态下，强度条件是以假设为基础的

B. 强度失效主要是屈服和断裂两种类型

C. 强度理论认为失效的原因与应力状态无关

D. 最大切应力理论较好地解释了低碳钢拉伸时出现滑移线的原因

（三）计算题

1. 构件受力如图所示。（1）确定危险点的位置；（2）用单元体表示危险点的应力状态。

2. 木制构件中的微元如图所示，图中角度为木纹方向与铅垂方向的夹角。试求：（1）面内平行于木纹方向的切应力；（2）垂直于木纹方向的正应力。

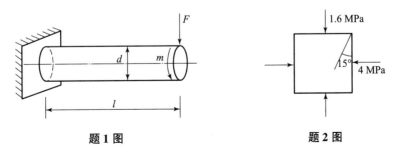

题 1 图　　　　　　　　　　　题 2 图

3. 木制构件中的微元如图所示，图中角度为木纹方向与铅垂方向的夹角。应力单位为 MPa。试求：（1）面内平行于木纹方向的切应力；（2）垂直于木纹方向的正应力。

4. 平面应力状态的单元体如图所示，$\sigma_{45°} = 75$ MPa，$\tau_{45°} = 25$ MPa，求主应力。

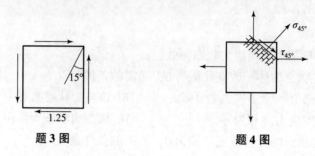

题 3 图　　　　　　　　　　　　题 4 图

5. 已知受力杆件边缘上某点处于平面应力状态，过该点处的三个平面上的应力情况如图所示，应力单位为 MPa，AB 面为自由面。求该点处的三个主应力。

6. 如图所示，矩形截面梁某截面上的弯矩和剪力分别为 $M = 10$ kN·m，$F_Q = 120$ kN，试绘出截面上 1、2、3、4 各点处单元体的应力状态，并求其主应力。

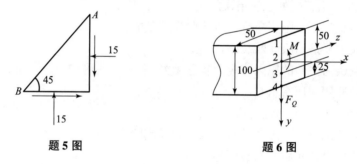

题 5 图　　　　　　　　　　　　题 6 图

7. 二向应力状态下某点处的两个截面上的应力如图所示。试求该点处的主应力和主平面方位，并求出两截面间的夹角 α。

8. 构件中某点处两截面上的应力如图所示，试求：（1）主方位和主应力；（2）画出单元体的应力状态；（3）求最大切应力及其作用方位。

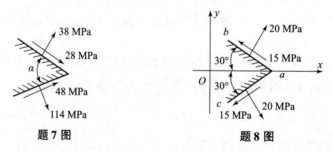

题 7 图　　　　　　　　　　　　题 8 图

9. 带尖角的轴向拉伸杆如图所示，试问尖角点处的应力状态是怎样的？为什么？

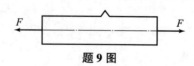

题 9 图

10. 求如图所示应力状态的主应力和最大切应力。（应力单位：MPa）

11. 求如图所示应力状态的主应力和最大切应力。（应力单位：MPa）

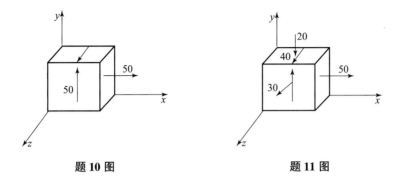

题 10 图　　　　　　　　　　题 11 图

12. 如图所示，从钢制构件内某一点的周围取出一单元体，已知 $\sigma = 30$ MPa，$\tau = 15$ MPa，$E = 200$ GPa，$\mu = 0.3$。试求对角线 AC 的长度改变量 Δl。

13. 如图所示，直径 $D = 40$ mm 的铝圆柱放在厚度为 $\delta = 2$ mm 的钢套筒内，且两者之间无间隙。作用于圆柱的轴向压力 $F = 40$ kN。铝的弹性模量和泊松比分别为 $E_1 = 70$ GPa，$\mu_1 = 0.35$，钢的弹性模量 $E = 210$ GPa。试求钢套筒内的环向应力。

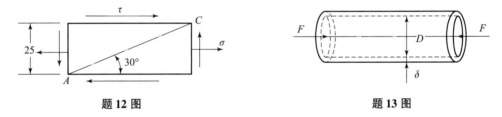

题 12 图　　　　　　　　　　题 13 图

14. 铸铁构件上危险点的应力状态如图所示。已知铸铁拉伸的许用应力 $[\sigma^+] = 30$ MPa，图中应力单位为 MPa。试校核该点强度是否安全。

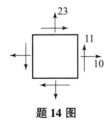

题 14 图

本章习题答案

（一）填空题

1. 单、二、零；2. 纯剪切、45；3. 正应力、切应力；4. 2；5. $\left(\dfrac{\sigma_x + \sigma_y}{2}, 0 \right)$，

$\sqrt{(\sigma_x - \sigma_y)^2 + 4\tau_{xy}^2} / 2$；6. $\dfrac{\sigma_x + \sigma_y}{2} + \sqrt{(\sigma_x - \sigma_y)^2 + 4\tau_{xy}^2} / 2$，$\dfrac{\sigma_x + \sigma_y}{2} - \sqrt{(\sigma_x - \sigma_y)^2 + 4\tau_{xy}^2} / 2$，

0；7. $\sqrt{(\sigma_x - \sigma_y)^2 + 4\tau_{xy}^2}\,/2$；8. 应力；9. 应力状态；10. 主平面、主应力；11. 45；12. 60；13. 20、50；14. 2；15. 单向、纯剪切（或二向）；16. -85；17. σ_0、$\sigma_0/2$；18. 65 MPa；19. 相等；20. 各向同性材料、线弹性材料、小变形；21. 二；22. 单；23. q、q；24. 45；25. $G = E/2(1+\mu)$；26. 体积改变比能、形状改变比能；27. 屈服，断裂；28. 最大拉应力、最大切应力；29. 三、四、一、二；30. 一、三或四；31. 屈服、断裂

（二）选择题

1. B；2. D；3. A；4. D；5. D；6. A；7. B；8. A；9. B；10. B；11. B；12. B；13. B；14. B；15. D；16. D；17. C；18. B；19. C；20. D；21. D；22. D；23. C；24. C；25. B；26. A；27. A；28. A；29. C；30. A；31. D；32. C；33. C；34. D；35. A

（三）计算题

1. 解：（1）圆杆固定端截面的最高点 1 和最低点 2 均为危险点。

（2）如下图所示。

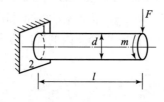

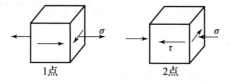

1点	2点

2. 解：二向应力状态下任意斜截面上的应力为

$$\sigma_\alpha = \frac{\sigma_x + \sigma_y}{2} + \frac{\sigma_x - \sigma_y}{2}\cos(2\alpha) - \tau_{xy}\sin(2\alpha)$$

$$\tau_\alpha = \frac{\sigma_x - \sigma_y}{2}\sin(2\alpha) + \tau_{xy}\cos(2\alpha)$$

代入 $\quad\sigma_x = -4$ MPa，$\sigma_y = -1.6$ MPa，$\tau_{xy} = 0$，$\alpha = -15°$

得 $\quad\quad\quad\quad \tau_\alpha = -3.84$ MPa，$\sigma_\alpha = 0.6$ MPa

3. 解：二向应力状态下任意斜截面上的应力为

$$\sigma_\alpha = \frac{\sigma_x + \sigma_y}{2} + \frac{\sigma_x - \sigma_y}{2}\cos(2\alpha) - \tau_{xy}\sin(2\alpha)$$

$$\tau_\alpha = \frac{\sigma_x - \sigma_y}{2}\sin(2\alpha) + \tau_{xy}\cos(2\alpha)$$

代入 $\quad\sigma_x = 0$，$\sigma_y = 0$，1.6 MPa，$\tau_{xy} = -1.25$ MPa，$\alpha = -15°$

得 $\quad\quad\quad\quad \tau_\alpha = -1.08$ MPa，$\sigma_\alpha = -0.625$ MPa

4. 解：取 σ_1 方向为 x 方向，σ_2 方向为 y 方向，则应力分量为

$$\sigma_x = \sigma_1, \quad \sigma_y = \sigma_2, \quad \tau_x = 0$$

根据斜截面上应力公式，有

$$\sigma_{45°} = \frac{\sigma_x + \sigma_y}{2} + \frac{\sigma_x - \sigma_y}{2}\cos(2\alpha) - \tau_x\sin(2\alpha)$$

$$= \frac{1}{2}(\sigma_1 + \sigma_2) = 75$$

$$\tau_{45°} = \frac{\sigma_x - \sigma_y}{2}\sin(2\alpha) + \tau_x\cos(2\alpha)$$

$$= \frac{1}{2}(\sigma_1 - \sigma_2) = 25$$

解得：$\sigma_1 = 100$ MPa，$\sigma_2 = 50$ MPa

5. **解**：平面应力状态必有一个主应力为 0。AB 为自由面，必是一个主平面，主应力也是 0，因此只有一个非 0 主应力，其值应为

$$\sigma''' = -15 - 15 = -30 \text{ MPa}$$

故该点处的三个主应力为

$$\sigma_1 = 0, \quad \sigma_2 = 0, \quad \sigma_3 = -30 \text{ MPa}$$

6. **解**：各点处单元体的应力状态如图所示。

截面的惯性矩：

$$I_z = \frac{bh^3}{12} = \frac{0.05 \times 0.1^3}{12} = 4.17 \text{ (m}^4\text{)}$$

1 点的应力分量：

$$\sigma_x = \frac{My}{I_z} = \frac{M\left(-\dfrac{h}{2}\right)}{I_z} = \frac{10 \times 10^3 \times (-0.05)}{4.17 \times 10^{-6}} = -120 \text{ MPa}$$

$$\sigma_y = \tau_{xy} = 0$$

故 1 点为单向应力状态：$\sigma_1 = \sigma_2 = 0, \quad \sigma_3 = -120$ MPa

2 点的应力分量：

$$\sigma_x = \sigma_y = 0$$

$$\tau_{xy} = \frac{3F_Q}{2A} = \frac{3 \times 120 \times 10^3}{2 \times 0.05 \times 0.1} = 36 \text{ MPa}$$

故 2 点为纯剪切应力状态：

$$\sigma_1 = 36 \text{ MPa}, \quad \sigma_2 = 0, \quad \sigma_3 = -36 \text{ MPa}$$

3 点的应力分量：

$$\sigma_x = \frac{My}{I_z} = \frac{10 \times 10^3 \times 0.025}{4.17 \times 10^{-6}} = 60 \text{ MPa}$$

$$\tau_{xy} = \frac{QS_z^*}{bI_z} = \frac{120 \times 10^3 \times 0.05 \times 0.025 \times 0.037\,5}{0.050 \times 4.17 \times 10^{-6}} = 27 \text{ MPa}$$

$$\left.\begin{matrix} \sigma_{max} \\ \sigma_{min} \end{matrix}\right\} = \frac{\sigma_x + \sigma_y}{2} \pm \sqrt{\left(\frac{\sigma_x - \sigma_y}{2}\right)^2 + \tau_{xy}^2}$$

$$= \left[\frac{60+0}{2} \pm \sqrt{\left(\frac{60-0}{2}\right)^2 + 27^2}\right] = \begin{cases} 70.4 \text{ MPa} \\ -10.4 \text{ MPa} \end{cases}$$

按主应力的记号规定，得

$$\sigma_1 = 70.4 \text{ MPa}, \quad \sigma_2 = 0, \quad \sigma_3 = -10.4 \text{ MPa}$$

4 点也是单向应力状态：

$\sigma_y = \tau_{xy} = 0$，σ_x 的大小与 1 点的相同，是拉应力，所以 $\sigma_x = 120 \text{ MPa}$。

因此：$\sigma_1 = 120 \text{ MPa}$，$\sigma_2 = \sigma_3 = 0$

7. 解：两个截面上的应力在 $\sigma O \tau$ 坐标系中分别得到两点 D_1、D_2，两点均应在圆周上，连接 $D_1 D_2$，作 $D_1 D_2$ 直线的中垂线，交 σ 轴于点 C（C 点即圆心），以 C 点为圆心，$\overline{CD_1}$ 或 $\overline{CD_2}$ 为半径作圆，如图（b）所示。

量出：$\overline{oA_1} = \sigma_1 = 140 \text{ MPa}$，$\sigma_2 = 30 \text{ MPa}$，$\alpha = \frac{150°}{2} = 75°$

在应力圆上从 D_2 到点 A_1 逆时针旋转 $2\alpha_0 = 60°$，则在单元体上从 $\sigma = 114 \text{ MPa}$，$\tau = 48 \text{ MPa}$ 作用面的外法线起，按逆时针转动 $\alpha_0 = 30°$，即得主应力 σ_1 的方向，如图（c）所示。

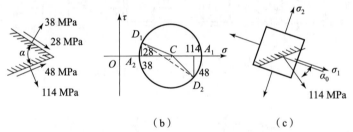

（b）　　　　　　　　　　（c）

8. 解：（1）建立如图所示的坐标系 xOy，可知

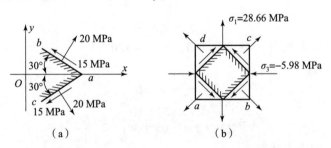

（a）　　　　　　　　　（b）

$$\alpha_1 = 60°, \quad \sigma_{\alpha 1} = \frac{\sigma_x + \sigma_y}{2} + \frac{\sigma_x - \sigma_y}{2}\cos 120° - \tau_x \sin 120° = 20 \text{ MPa} \qquad (\text{a})$$

$$\tau_{\alpha 1} = \frac{\sigma_x - \sigma_y}{2}\sin 120° + \tau_x \cos 120° = -15 \text{ MPa} \qquad (\text{b})$$

$$\alpha_2 = -60°, \quad \sigma_{\alpha 2} = \frac{\sigma_x + \sigma_y}{2} + \frac{\sigma_x - \sigma_y}{2}\cos(-120°) - \tau_x \sin(-120°) = 20 \text{ MPa} \qquad (\text{c})$$

$$\tau_{\alpha 2} = \frac{\sigma_x - \sigma_y}{2}\sin(-120°) + \tau_x\cos(-120°) = 15 \text{ MPa} \tag{d}$$

由式（b）和式（d），可有 $\tau_x = 0$。由此可知式（a）和式（c）可蜕变为一个公式，将 $\tau_x = 0$ 代入式（a）和式（d），有

$$\frac{\sigma_x + \sigma_y}{2} + \frac{\sigma_x - \sigma_y}{2}(-0.5) = 20 \text{ MPa} \tag{e}$$

$$\frac{\sigma_x - \sigma_y}{2}(-0.886) = 15 \text{ MPa} \tag{f}$$

由式（e）和式（f），可解出：$\sigma_x = -5.98$ MPa，$\sigma_y = 28.66$ MPa

注意到 $\tau_x = 0$，所以 σ_x 和 σ_y 均为主应力，亦即

$$\sigma_1 = 28.66 \text{ MPa}, \ \sigma_2 = 0, \ \sigma_3 = -5.98 \text{ MPa}$$

（2）画出单元体的应力状态，如图（b）所示。

（3）$\tau_{\max} = \dfrac{\sigma_1 - \sigma_3}{2} = 17.32$ MPa。

9. **解**：尖角点处为零应力状态。

在尖角点处沿自由边界取三角形，单元体如图所示。

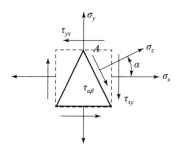

设单元体 x、y 面上的应力分量为 σ_x，τ_{xy} 和 σ_y，τ_{yx}，自由表面上的应力分量为 $\sigma_\alpha = \tau_{\alpha\beta} = 0$，则有

$$\sigma_\alpha = \frac{\sigma_x + \sigma_y}{2} + \frac{\sigma_x - \sigma_y}{2}\cos(2\alpha) - \tau_{xy}\sin(2\alpha) = 0$$

$$\tau_{\alpha\beta} = \frac{\sigma_x - \sigma_y}{2}\sin(2\alpha) + \tau_{xy}\cos(2\alpha) = 0$$

由于 $\sin(2\alpha) \neq 0$，$\cos(2\alpha) \neq 0$，因此，必有

$$\sigma_x = 0, \ \sigma_y = 0, \ \tau_{xy} = -\tau_{yx} = 0$$

此时代表尖角点处应力状态的应力圆缩为 $\sigma - \tau$ 坐标系中的原点。

故尖角点处为零应力状态。

10. **解**：图中所示应力状态的各应力为

$$\sigma_y = 0, \ \sigma_z = 0, \ \tau_{zy} = 50 \text{ MPa}$$

$\sigma_x = 50$ MPa 是主应力

$$\left.\begin{array}{c}\sigma' \\ \sigma''\end{array}\right\} = \frac{\sigma_z + \sigma_y}{2} \pm \sqrt{\left(\frac{\sigma_z - \sigma_y}{2}\right)^2 + \tau_{zy}^2} = \left\{\begin{array}{c}50 \\ -50\end{array}\right. \text{ MPa}$$

按照主应力的顺序规定，得

$$\sigma_1 = \sigma_2 = 50 \text{ MPa}, \quad \sigma_3 = -50 \text{ MPa}$$

$$\tau_{\max} = \frac{\sigma_1 - \sigma_3}{2} = 50 \text{ MPa}$$

11. **解**：图中所示应力状态的各应力为

$$\sigma_y = -20, \quad \sigma_z = 30, \quad \tau_{zy} = 40 \text{ MPa}$$

$\sigma_x = 50$ MPa 是主应力

$$\sigma_y = 0, \quad \sigma_z = 0, \quad \tau_{zy} = 50 \text{ MPa}$$

$$\left.\begin{array}{c}\sigma' \\ \sigma''\end{array}\right\} = \frac{\sigma_z + \sigma_y}{2} \pm \sqrt{\left(\frac{\sigma_z - \sigma_y}{2}\right)^2 + \tau_{zy}^2} = \left\{\begin{array}{c} 52.2 \\ -42.2 \end{array}\right. \text{ MPa}$$

按照主应力的顺序规定，得

$$\sigma_1 = 52.2 \text{ MPa}, \quad \sigma_2 = 50 \text{ MPa}, \quad \sigma_3 = -42.2 \text{ MPa}$$

$$\tau_{\max} = \frac{\sigma_1 - \sigma_3}{2} = 47.2 \text{ MPa}$$

12. **解**：对角线 AC 方向的正应力为

$$\sigma_{AC} = \frac{\sigma}{2} + \frac{\sigma}{2}\cos(2 \times 30°) - (-\tau)\sin(2 \times 30°)$$

$$= \frac{30}{2} + \frac{30}{2}\cos 60° + 15\sin 60° = 35.5 \text{ MPa}$$

与对角线 AC 方向垂直的正应力为

$$\sigma_{\perp AC} = \frac{\sigma}{2} + \frac{\sigma}{2}\cos(2 \times 120°) - (-\tau)\sin(2 \times 120°)$$

$$= \frac{30}{2} + \frac{30}{2}\cos 240° + 15\sin 240° = -5.5 \text{ MPa}$$

对角线 AC 方向的正应变为

$$\varepsilon_{AC} = \frac{\sigma_{AC} - \mu\sigma_{\perp AC}}{E} = \frac{35.5 + 0.33 \times 5.5}{200 \times 10^9} = 187 \times 10^{-6}$$

故对角线 AC 的伸长量为

$$\Delta l = l_{AC}\varepsilon_{AC} = \frac{25 \times 10^{-3}}{\sin 30°} \times 186 \times 10^{-6} = 9.35 \times 10^{-3} \text{ mm}$$

13. **解**：铝圆柱和钢套筒的受力如图（b）所示。
用柱和筒任意接触点 A 的单元体表示的应力状态如图（c）所示。

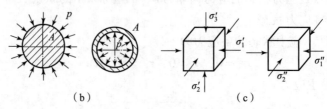

（b）　　　　　　　　　　　　（c）

铝圆柱的轴向应力为

$$\sigma'_3 = \frac{F}{A} = \frac{4F}{\pi d^2} = \frac{4 \times 40 \times 10^3}{\pi \times (40 \times 10^{-3})^2} = 31.8 \text{ MPa} \quad (\text{压})$$

铝圆柱的环向应力和径向应力为

$$\sigma'_1 = \sigma'_2 = -p = -40 \text{ kN}$$

钢套筒的受力与薄壁圆筒受内压作用的情况类似，故其环向应力为

$$\sigma''_1 = \frac{pD}{2\delta} = 10p$$

径向应力和环向应力分别为

$$\sigma''_2 \approx 0, \quad \sigma''_3 = 0$$

铝圆柱和钢套筒互相挤压，没有间隙，故二者相接触的任意点 A 处的环向应变相等，即

$$\varepsilon'_d = \varepsilon''_d$$

由广义胡克定律，得

$$\varepsilon'_d = \frac{1}{E_1}[\sigma'_1 - \mu_1(\sigma'_2 + \sigma'_3)], \quad \varepsilon''_d = \frac{1}{E_2}[\sigma''_1 - \mu_1(\sigma''_2 + \sigma''_3)]$$

得到

$$\frac{1}{E_1}[\sigma'_1 - \mu_1(\sigma'_2 + \sigma'_3)] = \frac{\sigma''_1}{E_2}$$

$$\frac{1}{70 \times 10^9}[-p - 0.35 \times (-p - 31.8)] = \frac{10p}{210 \times 10^9}$$

解得 $\quad\quad\quad\quad\quad\quad\quad\quad\quad\quad p = 2.8 \text{ MPa}$

故钢套筒的环向应力为 $\quad\quad \sigma''_1 = 10p = 10 \times 2.8 = 28 \text{ MPa}$

14. 解：采用最大拉应力准则（第一强度理论）：

$$\begin{matrix} \sigma' \\ \sigma'' \end{matrix} = \frac{\sigma_x + \sigma_y}{2} \pm \frac{1}{2}\sqrt{(\sigma_x - \sigma_y)^2 + 4\tau_{xy}^2} = \begin{cases} 29.3 \text{ MPa} \\ 3.72 \text{ MPa} \end{cases}$$

$$\sigma_{r1} = \sigma_1 = 29.3 \text{ MPa} < [\sigma^+] = 30 \text{ MPa}$$

第十一章

组合变形

■ 一、本章重点与难点

重点：

1. 组合变形叠加法。

2. 拉（压）与弯曲组合变形。

3. 弯曲与扭转组合变形。

难点：

1. 组合变形时形心的确定。

2. 拉（压）与弯曲组合变形的强度计算。

3. 弯曲与扭转组合变形的强度计算。

■ 二、知识要点与辅导

（一）知识要点

1. 组合变形叠加法的前提

线弹性，小变形，一种外力产生的变形不影响另一外力产生的变形。

2. 两个平面弯曲组合

（1）矩形截面：危险点在横截面的某个尖角上，其强度条件为

$$\sigma_{\max} = \frac{|M_y|}{W_y} + \frac{|M_z|}{W_z} \leqslant [\,\sigma\,]$$

（2）圆形截面：无论是实心还是空心圆截面，危险点在横截面的外边缘处的某点上，其强度条件为

$$\sigma_{\max} = \frac{\sqrt{M_y^2 + M_z^2}}{W} \leqslant [\,\sigma\,]$$

3. 拉（压）与弯曲组合变形

危险截面确定后，危险点的位置由弯曲变形决定，强度条件为

（1）矩形截面：
$$\sigma_{\max} = \frac{|F_{\mathrm{N}}|}{A} + \frac{|M_y|}{W_y} + \frac{|M_z|}{W_z} \leqslant [\sigma]$$

（2）圆形截面：
$$\sigma_{\max} = \frac{|F_{\mathrm{N}}|}{A} + \frac{\sqrt{M_y^2 + M_z^2}}{W} \leqslant [\sigma]$$

4. 弯曲与扭转组合变形

我们只研究圆形截面梁，先确定其危险截面，再由弯曲变形确定危险点的位置，此类组合变形危险点处是二向应力状态，不仅有弯曲产生的正应力，还有扭转产生的切应力，选择适当的强度理论进行校核。其强度条件为

$$\sigma_{\mathrm{r3}} = \sqrt{\sigma^2 + 4\tau^2} \leqslant [\sigma]$$
$$\sigma_{\mathrm{r4}} = \sqrt{\sigma^2 + 3\tau^2} \leqslant [\sigma]$$

进而得到

$$\sigma_{\mathrm{r3}} = \sqrt{\sigma^2 + 4\tau^2} = \sqrt{\left(\frac{M}{W_z}\right)^2 + 4\left(\frac{T}{W_{\mathrm{p}}}\right)^2} = \frac{\sqrt{M^2 + T^2}}{W} \leqslant [\sigma]$$

$$\sigma_{\mathrm{r4}} = \sqrt{\sigma^2 + 3\tau^2} = \sqrt{\left(\frac{M}{W_z}\right)^2 + 3\left(\frac{T}{W_{\mathrm{p}}}\right)^2} = \frac{\sqrt{M^2 + 0.75T^2}}{W} \leqslant [\sigma]$$

（二）辅导

1. 组合变形的研究方法——叠加原理

叠加法的前提条件：

（1）力与位移之间的线性关系。

（2）小变形下力的独立作用原理。

采用叠加法的分析过程：

（1）外力分析：外力向形心简化并沿主惯性轴分解。

（2）内力分析：求每个外力分量对应的内力图，确定危险面。

（3）应力分析：画危险面应力分布图，叠加，建立危险点的强度条件。

2. 加载方向与加载范围

应用正应力公式时，要注意其中的 F_{N}、M_y、M_z 必须是分别作用在截面形心处的轴力和作用在形心主轴平面内的弯矩。因此，轴向载荷的作用线必须与杆件的轴线重合；横向载荷（垂直于杆件轴线的载荷）必须施加在主轴平面内。对于不是作用在主轴平面内的载荷，需要将其向主轴平面分解；对于作用线与杆件的轴线不重合的纵向载荷，需要将其向杆件的轴线简化，使之变为满足上述条件的情形。应用正应力公式时，对加载范围也有一定限制，即在弹性范围内加载。这是因为，只有满足线性的物性关系，才能由应变的线性分布导出应力的线性分布。

3. 坐标系与正负号的确定

计算应力时应首先确定截面上的应力分量。为此，必须在截面上建立合适的坐标系，即坐标原点与截面的形心重合；x 轴与杆件轴线重合；y、z 轴则为截面的形心主轴。进而

应用简化或平衡的方法，确定截面上的应力分量。

关于正应力的正负号的确定方法，是根据截面上 F_N、M_y、M_z 的实际方向，确定它们在所求点产生的拉、压性质，从而确定正应力公式中各项的正负号。

4. 弯曲与拉（压）组合变形时的中性轴

横力弯曲和纵向变形组合作用时，横截面上可能存在中性轴，也可能不存在中性轴，主要取决于横截面上是否存在应力异号的区域，而这要视弯矩与轴力的大小和方向而定。但是，只要 $F_N \neq 0$，即使横截面上存在中性轴，中性轴也一定不通过截面形心。

如果中性轴位于横截面内，则横截面上既有拉应力也有压应力；如果中性轴位于截面以外，则截面上只有拉应力（如偏心拉伸的情形），或者只有压应力（如偏心压缩的情形）。后一种情形，对于某些工程（如土木建筑）有着重要意义。对于以脆性材料制成的杆件（如混凝土柱、砖石构件），由于其抗压性能远远优于抗拉性能，所以，当这些构件承受偏心压缩时，总是希望在构件的截面上只出现压应力，而不出现拉应力。这就要求中性轴必须在截面以外（不能相交，可以相切）。

5. 强度计算的全过程

对于一般受力与变形情形的杆件进行强度计算时，需要遵循下列步骤：

（1）将外载荷简化为几组简单载荷，使每组载荷只产生一种基本变形。

（2）对于每种基本变形，根据内力分析及对应的内力图，判断杆件的危险截面。

（3）画危险面应力分布图，进行叠加，由此确定危险点的位置及其应力状态。

（4）根据危险点的应力状态，应用合适的强度理论进行强度计算。

■ 三、例题精讲

例 11.1 偏心拉伸杆件下端固定，弹性模量为 E，尺寸、受力如图示，求：（1）最大拉应力和最大压应力的位置和数值；（2）AB 长度的改变量。**解：** 把偏心力向形心简化，得到一偏心拉力绕 y 轴和 z 轴的弯矩，显然该杆件属于拉伸与弯曲组合变形，且存在两个弯矩，仅平移可得弯矩分别为

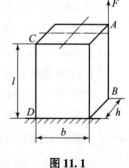

图 11.1

$$M_y = \frac{1}{2}Fb;$$

$$M_z = \frac{1}{2}Fh$$

经分析最大拉应力在 A 点，根据拉伸（压缩）弯曲组合应力计算公式，可得

$$\sigma_A = \frac{F}{A} + \frac{M_y}{W_y} + \frac{M_z}{W_z} = \frac{F}{bh} + \frac{\frac{1}{2}Fb}{\frac{1}{6}hb^2} + \frac{\frac{1}{2}Fh}{\frac{1}{6}bh}$$

最大压应力在 C 点：

$$\sigma_C = \frac{F}{A} + \frac{M_y}{W_y} + \frac{M_z}{W_z} = \frac{F}{bh} + \frac{\frac{1}{2}Fb}{\frac{1}{6}hb^2} + \frac{\frac{1}{2}Fh}{\frac{1}{6}bh^2} = -\frac{5F}{bh}$$

（2）AB 长度上各点应力相等，且处于单向应力状态，所以其长度改变量为

$$\Delta l_{AB} = \varepsilon_{AB} \cdot l = \frac{\sigma A}{E} \cdot l = \frac{7\frac{F}{bh} \cdot l}{E} = \frac{7Fl}{Ebh}$$

例 11.2　空心圆轴如图 11.2（a）所示，在载荷 P 和 F 作用下平衡，P 和 F 均为水平作用，已知 $P = 1.5$ kN，轴的外径 $D = 30$ mm，内径 $d = 27$ mm，$a = 150$ mm，$b = 100$ mm，$l = 100$ mm，材料的许用应力 $[\sigma] = 280$ MPa。试按照第四强度理论校核轴的强度。

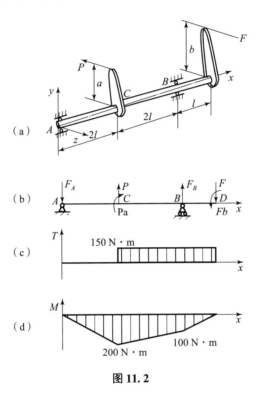

图 11.2

解：（1）受力分析。将两个外力分别向轴线简化，可得 11.2（b）所示的受力图。由平衡条件，可得

$$\sum M_x = 0, Pa - Fb = 0$$

解得

$$F = 1 \text{ kN}$$

在外力 P 和 F 作用下，由平衡方程 $\sum M_B = 0$ 和 $\sum M_A = 0$，可分别求得支座反力：

$$F_A = \frac{P \cdot 2l + F \cdot l}{4l} = 1 \text{ kN}, \quad F_B = \frac{-P \cdot 2l + F \cdot 5l}{4l} = 0.5 \text{ kN}$$

（2）内力分析。根据外力的作用分别作出圆轴的弯矩图和扭矩图，如图 11.2（c）、

(d) 所示。由图可见，圆轴的危险截面在截面 C 处，该处弯矩和扭矩全有最大值，分别为

$$T = 150 \text{ N} \cdot \text{m}, \quad M = 200 \text{ N} \cdot \text{m}$$

（3）强度校核。圆轴的抗弯截面系数为

$$W = \frac{\pi}{32}D^3(1-\alpha^4) = \frac{\pi}{32} \times 30^3 \times \left[1 - \left(\frac{27}{30}\right)^4\right] = 912 \text{ mm}^3$$

代入弯扭组合第四强度理论校核公式，可得

$$\sigma_{r4} = \frac{\sqrt{M^2 + 0.75T^2}}{W_z} = \frac{\sqrt{200^2 + 0.75 \times 150^2}}{912 \times 10^{-9}} = 2.62 \times 10^8 \text{ Pa} = 262 \text{ MPa}$$

$$< [\sigma] = 280 \text{ MPa}$$

因此该轴安全。

例 11.3 图 11.3（a）是某滚齿机传动轴 AB 的示意图。轴的直径为 $d = 35$ mm，材料为 45 钢，许用应力 $[\sigma] = 85$ MPa。轴是由 $P = 2.2$ kW 的电动机通过带轮 C 带动的，转速 $n = 996$ r/min。带轮 C 的直径为 $D = 132$ mm，带拉力为 $F + F' = 600$ N。齿轮 E 的节圆直径 $d_1 = 50$ mm，F_n 为作用于齿轮上的法向力。试校核轴的强度。

解：（1）受力分析。由带轮传递给轴的扭转力矩为

$$M_e = \left(9549 \times \frac{2.2}{966}\right) \text{ N} \cdot \text{m} = 21.7 \text{ N} \cdot \text{m}$$

力矩 M_e 是通过带拉力 F 和 F' 产生的，因此有

$$(F - F')\frac{D}{2} = M_e$$

$$F - F' = \frac{2M_e}{D} = \frac{2 \times 21.7 \text{ N} \cdot \text{m}}{132 \times 10^{-3} \text{ m}} = 329 \text{ N}$$

已知

$$F + F' = 600 \text{ N}$$

由以上两式解出

$$F = 465 \text{ N}, \quad F' = 135 \text{ N}$$

由平衡条件知，齿轮上法向力 F_n 对轴线的力矩 M'_e 应与带轮上的 M_e 相等，即

$$M'_e = F_n\cos20° \cdot \frac{d_1}{2} = M_e$$

$$F_n = \frac{2M_e}{d_1\cos20°} = \frac{2 \times 21.7 \text{ N} \cdot \text{m}}{(50 \times 10^{-3} \text{ m})\cos20°} = 925 \text{ N}$$

现将齿轮上的法向力 F_n 和带的拉力 F 与 F' 向 x 轴简化，得到的力矩分别为 M'_e 和 M_e，显然，两个力矩大小相等、方向相反，并引起轴的扭转变形，如图 11.3（b）所示。

简化后，作用于轴线上的横向力 F_n、F、F' 引起轴的弯曲变形。将这些横向力分解成平行于 y 轴和 z 轴的分量，如图 11.3（b）所示。其中，

$$F_t = F_n\cos20° = 870 \text{ N}$$

$$F_r = F_n\sin20° = 316 \text{ N}$$

$$F_y + F'_y = F\cos24° + F'\cos30° = 542 \text{ N}$$

$$F_z + F'_z = F\sin24° + F'\sin30° = 257 \text{ N}$$

（2）内力分析。分别作扭矩 T 图，xz 平面内的弯矩 M_y 图，xy 平面内的弯矩 M_z 图，如图 11.3（c）所示。由内力图可知，轴的危险截面为截面 B。在截面 B 上，扭矩 T 和合成弯矩 M 分别为

$$T = 21.7 \text{ N} \cdot \text{m}$$

$$M = \sqrt{M_y^2 + M_z^2} = \sqrt{(11.4 \text{ N} \cdot \text{m})^2 + (24.1 \text{ N} \cdot \text{m})^2} = 26.7 \text{ N} \cdot \text{m}$$

用同样的方法也可求出其他截面上的合成弯矩，合成弯矩图如图 11.3（d）所示。

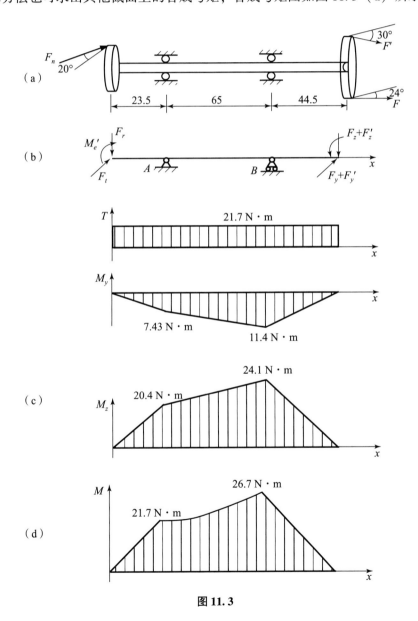

图 11.3

按第三强度理论进行强度校核，则由公式得

$$\frac{\sqrt{M^2+T^2}}{W} = \frac{32 \times \sqrt{(26.7\ \text{N}\cdot\text{m})^2 + (21.7\ \text{N}\cdot\text{m})^2}}{\pi(35 \times 10^{-3}\ \text{m})^3} = 8.18 \times 10^6\ \text{Pa} = 8.18\ \text{MPa} < [\sigma]$$

显然，轴的强度是非常安全的。

例 11.4 曲拐受力如图 11.4 所示，圆杆部分的直径为 $d = 50$ mm，圆杆长 $DB = 90$ mm，矩形杆长 $BC = 140$ mm，施加在矩形杆末端 C 的力 $P = 3.2$ kN，试画出表示 A 点处应力状态的单元体，并求 A 点处的主应力及最大剪应力。

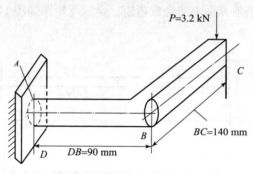

图 11.4

解： 由题意可知，该曲拐为弯扭组合变形，危险截面在圆截面的根部，经分析点 A 为危险点，因此可得：

（1）A 点单元体应力状态为：

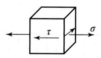

（2）过 A 点的横截面上的内力：

$$M_T = p \times AB = 3.2 \times 10^3 \times 0.14 = 0.448\ \text{kN}\cdot\text{m}$$

$$M = p \times DB = 3.2 \times 10^3 \times 0.09 = 0.288\ \text{kN}\cdot\text{m}$$

（3）A 点处的应力状态：

弯曲正应力：

$$\sigma = \frac{M}{W} = (0.288 \times 10^3)/(\pi \times 50 \times 10^{-9}/32) = 23.5\ \text{MPa}$$

扭转切应力：

$$\tau = \frac{M_T}{W_P} = (0.448 \times 10^3)/(\pi \times 50 \times 10^{-9}/16) = 18.3\ \text{MPa}$$

（4）主应力、最大切应力：

主应力：$\sigma_1 = \dfrac{\sigma}{2} + \sqrt{\left(\dfrac{\sigma}{2}\right)^2 + \tau^2} = \dfrac{23.5}{2} + \sqrt{\left(\dfrac{23.5}{2}\right)^2 + 18.3^2} = 33.5\ \text{MPa}$

主应力：$\sigma_2 = \dfrac{\sigma}{2} - \sqrt{\left(\dfrac{\sigma}{2}\right)^2 + \tau^2} = \dfrac{23.5}{2} - \sqrt{\left(\dfrac{23.5}{2}\right)^2 + 18.3^2} = -10.0\ \text{MPa}$

最大切应力：$\tau_{max} = \dfrac{\sigma_1 - \sigma_2}{2} = \dfrac{33.5 - (-10)}{2} = 21.25$ MPa

四、习题精练

（一）填空题

1. 构件在外力作用下，同时产生_____基本变形，称为组合变形。

2. 叠加原理必须在符合_____、_____的前提下才能应用。

3. 拉（压）弯组合变形是指杆件在产生_____变形的同时，还产生_____变形。

4. 弯扭组合变形是指杆件在产生_____变形的同时，还产生_____变形。

5. 悬臂梁的纵向对称面内作用一与梁的轴线平行但不重合的集中力，该力将使梁产生_____变形。

6. 如图所示结构，AB 杆发生的是_____和_____的组合变形，在 I - I 截面上的 a 点只有_____应力，b 点只有_____应力。

7. 如图所示，结构受到压力 F_1 和偏心压力 F_2 的作用，构件发生的是_____和_____的组合变形，其在 I - I 截面上的 a 点只有_____应力。

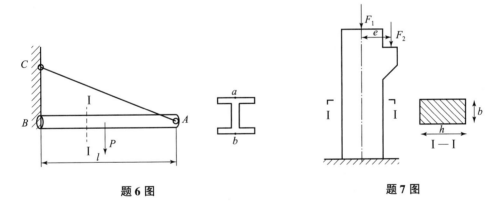

题 6 图　　　　　　　　　　题 7 图

8. 利用叠加法计算杆组合变形的条件是：_____、_____。

9. 偏心压缩实际上是_____和_____的组合变形。

10. 悬臂梁的横截面为槽型，在自由端承受图示垂直于梁轴线的集中力 P（图中 A 为弯曲中心、C 为截面形心）。它们的变形形式分别为（a）_____，（b）_____，（c）_____，（d）_____，（e）_____。

11. 在两个相互垂直的沿截面对称轴的横向力作用下的矩形截面悬臂梁，某个横截面上中性轴的位置与_____有关，与_____无关。

12. 在偏心拉伸杆件中，某个横截面上中性轴的位置与_____有关，与_____无关。

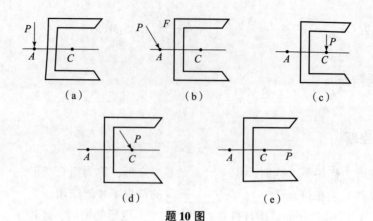

题 10 图

13. 某个矩形截面受到弯矩和轴力的共同作用，则矩形截面上_____点处于单向应力状态，而_____点处于平面应力状态，_____点处于纯剪切应力状态。

14. 某个矩形截面受到剪力、弯矩和轴力的共同作用，则矩形截面上，_____点处于单向应力状态，_____点处于平面应力状态。

15. 某个实心圆形截面受到弯矩和扭矩的共同作用，则圆形截面上_____应力为零，_____点处于单向应力状态，而_____点处于平面应力状态，其中_____点处于纯剪切应力状态。

16. 某个圆形截面上作用有轴力、弯矩和扭矩，则圆形截面上_____点处于单向应力状态，而_____点处于平面应力状态，_____点处于三向应力状态。

17. 若横向力的作用线通过截面的弯曲中心，则杆件中只有弯曲变形而没有_____变形；若横向力的作用线通过截面的形心主惯性轴，则杆件发生_____变形。

18. 图（a）、（b）所示两个相同的矩形杆，分别开有一个和对称的两个小圆孔，中心线上受到相同的压力 P 的作用，比较图（a）和图（b）中出现的最大拉应力和压应力，其大小关系为：$(\sigma_{tmax})_a$ _____ $(\sigma_{tmax})_b$，$|\sigma_{cmax}|_a$ _____ $|\sigma_{cmax}|_b$ _____。

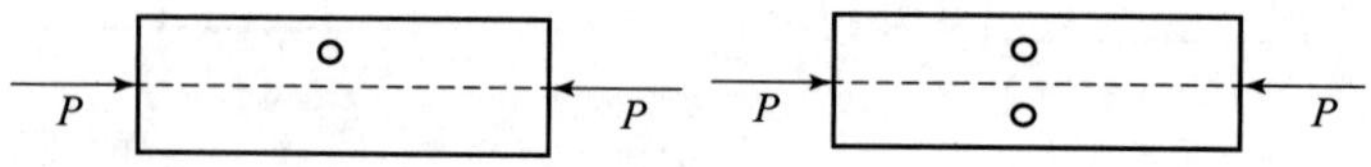

题 18 图

19. 在组合变形中，当使用第三强度理论进行强度计算时，其强度条件可以写成三种公式形式，其中 $\sigma_{eq3} = \sigma_1 - \sigma_3 \leq [\sigma]$ 适用于_____杆；$\sigma_{eq3} = \sqrt{\sigma^2 + 4\tau^2} \leq [\sigma]$ 适用于_____杆；$\sigma_{eq3} = \dfrac{\sqrt{M^2 + M_T^2}}{W} \leq [\sigma]$ 适用于_____杆。

20. 图为悬臂梁的横截面图形，若在梁的自由端作用有垂直于梁轴线的横向力 P，其作用方向在图中以虚线表示，则图（a）的变形为_____；图（b）的变形为_____；图（c）的变形为_____；图（d）的变形为_____；图（e）的变形为_____；图（f）的变形为_____。

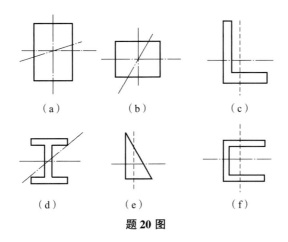

（a）　　　　　（b）　　　　　（c）

（d）　　　　　（e）　　　　　（f）

题 20 图

（二）选择题

1. 图中所示的 *AB* 杆发生组合变形时的危险面是在过（　　）点的横截面上。

A. *A* 点　　　　　B. *B* 点　　　　　C. *D* 点　　　　　D. 中点

2. 图中所示结构的 *AB* 杆如果是用脆性材料制作，采用（　　）截面最为合理。

A. 矩形　　　　　B. 工字形　　　　　C. ⊥字形　　　　　D. T 字形

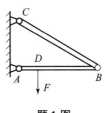

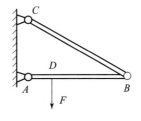

题 1 图　　　　　　　　　　**题 2 图**

3. 标牌 *ABCD* 支于竖杆 *AE* 上，作用于标牌的风力压强为 *p*，竖杆 *AE* 的下端固定，若不计自重，则下列竖杆的内力图中，正确的是（　　）。

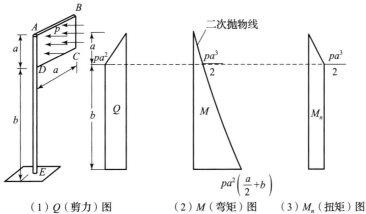

（1）*Q*（剪力）图　　　　　（2）*M*（弯矩）图　　　　　（3）*M_n*（扭矩）图

A. (1) 和 (2)   B. (2) 和 (3)

C. (1) 和 (3)   D. 全对

4. 圆截面曲杆 AB，其轴线为 1/4 圆弧，A 端固定，B 端受扭转力偶矩 T 作用（图中按右手法则用矢量表示），下列结论中哪些是正确的？（　　）

(1) A 端支反力也是一个力偶矩，其大小与 T 相等，方向与 T 相反；

(2) 杆 AB 各横截面的内力均为一个力偶矩，其大小与 T 相等；

(3) 杆 AB 的变形为纯扭转；

(4) 杆 AB 的变形为扭转与弯曲的组合。

A. (1)，(2)   B. (1)，(2)，(3)

C. (1)，(2)，(4)   D. 全错

5. 某结构如图所示，若 P_x、P_y、P_z 均不为零，则杆③的变形状态为（　　）。

A. 轴向拉伸 + 平面弯曲   B. 轴向拉伸 + 斜弯曲

C. 平面弯曲 + 扭转 + 轴向拉伸   D. 轴向拉伸 + 斜弯曲 + 扭转

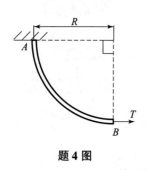

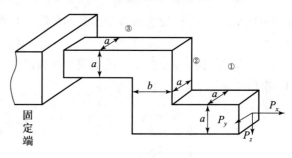

题 4 图   题 5 图

6. 如图所示结构，同样的结构受不同载荷的作用，设 Ⅰ、Ⅱ 两种情况中矩形截面杆 AB 的最大正应力分别为 σ_{I} 和 σ_{II}，比较 σ_{I} 和 σ_{II} 的大小。（　　）

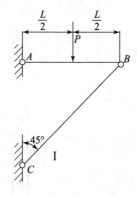

A. $\sigma_{\text{I}} > \sigma_{\text{II}}$ B. $\sigma_{\text{I}} = \sigma_{\text{II}}$

C. $\sigma_{\text{I}} \leqslant \sigma_{\text{II}}$ D. $\sigma_{\text{I}} \leqslant \sigma_{\text{II}}$

7. 下列说法正确的是（　　）。

A. 在弯扭组合变形圆截面杆的外边界上，各点的应力状态都处于平面应力状态

B. 承受斜弯曲变形杆件的中性轴斜交于载荷作用面，也垂直于挠曲面

C. 若偏心压力位于截面核心的内部，则中性轴穿越杆件的横截面

D. 若压力作用点离截面核心越远，则中性轴离截面越远

8. 下列说法错误的是（　　　）。

A. 在弯扭组合变形圆杆上，各点的应力状态都处于平面应力状态

B. 在弯扭组合变形圆截面杆的外边界上，各点的应力状态都处于平面应力状态

C. 在弯曲与扭转组合变形圆截面杆的外边界上，各点主应力必然是 $\sigma_1 > 0$，$\sigma_2 = 0$ 和 $\sigma_3 < 0$

D. 在拉伸、弯曲和扭转组合变形圆截面杆的外边界上，各点主应力必然是 $\sigma_1 > 0$，$\sigma_2 = 0$ 和 $\sigma_3 < 0$

9. 下列说法正确的是（　　　）。

A. 在拉、弯、扭组合变形杆件中，其危险点的应力状态为三向应力状态

B. 要测定组合变形杆件的内力素，至少需要两个应变片或双片应变花

C. 要测定处于平面应力状态点的主应力，至少需要两个应变片或双片应变花

D. 承受偏心拉伸（压缩）的杆件，其中性轴仍然通过截面的形心

10. 下列说法正确的是（　　　）。

A. 承受斜弯曲的杆件，其中性轴必然通过横截面的形心，而且中性轴上正应力必为零

B. 在弯曲和扭转组合变形圆截面杆的外边界上，第三强度理论危险点的强度条件为 $\dfrac{M_{eq3}}{W} \leq [\sigma]$，其中 $M_{eq3} = \sqrt{M^2 + M_T^2}$ 即表示弯矩和扭矩的矢量和

C. 斜弯曲梁的组合正应力等于两个平面弯曲引起的正应力代数和，梁上一点的挠度也等于两个平面弯曲引起的挠度的代数和

D. 当 L 形截面悬臂梁的自由端受集中力作用时，梁的变形可能是斜弯曲和扭转的组合变形

11. 下列说法正确的是（　　　）。

A. 偏心拉压杆中性轴的位置，取决于梁截面的几何形状与尺寸和载荷作用点的位置，而与载荷的大小无关

B. 拉伸（压缩）与弯曲组合变形和偏心拉伸（压缩）组合变形的中性轴位置都与载荷无关

C. 弯曲与扭转组合变形杆件的横截面上没有中性轴

D. 在脆性材料制成的拉伸（压缩）与弯曲组合变形杆件中，其中所有的危险点都可以按第一强度理论进行强度计算

12. 斜弯曲区别于平面弯曲的基本特征是（　　　）。

A. 斜弯曲问题中载荷是沿斜向作用的

B. 斜弯曲问题中载荷面与挠曲面不重合

C. 斜弯曲问题中挠度方向不是垂直向下的

D. 斜弯曲问题中载荷面与杆件横截面的形心主惯性轴不重合

13. 梁的横截面如图所示，坐标原点位于截面形心。若在过 Oy 轴的纵向平面内有弯矩作用，则发生斜弯曲变形的截面为（　　　）。

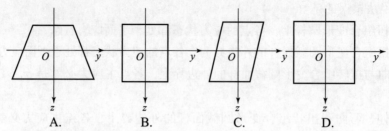

  A.   B.   C.   D.

14. 图示四种截面形状的梁，若载荷通过形心，但不与 y、z 轴重合，则其中最大弯曲正应力 $\sigma_{max} \neq \dfrac{M_y}{W_y} + \dfrac{M_z}{W_z}$ 的是（　　　）。

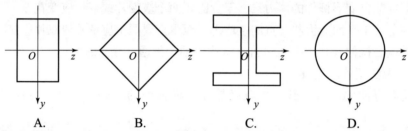

  A.   B.   C.   D.

15. 偏心压缩时，截面的中性轴与外力作用点位于截面形心的两侧，则外力作用点到形心的距离 e 和中性轴到形心的距离 d 之间的关系为（　　　）。

A. $e = d$ B. $e > d$

C. e 越小，d 越大   D. e 越大，d 越大

16. $[\sigma_c] > [\sigma_t]$ 的脆性材料（如铸铁）制成的构件受力如图所示，则危险点的位置为（　　　）。

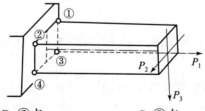

A. ①点   B. ②点   C. ③点   D. ④点

17. 图示矩形截面拉杆中间开一深度为 $h/2$ 的缺口，与不开口的拉杆相比，开口处的最大应力增大到（　　　）。

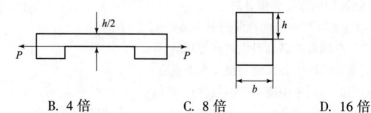

A. 2 倍   B. 4 倍   C. 8 倍   D. 16 倍

18. 两根简支斜梁如图所示，除右端支承外其他条件均相同，均承受铅垂力 P 的作用，则这两根梁的（　　）。

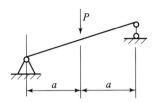 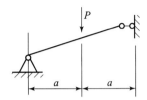

A. 弯矩图相同，轴力图不同　　　　　　　B. 弯矩图不同，轴力图相同

C. 弯矩图和轴力图均相同　　　　　　　　D. 弯矩图和轴力图均不同

19. 一正方形截面短粗立柱，如图（a）所示，若将其底面加宽一倍，如图（b）所示，原厚度不变，则该立柱的强度（　　）。

A. 提高一倍　　　　　　　　　　　　　　B. 提高不到一倍

C. 降低　　　　　　　　　　　　　　　　D. 不变

20. 图示危险点的应力状态所对应的变形为（　　）。

A. 偏心拉伸　　　　B. 斜弯曲　　　　C. 弯扭组合　　　　D. 拉弯组合

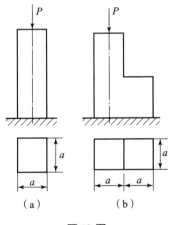

题 19 图　　　　　　　　　　　　　　题 20 图

21. 铸铁圆截面杆的抗弯截面系数为 W，危险截面上的弯矩为 M，扭矩为 M_t，若材料的抗拉、抗压许用应力分别为 $[\sigma_t]$、$[\sigma_c]$。该杆件的强度条件为（　　）。

A. $\dfrac{\sqrt{M^2 + M_t^2}}{W} \leqslant [\sigma_t]$ 　　　　　　　B. $\dfrac{\sqrt{M^2 + M_t^2}}{W} \leqslant [\sigma_c]$

C. $\dfrac{M + \sqrt{M^2 + M_t^2}}{2W} \leqslant [\sigma_t]$ 　　　　　　D. $\dfrac{M + \sqrt{M^2 + M_t^2}}{2W} \leqslant [\sigma_c]$

22. 图示圆截面直杆，抗弯截面系数为 W，承受力偶矩 $M = (M_x, M_y, M_z)$ 的作用，则杆的危险点的什么应力在数值上等于 $\dfrac{\sqrt{M_x^2 + M_y^2 + M_z^2}}{W}$？（　　）

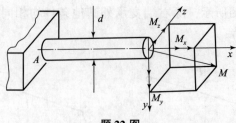

题 22 图

A. 最大正应力 $\sigma_{\max}$ B. 第一强度理论下的相当应力 σ_{eq1}

C. 第三强度理论下的相当应力 σ_{eq3} D. 第四强度理论下的相当应力 σ_{eq4}

（三）计算题

1. 曲拐受力如图所示，圆杆部分的直径为 $d=50$ mm，圆杆长 $DB=90$ mm，矩形杆长 $BC=140$ mm，施加在矩形杆末端 C 的力 $P=3.2$ kN。试画出 A 点处单元体的应力状态，并求 A 点处的主应力及最大切应力。

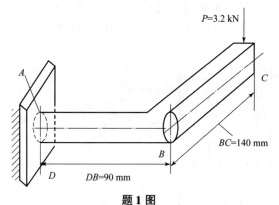

题 1 图

2. 折杆受力（P 作用于 D 截面圆心处且方向平行于 y 轴）与尺寸如图所示。若已知折杆直径 $d=63.5$ mm，材料的许用应力为 $[\sigma]=60$ MPa。试确定 a 点的应力状态，并计算 σ_{r4}。

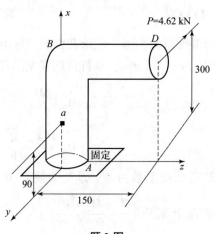

题 2 图

3. 空心圆轴如图所示，在载荷 P 和 F 作用下平衡，P 和 F 均为水平作用，已知 $P = 1.5$ kN，轴的外径 $D = 30$ mm，内径 $d = 27$ mm，$a = 150$ mm，$b = 100$ mm，$l = 100$ mm，材料的许用应力 $[\sigma] = 280$ MPa。试按照第四强度理论校核轴的强度。

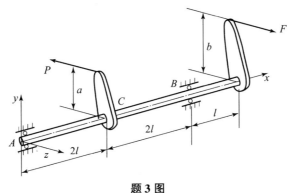

题 3 图

4. 皮带轮受力及结构如图所示，B 约束处连接联轴器传递扭矩 T，已知 $F_1 = 1$ kN，$F_2 = 3$ kN，$D = 0.4$ m，$l = 0.4$ m，轴的直径 $d = 40$ mm。（1）画出扭矩图和弯矩图；（2）指出危险截面的位置；（3）若许用应力 $[\sigma] = 160$ MPa，按照第三强度理论校核该轴的强度。

5. 如图所示电机轴，直径为 $d = 60$ mm，材料的许用应力 $[\sigma] = 160$ MPa，齿轮直径为 $D = 300$ mm。试确定轴上危险截面和危险点的位置，并用第三强度理论校核轴的强度。

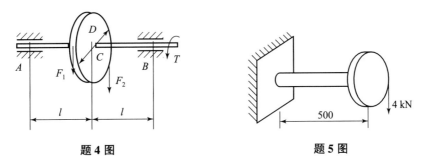

题 4 图　　　　　　　　　　　　　题 5 图

6. 如图所示带轮轴 AD，传递功率 $P = 8$ kW，转速 $n = 50$ r/min。轮 B 皮带的张力沿水平方向，直径为 $D = 1$ m，质量不计，松边拉力 $F_t = 2$ kN。轴的直径 $d = 70$ mm，材料的许用应力 $[\sigma] = 90$ MPa。试确定带轮轴 AD 的计算简图，确定危险截面和危险点的位置，并用第四强度理论校核轴的强度。

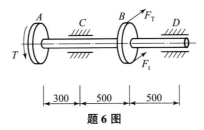

题 6 图

7. 已知圆截面杆直径为 d，长为 $2a$，且 $a = 5d$，材料的弹性模量为 E，泊松比为 v，受载荷如图所示，测得 K 点处沿轴线成 45°方向的线应变为 ε_{45}。设分布力偶集度为 m，且 $F = 2m$。试：（1）画出内力图；（2）画出 K 点单元体，并写出其上应力表达式（以轴线方向为单元体的一个法线方向）；（3）求 F 的大小。

8. 长为 $2l$ 的圆截面杆 AB，直径为 d，且 $l = 5d$，杆 AB 受力如图所示，$F_1 = 5F$，$F_2 = 3F$，$F_3 = 4F$，$M_t = 4Fl$，F_1、F_2、F_3 的方向分别沿杆的轴线、铅垂和水平方向，测得 C 截面最上缘沿轴线方向的线应变为 ε_0，材料的弹性模量为 E，试求：（1）F 的大小；（2）危险截面上危险点处第三强度理论的相当应力 σ_{r3}。（不计弯曲切应力）

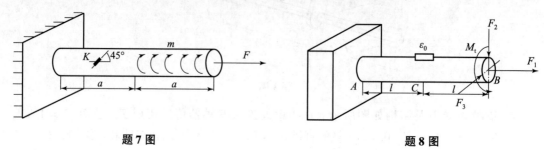

| 题 7 图 | 题 8 图 |

9. 曲拐 ABC 处于水平面，AB 段与 BC 段均为圆截面，直径为 d，$\angle ABC = 120°$，AB 杆长度为 a，BC 杆长度为 b，在 C 截面处施加扭矩 T，测得 AB 杆中部 K 点与轴线夹角为 45°方向的线应变为 ε_{45}，材料的弹性模量为 E。（1）判断 AB 杆的变形形式；（2）画出 K 点处单元体的应力状态；（3）求扭矩 T 的大小。

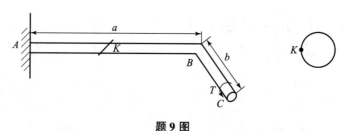

题 9 图

10. 结构如图所示，梁 AB 水平放置，与杆 AC 的夹角 $\varphi = 30°$，已知 AB 为 18 号工字钢，许用应力 $[\sigma] = 120$ MPa，$l = 2.6$ m，$P = 25$ kN，作用在 AB 的中部，对梁进行强度校核。

已知：18 号工字钢的截面参数为：$A = 30.756$ cm^2，$W_z = 185$ cm^3。

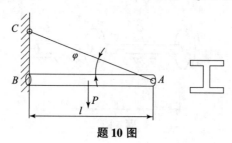

题 10 图

11. 如图所示 $l = 4$ m 的工字钢简支梁，在跨中作用集中载荷 $P = 7$ kN，载荷 P 通过截面形心，与铅垂对称轴成 $20°$ 角，如图所示，已知材料的许用应力 $[\sigma] = 160$ MPa，$E = 20$ MPa。试求：（1）工字钢的型号；（2）梁的最大挠度。

已知：No. 18 工字钢：$W_z = 185$ cm³，$W_y = 26$ cm³；

16 号工字钢：$W_z = 141$ cm³，$W_y = 21.2$ cm³。

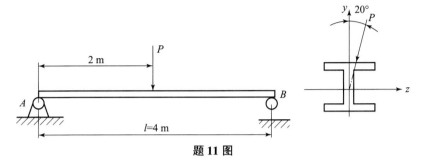

题 11 图

12. 图示起重架的最大起吊质量（包括行走小车等）为 $P = 40$ kN，横梁 AC 由两根 No. 18 槽钢组成，材料为 Q235 钢，许用应力 $[\sigma] = 120$ MPa。试校核梁的强度。

已知：No. 18 工字钢的截面参数为 $W_y = 152$ cm³，$A = 29.299$ cm²。

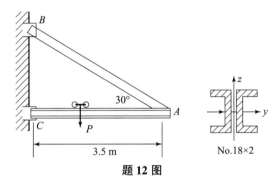

题 12 图

13. 单臂液压机架及其立柱的截面尺寸如图所示。$P = 1\,600$ kN，材料的许用应力 $[\sigma] = 160$ MPa。试校核立柱的强度。

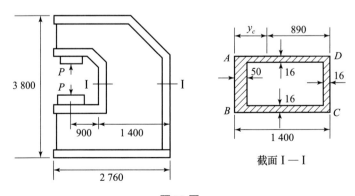

截面 I—I

题 13 图

14. 材料为灰铸铁的压力机架如图所示，已知铸铁的许用拉应力为 $[\sigma_t] = 30$ MPa，许用压应力为 $[\sigma_c] = 80$ MPa。试校核框架立柱的强度。

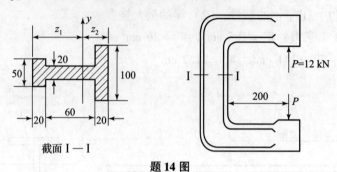

截面 I—I

题 14 图

15. 图示钻床的立柱为铸铁制成，许用拉应力为 $[\sigma_t] = 35$ MPa，若 $P = 15$ kN，试确定立柱所需要的直径 d。

16. 手摇绞车如图所示。轴的直径 $d = 30$ mm，材料为 Q235 钢，$[\sigma] = 80$ MPa，试按第三强度理论求绞车的最大起吊质量 P。

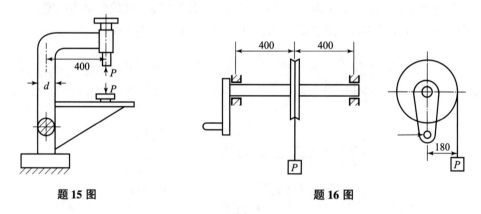

题 15 图   **题 16 图**

17. 图示皮带轮传动轴传递的功率 $N = 7$ kW，转速 $n = 200$ r/min。皮带轮质量 $Q = 1.8$ kN。左端齿轮上的啮合力 P_n 与齿轮节圆切线的夹角（压力角）为 $20°$。轴的材料为 45 钢，$[\sigma] = 80$ MPa。试分别在忽略和考虑皮带轮质量的两种情况下，按第三强度理论估算轴的直径。

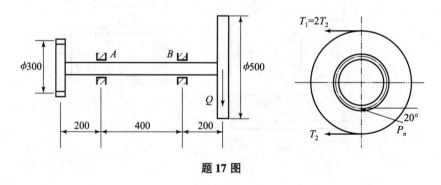

题 17 图

18. 作用于悬臂木梁上的载荷为：xy 平面内的 $P_1 = 800$ N，xz 平面内的 $P_2 = 1\ 650$ N。若木材的许用应力 $[\sigma] = 10$ MPa，矩形截面边长之比为 $h/b = 2$，试确定截面的尺寸。

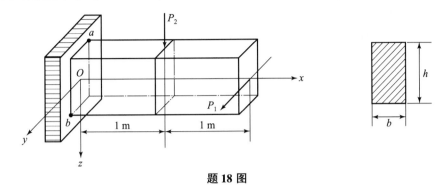

题 18 图

19. 偏心拉伸杆，弹性模量为 E，尺寸及受力如图所示，试求：（1）最大拉应力和最大压应力的位置和数值；（2）AB 长度的改变量。

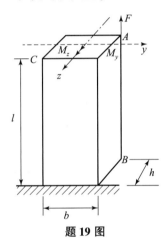

题 19 图

20. 一端固定，另一端自由的矩形截面钢杆 AB 在其自由端顶部中点 C 处作用有偏心拉力 F，如图所示，图中的 b 和 h 均为已知。材料的许用应力和弹性模量分别为 $[\sigma]$ 和 E。试求 F 的最大值及杆在自由端底部任一点 D 的竖向位移和水平位移。

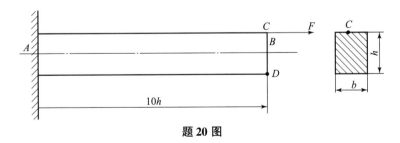

题 20 图

21. 如图所示，钢制立柱上承受纵向载荷 F。现在 A、B、C、D 处测得 x 方向的线应变 $\varepsilon_x(A) = -225 \times 10^{-6}$，$\varepsilon_x(B) = -675 \times 10^{-6}$，$\varepsilon_x(C) = 375 \times 10^{-6}$，$\varepsilon_x(D) = -75 \times 10^{-6}$。已知钢的弹性模量 $E = 200$ GPa。试求：（1）力 F 的大小；（2）加力点在 yOz 坐标

系中的坐标。

22. 如图所示，直径 $d = 100$ mm 的圆轴承受扭矩 $T = 10$ kN·m 和偏心拉力 F 作用。在轴的下表面和上表面，测得纵向线应变分别为 $\varepsilon_a = 300 \times 10^{-6}$ 和 $\varepsilon_b = -10 \times 10^{-6}$，材料的 $E = 200$ GPa，$[\sigma] = 120$ MPa。（1）试求拉力 F 和偏心距 e；（2）画出 a 点的应力状态，并求 a 点处的主应力；（3）按第四强度理论校核圆轴强度。

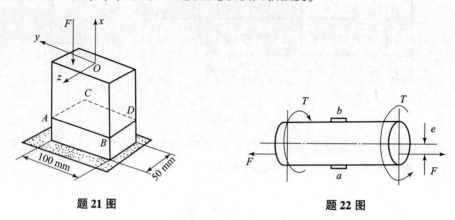

题 21 图   题 22 图

23. 图示一端固定的空心圆轴，外径 $D = 60$ mm，内径 $d = 30$ mm，长度 $l = 0.6$ m。材料弹性模量 $E = 200$ GPa，$\mu = 0.3$，$[\sigma] = 200$ MPa。自由端分别受扭转力偶 $M_e = 3$ kN·m、集中力 $F_1 = 3$ kN 和 $F_2 = 50$ kN 的作用。试求：（1）危险点的主应力和最大线应变 ε_{max}；（2）用最大切应力理论校核圆轴强度。

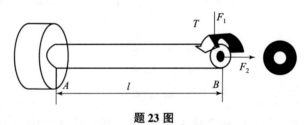

题 23 图

24. 传动轴 AB 如图所示，长度 $l = 200$ mm，电机驱动力偶矩 $M_t = 1$ kN·m，皮带轮直径 $D = 300$ mm，皮带轮紧边张力 F_1 是松边张力 F_2 的 2 倍。传动轴材料的许用应力 $[\sigma] = 160$ MPa。试按第四强度理论确定传动轴的最小直径。

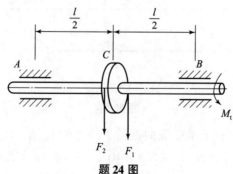

题 24 图

本章习题答案

（一）填空题

1. 两种或两种以上；2. 线弹性、小变形；3. 拉（压）、弯曲；4. 弯曲、扭转；5. 拉（压）弯；6. 弯曲、压缩、压、拉；7. 压缩、弯曲、压；8. 小变形、线弹性；9. 压缩、弯曲；10. 平面弯曲、斜弯曲、平面弯曲和扭转组合变形、斜弯曲和扭转组合变形、平面弯曲；11. 截面的几何尺寸、横向力的大小和位置；12. 截面的几何尺寸、横向力的大小和位置；13. 所有、没有、没有；14. 上下边界上、除上下边界以外的；15. 中心点、没有、除中心点以外的、中性轴上；16. 中心、除中心以外的、没有；17. 扭转、平面弯曲；18. 大于（＞）、小于（＜）19. 各种受力各种截面的、弯扭组合或拉（压）扭组合圆、弯扭组合圆；20. 斜弯曲、平面弯曲、斜弯曲和扭转组合变形、斜弯曲、斜弯曲和扭转组合变形、平面弯曲

（二）选择题

1. C；2. C；3. D；4. C；5. C；6. A；7. A；8. A；9. B；10. A；11. A；12. B；13. C；14. B；15. C；16. A；17. C；18. A；19. C；20. C；21. C；22. C

（三）计算题

1. **解**：由题意可知，该曲拐为弯扭组合变形，危险截面在圆截面的根部，经分析可知 A 点为危险点。

（1）A 点处单元体的应力状态如下图所示。

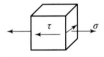

（2）过 A 点的横截面上的内力为

$$M_T = p \times AB = 3.2 \times 10^3 \times 0.14 = 0.448 \text{ kN} \cdot \text{m}$$
$$M = p \times DB = 3.2 \times 10^3 \times 0.09 = 0.288 \text{ kN} \cdot \text{m}$$

（3）A 点处的应力数值：

弯曲正应力：$\sigma = \dfrac{M}{W} = (0.288 \times 10^3)/(\pi \times 50 \times 10^{-9}/32) = 23.5 \text{ MPa}$

扭转切应力：$\tau = \dfrac{M_T}{W_P} = (0.448 \times 10^3)/(\pi \times 50 \times 10^{-9}/16) = 18.3 \text{ MPa}$

（4）主应力、最大切应力：

主应力：$\sigma_1 = \dfrac{\sigma}{2} + \sqrt{\left(\dfrac{\sigma}{2}\right)^2 + \tau^2} = \dfrac{23.5}{2} + \sqrt{\left(\dfrac{23.5}{2}\right)^2 + 18.3^2} = 33.5 \text{ MPa}$

主应力：$\sigma_2 = \dfrac{\sigma}{2} - \sqrt{\left(\dfrac{\sigma}{2}\right)^2 + \tau^2} = \dfrac{23.5}{2} - \sqrt{\left(\dfrac{23.5}{2}\right)^2 + 18.3^2} = -10.0 \text{ MPa}$

最大切应力：$\tau_{\max} = \dfrac{\sigma_1 - \sigma_2}{2} = \dfrac{33.5 - (-10)}{2} = 21.25 \text{ MPa}$

2. **解**：将力 P 向 x 轴平移，得到力 P 和力偶矩 $M_0 = 150P$，可见该构件垂直部分显然承受弯曲扭转组合变形，因此利用该部分理论进行求解。

（1）a 点的应力状态如下图所示。

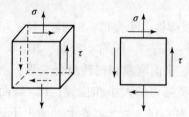

（2）在 a 点所在的横截面上，其抗弯截面系数为

$$W_z = \frac{\pi}{32}d^3 = \frac{\pi}{32} \times 63.5^3 = 25\ 137.44\ \text{mm}^3$$

所承受的弯矩和扭矩分别为

$$M = 210P = 4\ 620 \times 210 = 970\ 200\ \text{N} \cdot \text{mm}$$

$$T = 150P = 4\ 620 \times 150 = 693\ 000\ \text{N} \cdot \text{mm}$$

代入弯扭组合第四强度理论校核公式，可得

$$\sigma_{r4} = \frac{\sqrt{M^2 + 0.75T^2}}{W_z} = \frac{\sqrt{970\ 200^2 + 0.75 \times 693\ 000^2}}{25\ 137.44} = 45.4\ \text{MPa} < [\sigma] = 60\ \text{MPa}$$

故该点处的强度满足要求。

3. **解**：（1）受力分析。将两个外力分别向轴线简化，可得如图（b）所示的受力图。由平衡条件，可得

$$\sum M_x = 0,\ Pa - Fb = 0$$

解得

$$F = 1\ \text{kN}$$

在外力 P 和 F 作用下，由平衡方程 $\sum M_B = 0$ 和 $\sum M_A = 0$，可分别求得支座反力：

$$F_A = \frac{P \cdot 2l + F \cdot l}{4l} = 1\ \text{kN},\ F_B = \frac{-P \cdot 2l + F \cdot 5l}{4l} = 0.5\ \text{kN}$$

（2）内力分析。根据外力的作用分别作出圆轴的弯矩图和扭矩图，如图（c）、（d）所示。由图可见，圆轴的危险截面在截面 C 处，该处弯矩和扭矩全有最大值，分别为

$$T = 150\ \text{N} \cdot \text{m},\ M = 200\ \text{N} \cdot \text{m}$$

（3）强度校核。圆轴的抗弯截面系数为

$$W = \frac{\pi}{32}D^3(1 - \alpha^4) = \frac{\pi}{32} \times 30^3 \times \left[1 - \left(\frac{27}{30}\right)^4\right] = 912\ \text{mm}^3$$

代入弯扭组合第四强度理论校核公式，可得

$$\sigma_{r4} = \frac{\sqrt{M^2 + 0.75T^2}}{W_z} = \frac{\sqrt{200^2 + 0.75 \times 150^2}}{912 \times 10^{-9}} = 2.62 \times 10^8\ \text{Pa} = 262\ \text{MPa}$$

$$< [\sigma] = 280\ \text{MPa}$$

因此该轴安全。

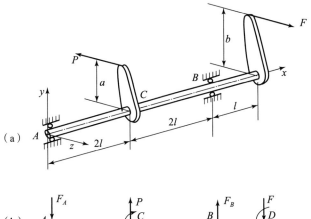

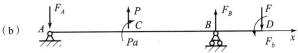

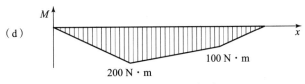

4. 解：（1）扭矩：$T = (F_2 - F_1)\dfrac{D}{2} = (3-1) \times \dfrac{0.4}{2} = 0.4\ \text{N·m}$

弯矩：
$$M = \frac{P \times (2l)}{4} = \frac{(F_1 + F_2) \times 0.8}{4} = 0.8\ \text{N·m}$$

扭矩图：

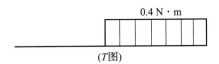

（T图）

弯矩图：

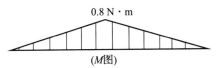

（M图）

（2）易判断 C 截面为危险截面。

（3）$\sigma_{r3} = \sigma_1 - \sigma_3 = \dfrac{\sqrt{M^2 + T^2}}{W} = \dfrac{\sqrt{0.4^2 + 0.8^2}}{\dfrac{\pi}{32}(0.04)^3} = 142\ \text{MPa} < 160\ \text{MPa}$

故满足强度条件。

5. 解：危险截面在固定端截面。危险点在轴固定端截面的最高点和最低点。

$$T = F \times \frac{D}{2} = 4 \times \frac{0.3}{2} = 0.6 \text{ kN} \cdot \text{m}$$

$$M = Fl = 4 \times 0.5 = 2 \text{ kN} \cdot \text{m}$$

$$\sigma_{r3} = \sigma_1 - \sigma_3 = \frac{\sqrt{M^2 + T^2}}{W} = \frac{\sqrt{0.6^2 + 2^2}}{\frac{\pi}{32}(0.06)^3} = 724 \text{ MPa} < 160 \text{ MPa}$$

不满足强度条件。

6. **解**：轴的计算简图如下图所示。

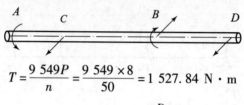

$$T = \frac{9\,549P}{n} = \frac{9\,549 \times 8}{50} = 1\,527.84 \text{ N} \cdot \text{m}$$

因为
$$T = (F_T - F_t)\frac{D}{2}$$

所以
$$F_T = \frac{2T}{D} + F_t = \frac{2 \times 1\,527.84}{1} + 2\,000 = 5\,055.68 \text{ N}$$

B 点的支座反力为 $N_B = 5\,055.68 + 2\,000 + 7\,055.68 \text{ N}$

$$N_C = N_D = 3\,527.84 \text{ N}$$

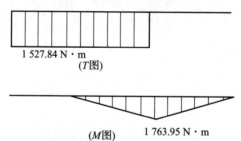

$1\,527.84 \text{ N} \cdot \text{m}$

(T图)

(M图) $\qquad 1\,763.95 \text{ N} \cdot \text{m}$

由内力图可以看出，B 截面最危险。危险点为 B 截面水平对称轴的最里边点和最外边点。

$$\sigma_{r4} = \sqrt{\frac{1}{2}\left[(\sigma_1 - \sigma_2)^2 + (\sigma_2 - \sigma_3)^2 + (\sigma_3 - \sigma_1)^2\right]}$$

$$= \frac{\sqrt{M^2 + 0.75T^2}}{W}$$

$$= \frac{\sqrt{1\,763.95^2 + 0.75 \times 1\,527.84^2}}{\frac{\pi(0.07)^3}{32}}$$

$$= 65.48 \text{ MPa} < [\sigma]$$

故满足强度要求。

7. **解**：

（1）内力图：杆件为扭转和拉伸的组合变形，故内力图包含轴力图和扭矩图。

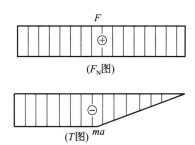

(2) K 点处单元体的应力状态：

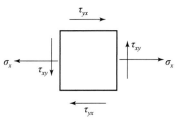

$\sigma_x = \dfrac{F}{A}$，其中 A 为横截面面积，$A = \dfrac{\pi d^2}{4}$

$\tau_{xy} = \dfrac{T}{W_p}$，其中 $T = ma$，$W_p = \dfrac{\pi d^3}{16}$

(3) 求 F 的大小：

因为
$$\sigma_x = \frac{F}{A} = \frac{F}{\dfrac{\pi d^2}{4}} = \frac{4F}{\pi d^2} = \frac{4 \times 2m}{\pi d^2} = \frac{8m}{\pi d^2}$$

$$\tau_{xy} = \frac{T}{W_p} = \frac{ma}{\dfrac{\pi d^3}{16}} = \frac{16ma}{\pi d^3} = \frac{16m \times 5d}{\pi d^3} = \frac{80m}{\pi d^2}$$

所以
$$\sigma_{45°} = \frac{\sigma_x}{2} + \frac{\sigma_x}{2}\cos 90° - \tau_{xy}\sin 90°$$

$$= \frac{84m}{\pi d^2}$$

$$\sigma_{135°} = \frac{\sigma_x}{2} + \frac{\sigma_x}{2}\cos 270° - \tau_{xy}\sin 270°$$

$$= \frac{-76m}{\pi d^2}$$

$$\varepsilon_{45°} = \frac{1}{E}\left(\sigma_{45°} - \upsilon\sigma_{135°}\right)$$

$$= \frac{1}{E}\left(\frac{84m}{\pi d^2} + \frac{\upsilon 76m}{\pi d^2}\right)$$

$$= \frac{m(84 + 76\upsilon)}{E\pi d^2}$$

得
$$m = \frac{E\pi d^2 \varepsilon_{45°}}{84 + 76\upsilon}$$

于是
$$F = 2m = 2 \times \frac{E\pi d^2 \varepsilon_{45°}}{84 + 76v} = \frac{E\pi d^2 \varepsilon_{45°}}{42 + 38v}$$

8. 解：（1）经分析可知，杆件 AB 发生了拉伸、弯曲与扭转的组合变形。

画出 C 截面最高点的应力单元体：

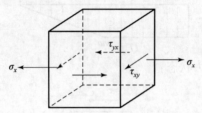

其中，σ_x 为轴向拉力 F_1 与横向力 F_2 共同作用引起的；τ_{xy} 是由扭矩 M_t 作用引起的。

$$\sigma_x = \frac{F_1}{\frac{\pi d^2}{4}} + \frac{F_2 l}{\frac{\pi d^3}{32}} = \frac{5F}{\frac{\pi d^2}{4}} + \frac{3Fl}{\frac{\pi d^3}{32}} = \frac{20F}{\pi d^2} + \frac{96Fl}{\pi d^3}$$

$$\tau_{xy} = \frac{M_t}{\frac{\pi d^3}{16}} = \frac{4Fl}{\frac{\pi d^3}{16}} = \frac{64Fl}{\pi d^3}$$

因为 $\varepsilon_0 = \frac{1}{E}(\sigma_0 - \sigma_{90°}) = \frac{1}{E}\sigma_{xy} = \frac{1}{E}\left(\frac{20F}{\pi d^2} + \frac{96Fl}{\pi d^3}\right) = \frac{1}{E}\left(\frac{20F}{\pi d^2} + \frac{96F \times 5d}{\pi d^3}\right) = \frac{500F}{E\pi d^2}$

所以
$$F = \frac{E\pi d^2 \varepsilon_0}{500}$$

（2）

$$\tau_{xy} = \frac{M_t}{\frac{\pi d^3}{16}} = \frac{4Fl}{\frac{\pi d^3}{16}} = \frac{64Fl}{\pi d^3} = \frac{320F}{\pi d^2}$$

$$\sigma_x = \frac{F_1}{\frac{\pi d^2}{4}} + \frac{F_3 \times 2l}{\frac{\pi d^3}{32}} = \frac{5F}{\frac{\pi d^2}{4}} + \frac{4F \times 2l}{\frac{\pi d^3}{32}} = \frac{20F}{\pi d^2} + \frac{256Fl}{\pi d^3} = \frac{1\ 300F}{\pi d^2}$$

$$\left.\begin{array}{c}\sigma' \\ \sigma''\end{array}\right\} = \frac{\sigma_x + \sigma_y}{2} \pm \sqrt{\left(\frac{\sigma_x - \sigma_y}{2}\right)^2 + \tau_{xy}^2}$$

$$= \frac{\sigma_x}{2} \pm \sqrt{\left(\frac{\sigma_x}{2}\right)^2 + \tau_{xy}^2}$$

$$= \frac{650F}{\pi d^2} \pm \sqrt{\left(\frac{650F}{\pi d^2}\right)^2 + \left(\frac{320F}{\pi d^2}\right)^2}$$

$$= \frac{650F}{\pi d^2} \pm \frac{724.5F}{\pi d^2}$$

$$= \begin{cases} \dfrac{1\ 374.5F}{\pi d^2} \\ \dfrac{-74.5F}{\pi d^2} \end{cases}$$

$$\sigma''' = 0$$

$$\sigma_1 = \frac{1\ 374.5F}{\pi d^2}$$

$$\sigma_2 = 0$$

$$\sigma_3 = \frac{-74.5F}{\pi d^2}$$

$$\sigma_{r3} = \sigma_1 - \sigma_3 = \frac{1\ 374.5F}{\pi d^2} - \frac{-74.5F}{\pi d^2} = \frac{1\ 449F}{\pi d^2}$$

9. 解：（1）AB 杆为弯扭组合变形。

（2）K 点处单元体的应力状态：

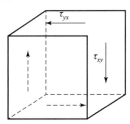

（3）求扭矩 T 的大小。

$$\sigma_{45°} = -\tau_{xy} = -\frac{T\cos 60°}{2W_p}$$

$$\sigma_{135°} = \tau_{yx} = \frac{T\cos 60°}{2W_p}$$

$$\varepsilon_{45°} = \frac{1}{E}(\sigma_{45°} - \upsilon\sigma_{135°})$$

$$= \frac{1}{E}\left(-\frac{T\cos 60°}{2W_p} - \upsilon\frac{T\cos 60°}{2W_p}\right)$$

$$= -\frac{T\cos 60°(1+\upsilon)}{2W_p E}$$

$$= -\frac{T(1+\upsilon)}{4W_p E}$$

所以

$$T = \frac{4W_p E\varepsilon_{45°}}{1+\upsilon}$$

10. 解：

$$M_{\max} = \frac{Pl}{4} = \frac{25 \times 2.6}{4} = 16.25 \text{ kN} \cdot \text{m}$$

$$\sum m_B = 0 \quad -\frac{Pl}{2} + Y_c l = 0$$

$$Y_c = \frac{P}{2} = 12.5 \text{ kN}$$

$$X_c = \sqrt{3} Y_c = 21.6 \text{ kN}$$

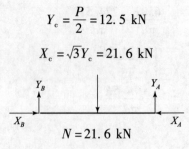

所以轴力为 $\qquad N = 21.6 \text{ kN}$

16.25 kN · m

(M图)

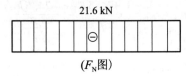

21.6 kN

(F_N图)

中间截面上的正应力分布情况:

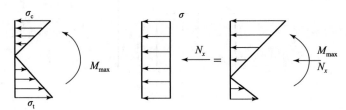

中性轴位置下移:

$$\sigma_{max} = \frac{N}{A} + \frac{M_{max}}{W_z}$$

$$= 7.1 \times 10^6 + 87.54 \times 10^6$$

$$= 95 (\text{MPa}) < [\sigma]$$

故 AB 梁满足强度条件。

11. **解**:截面设计:由强度条件

$$\sigma_{max} = \frac{M_{ymax}}{W_y} + \frac{M_{zmax}}{W_z}$$

$$= M_{max}\left(\frac{\sin 20°}{W_y} + \frac{\cos 20°}{W_z}\right) \leqslant [\sigma]$$

$$W_z \geqslant \frac{M_{max}}{[\sigma]}\left(\sin 20° \frac{W_z}{W_y} + \cos 20°\right)$$

设 $W_z/W_y = 10$,则

$$W_z \geqslant \frac{(7 \times 10^3 \text{ N})(4 \text{ m})}{4(160 \times 10^6 \text{ Pa})}(\sin 20° \times 10 + \cos 20°) = 190.8 \times 10^{-6} \text{ m}^3$$

试选 18 号工字钢，其 $W_z = 185 \text{ cm}^3$，$W_y = 26 \text{ cm}^3$

校验：

$$W_z / W_y = \frac{185 \times 10^{-6} \text{ m}}{26 \times 10^{-6} \text{ m}} = 7.12$$

$$\sigma_{max} = \frac{(7 \times 10^3 \text{ N})(4 \text{ m})}{4}\left(\frac{\sin 20°}{26 \times 10^{-6} \text{ m}^3} + \frac{\cos 20°}{185 \times 10^{-6} \text{ m}^3}\right)$$

$$= 127.6 \times 10^6 \text{ Pa} > [\sigma]$$

截面选取过大。若选取 16 号工字钢（$W_z = 141 \text{ cm}^3$，$W_y = 21.2 \text{ cm}$），则

$$\sigma_{max} = \frac{(7 \times 10^3 \text{ N})(4 \text{ m})}{4}\left(\frac{\sin 20°}{21.2 \times 10^{-6} \text{ m}^3} + \frac{\cos 20°}{141 \times 10^{-6} \text{ m}^3}\right)$$

$$= 159 \times 10^6 \text{ Pa} \approx [\sigma]$$

故选用 16 号工字钢较为合适。

最大挠度：最大挠度发生在跨中截面 C：

$$\omega_{Cy} = \frac{F_y l^3}{48 E I_z} = \frac{F \cos 20° l^3}{48 E I_z} = 3.67 \text{ mm}$$

$$\omega_{Cz} = \frac{F \sin 20° l^3}{48 E I_y} = 16.3 \text{ mm}$$

所以

$$\omega_C = \sqrt{\omega_{Cy}^2 + \omega_{Cz}^2} = 16.7 \text{ mm}$$

挠度方向：

$$\tan\alpha = \frac{\omega_{Cz}}{\omega_{Cy}} = 4.44$$

$$\alpha = 77.3° = 77°20'$$

12. 解：（1）受力分析。当小车行走至横梁中间时最危险，此时梁 AC 的受力为

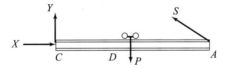

由平衡方程求得

$$S = 40 \text{ kN}, \quad X = 34.64 \text{ kN}, \quad Y = 20 \text{ kN}$$

（2）作梁的弯矩图和轴力图。

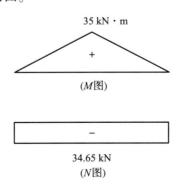

35 kN·m

(M图)

34.65 kN

(N图)

此时横梁发生压弯变形，D 截面为危险截面，
$$N = 34.64 \text{ kN}, \quad M_{max} = 35 \text{ kN} \cdot \text{m}$$

（3）强度校核。No. 18 工字钢 $W_y = 152 \text{ cm}^3$，$A = 29.299 \text{ cm}^2$
$$\sigma_{max} = |\sigma_{cmax}| = \frac{N}{2A} + \frac{M_{max}}{2W_y} = 121 \text{ MPa} < 1.05[\sigma]$$

故梁 AC 满足强度要求。

13. 解：（1）内力分析。

截开立柱横截面 I—I，取上半部分，由静力平衡方程
可得

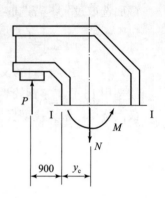

$$N = P = 1\,600 \text{ kN}, \quad M = P \times y_c = 2\,256 \text{ kN} \cdot \text{m}$$

所以立柱发生压弯变形。

（2）计算截面几何性质。
$$A = 99\,448 \text{ mm}^2, \quad I_z = 2.9 \times 10^{10} \text{ mm}^4$$

（3）计算最大正应力。立柱左侧：
$$\sigma_{tmax} = \frac{My_C}{I_z} + \frac{N}{A} = 55.7 \text{ MPa}$$

立柱右侧：
$$|\sigma_{cmax}| = \left| -\frac{M \times 890}{I_z} + \frac{N}{A} \right| = 53.2 \text{ MPa}$$

所以
$$\sigma_{max} = 55.7 \text{ MPa} < [\sigma] = 160 \text{ MPa}$$

故立柱满足强度要求。

14. 解：（1）计算截面几何性质。
$$A = 4\,200 \text{ mm}^2 \quad z_1 = 59.5 \text{ mm} \quad I_y = 4\,879\,050 \text{ mm}^4$$

（2）内力分析。作截面 I—I，取上半部分，由静力平衡方程可得
$$N = P = 12 \text{ kN}, \quad M = P(200 + z_2) = 2\,886 \text{ N} \cdot \text{m}$$

所以立柱发生拉弯变形。

（3）强度计算。机架右侧：
$$\sigma_{tmax} = \frac{N}{A} + \frac{Mz_2}{I_y} = 26.8 \text{ MPa} < [\sigma_t]$$

机架左侧：
$$|\sigma_{cmax}| = \left| \frac{N}{A} - \frac{Mz_1}{I_y} \right| = 32.3 \text{ MPa} < [\sigma_c]$$

故立柱满足强度要求。

15. 解：（1）内力分析。取截面上半部分，由静力平衡方程可得
$$N = P = 15 \text{ kN}, \quad M = 0.4P = 6 \text{ kN} \cdot \text{m}$$

所以立柱发生拉弯变形。

（2）强度计算。先考虑弯曲应力

$$\sigma_{\text{tmax}} = \frac{M}{W} = \frac{M}{\dfrac{\pi d^3}{32}} \leqslant [\sigma_{\text{t}}]$$

$$d \geqslant 120.4 \text{ mm}$$

取立柱的直径 $d = 122$ mm，校核其强度

$$\sigma_{\text{tmax}} = \frac{N}{A} + \frac{M}{W} = \frac{N}{\dfrac{\pi d^2}{4}} + \frac{M}{\dfrac{\pi d^3}{32}}$$

$$= 34.94 \text{ MPa} < [\sigma_{\text{t}}]$$

故立柱满足强度要求。

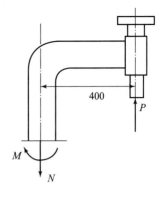

16. **解**：（1）轴的计算简图如图所示。

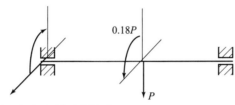

画出绞车梁的弯矩图和扭矩图如图所示。

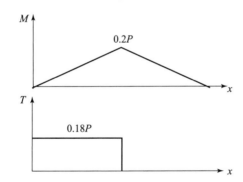

危险截面在梁中间：

$$M_{\text{max}} = 0.2P, \quad T = 0.18P$$

（2）强度计算。第三强度理论

$$\sigma_{\text{r3}} = \frac{\sqrt{M^2 + T^2}}{W} = \frac{32}{\pi d^3}\sqrt{(0.2P)^2 + (0.18P)^2} \leqslant [\sigma]$$

所以 $P \leqslant 788$ N

故绞车的最大起重力为 788 N。

17. **解**：（1）传动轴的计算简图。

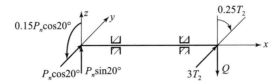

求传动轴的外力偶矩及传动力

$$M_e = 9\,549 \times \frac{N}{n} = 334.2 \text{ N} \cdot \text{m}$$

$$M_e = 0.25 T_2 = 0.15 P_n \cos 20°$$

所以 $T_1 = 2\,674$ N, $T_2 = 1\,337$ N, $P_n = 2\,371.3$ N

（2）强度计算。

a. 忽略皮带轮的质量（$Q = 0$）

轴的扭矩图为

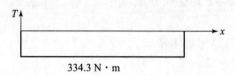

334.3 N·m

xz 平面内的弯矩图为

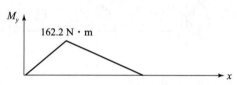

162.2 N·m

xy 平面内的弯矩图为

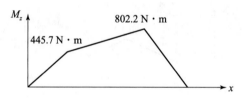

445.7 N·m   802.2 N·m

所以 B 截面最危险。

$$M_B = 802.2 \text{ N} \cdot \text{m},\quad T_B = 334.3 \text{ N} \cdot \text{m}$$

第三强度理论：

$$\sigma_{r3} = \frac{\sqrt{M_B^2 + T_B^2}}{W} \leqslant [\sigma]$$

$$W = \frac{\pi d^3}{32}$$

所以 $d \geqslant 48$ mm

b. 考虑皮带轮的质量。

xz 平面内的弯矩图如图所示。

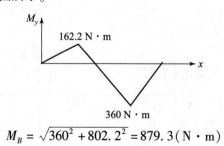

162.2 N·m

360 N·m

$$M_B = \sqrt{360^2 + 802.2^2} = 879.3 (\text{N} \cdot \text{m})$$

$$T_B = 334.3 (\text{N} \cdot \text{m})$$

代入第三强度理论的强度条件得

$$d \geqslant 49.3 \text{ mm}$$

18. 解:（1）求内力。固定端弯矩最大:

$$M_{z\max} = P_1 \times 2 = 1\ 600\ \text{N} \cdot \text{m}$$

$$M_{y\max} = P_2 \times 1 = 1\ 650\ \text{N} \cdot \text{m}$$

（2）求应力。木梁在 xy 平面弯曲而引起的端截面最大应力为

$$\sigma'_{\max} = \frac{M_{z\max}}{W_z} = \frac{M_{z\max}}{\dfrac{hb^2}{6}} = \frac{3M_{z\max}}{b^3}$$

木梁在 xz 平面弯曲而引起的端截面最大应力为

$$\sigma^n_{\max} = \frac{M_{y\max}}{W_y} = \frac{M_{y\max}}{\dfrac{bh^2}{6}} = \frac{1.5M_{y\max}}{b^3}$$

（3）强度计算。端截面上 a 点是最大拉应力点, b 点是最大压应力点, 应力数值为

$$\sigma_{\max} = \sigma'_{\max} + \sigma''_{\max} \leqslant [\sigma]$$

所以 $\qquad b \geqslant 90\ \text{mm},\ h \geqslant 180\ \text{mm}$

19. 解:（1）把偏心力向形心简化, 得到一轴心拉力 F, 绕 z 轴弯矩 $M_z = \dfrac{1}{2}Fb$, 绕 y 轴弯矩 $M_y = \dfrac{1}{2}Fh$。

最大拉应力出现在 A 点:

$$\sigma_A = \frac{F}{A} + \frac{M_z}{W_z} + \frac{M_y}{W_y} = \frac{F}{bh} + \frac{\dfrac{1}{2}Fb}{\dfrac{1}{6}hb^2} + \frac{\dfrac{1}{2}Fh}{\dfrac{1}{6}bh^2} = 7\frac{F}{bh}$$

最大压应力出现在 C 点:

$$\sigma_C = \frac{F}{A} + \frac{M_z}{W_z} + \frac{M_y}{W_y} = \frac{F}{bh} + \frac{\dfrac{1}{2}Fb}{\dfrac{1}{6}hb^2} + \frac{\dfrac{1}{2}Fh}{\dfrac{1}{6}bh^2} = -5\frac{F}{bh}$$

（2）由于 AB 长度上各点的正应力相等, 且均处于单向应力状态, 所以其长度改变为

$$\Delta l_{AB} = \varepsilon_{AB} \cdot l = \frac{\sigma A}{E} \cdot l = \frac{7 \cdot \dfrac{F}{bh} \cdot l}{E} = \frac{7Fl}{Ebh}$$

20. 解:（1）最大正应力出现在梁的上表面:

$$\sigma_{(\max)} = \frac{F}{A} + \frac{M}{W} = \frac{F}{bh} + \frac{6F \cdot h/2}{bh^2} = \frac{4F}{bh} \leqslant [\sigma]$$

故 $\qquad F \leqslant \dfrac{1}{4}[\sigma]bh$

（2）轴向拉力 F 引起的竖向位移和水平位移：

竖向位移：$f_V^1 = 0$

水平位移：$f_H^1 = \varepsilon \cdot 10h = \dfrac{F}{bh \cdot E} \cdot 10h = \dfrac{F \cdot 10h}{E \cdot bh}$

（3）弯矩 $M = \dfrac{1}{2}Fh$ 引起的竖向位移和水平位移

在 M 作用下，B 点的挠度：

$$f_B = \frac{M \cdot l^2}{2EI} = \frac{\dfrac{1}{2}Fh \cdot (10h)^2}{2E \cdot \dfrac{1}{12}bh^3} = \frac{300F}{Eb}$$

在 M 作用下，CD 截面的转角：

$$\theta_B = \frac{Ml}{EI} = \frac{\dfrac{1}{2}Fh \cdot 10h}{E \cdot \dfrac{1}{12}bh^3} = \frac{60F}{Ebh}$$

所以 D 在弯矩作用下的竖向位移及水平位移为

$$f_V^2 = f_B = \frac{300F}{Eb}, \quad f_H^2 = -\theta_B \cdot \frac{h}{2} = -\frac{30F}{Eb}$$

（4）D 点的总位移：

竖向位移：$f_V = f_V^1 + f_V^2 = \dfrac{300F}{Eb}(\downarrow)$

水平位移：$f_H = f_H^1 + f_H^2 = \dfrac{10F}{Eb} - \dfrac{30F}{Eb} = -\dfrac{20F}{Eb}(\leftarrow)$

21. **解**：由题意知，A、B、C 三处在 x 方向的正应力为

$$\sigma_A = E\varepsilon_x(A) = 200 \times 10^3 \times (-225 \times 10^{-6}) = -45 \text{ MPa}$$

$$\sigma_B = E\varepsilon_x(B) = 200 \times 10^3 \times (-675 \times 10^{-6}) = -135 \text{ MPa}$$

$$\sigma_C = E\varepsilon_x(C) = 200 \times 10^3 \times (375 \times 10^{-6}) = 75 \text{ MPa}$$

设载荷 F 作用于点 (y_P, z_P)，向形心简化后得到轴力 F，$M_y = -F \cdot z_p$，$M_z = f \cdot y_P$，则 A、B、C 各点的正应力为

$$\sigma_A = -\frac{F}{A} + \frac{M_y}{W_y} - \frac{M_z}{W_z} = -45 \times 10^6 \tag{a}$$

$$\sigma_B = -\frac{F}{A} + \frac{M_y}{W_y} - \frac{M_z}{W_z} = -135 \times 10^6 \tag{b}$$

$$\sigma_C = -\frac{F}{A} + \frac{M_y}{W_y} - \frac{M_z}{W_z} = -75 \times 10^6 \tag{c}$$

由式（b）加上式（c），得：$F = 150$ kN

由式（b）减去式（a），得：$M_z = -3\ 750$ N·m

由式（a）减去式（c），得：$M_y = -2\ 500$ N·m

$$y_P = \frac{M_z}{F} = \frac{-3\,750}{150 \times 10^3} = -25 \text{ mm}$$

$$z_P = -\frac{M_y}{F} = -\frac{-2\,500}{150 \times 10^3} = 16.7 \text{ mm}$$

22. **解：**（1）杆的下表面的轴向正应力：

$$\sigma_a = E\varepsilon_a = 200 \times 10^3 \times 300 \times 10^{-6} = 60 \text{ MPa}$$

杆的上表面的轴向压应力：

$$\sigma_b = E\varepsilon_b = 200 \times 10^3 \times (-10 \times 10^{-6}) = -2 \text{ MPa}$$

将偏心拉力向形心简化得轴力 F 和弯矩 Fe，所以

$$\sigma_a = \frac{F}{A} + \frac{Fe}{W} = \frac{F}{\frac{\pi}{4}d^2} + \frac{F}{\frac{\pi}{32}d^3}$$

$$= \frac{F}{\frac{\pi}{4} \times 0.1^2} + \frac{Fe}{\frac{\pi}{32} \times 0.1^3}$$

$$= 60 \times 10^6 \text{ Pa}$$

$$\sigma_b = \frac{F}{A} - \frac{Fe}{W} = \frac{F}{\frac{\pi}{4}d^2} - \frac{F}{\frac{\pi}{32}d^3}$$

$$= \frac{F}{\frac{\pi}{4} \times 0.1^2} - \frac{Fe}{\frac{\pi}{32}} \times 0.1^3$$

$$= -2 \times 10^6 \text{ Pa}$$

解得

$$F = 455.3 \text{ kN}$$

$$e = 6.68 \times 10^{-3} \text{ m} = 6.68 \text{ mm}$$

（2）a 点的应力状态如图所示。

扭转切应力：

$$\tau = \frac{T}{W_t} = \frac{10 \times 10^3}{\frac{\pi}{16} \times 0.1^3} = 51 \text{ MPa}$$

a 点的主应力：

$$\sigma_1 = \frac{1}{2}\sigma_a + \frac{1}{2}\sqrt{\sigma_a^2 + 4\tau^2}$$

$$= \frac{60}{2} + \frac{1}{2}\sqrt{60^2 + 4 \times 51^2}$$

$$= 30 + 59.2$$

$$= 89.2 \text{ MPa}$$

$$\sigma_2 = 0$$

$$\sigma_3 = \frac{1}{2}\sigma_a - \frac{1}{2}\sqrt{\sigma_a^2 + 4\tau^2} = 30 - 59.2 = -29.2 \text{ MPa}$$

（3）第四强度理论的相当应力：

$$\sigma_{r4} = \sqrt{\frac{1}{2}\left[(\sigma_1 - \sigma_2)^2 + (\sigma_2 - \sigma_3)^2 + (\sigma_3 - \sigma_1)^2\right]}$$

$$= \sqrt{\frac{1}{2}\left[89.2^2 + 29.2^2 + (89.2 + 29.2)^2\right]}$$

$$= 106.8 \text{ MPa} < [\sigma]$$

故圆轴强度满足要求。

23. **解**：根据外载荷可判断固定端的上顶点为危险点，固定端截面上有内力。

轴力：$F_N = F_2 = 50 \text{ kN}$

剪力：$F_N = F_1 = 3 \text{ kN}$

扭矩：$T = M_e = 3 \text{ kN} \cdot \text{m}$

弯矩：$M = F_1 l = 3 \times 0.6 = 1.8 \text{ kN} \cdot \text{m}$

危险点的正应力为

$$\sigma = \frac{F_N}{A} + \frac{M}{W}$$

$$= \frac{50 \times 10^3}{\frac{\pi}{4}(0.06^2 - 0.03^2)} + \frac{1.8 \times 10^3}{\frac{\pi}{32} \times 0.06^3(1 - 0.5^4)}$$

$$= 114.2 \text{ MPa}$$

危险点的切应力为

$$\tau = \frac{M_n}{W_t} = \frac{3 \times 10^3}{\frac{\pi}{16} \times 0.06^3 \times (1 - 0.5^4)} = 75.5 \text{ MPa}$$

危险点的主应力为

$$\sigma_1 = \frac{1}{2}\sigma + \frac{1}{2}\sqrt{\sigma^2 + 4\tau^2}$$

$$= \frac{114.2}{2} + \frac{1}{2}\sqrt{114.2^2 + 4 \times 75.5^2}$$

$$= 57.1 + 94.7$$

$$= 151.8 \text{ MPa}$$

$$\sigma_2 = 0$$

$$\sigma_3 = \frac{1}{2}\sigma - \frac{1}{2}\sqrt{\sigma^2 + 4\tau^2} = 57.1 - 94.7 = -37.6 \text{ MPa}$$

危险点的最大线应变为

$$\varepsilon_{\max} = \frac{1}{E}\left[\sigma_1 - \mu(\sigma_2 + \sigma_3)\right]$$

$$= \frac{151.8 + 0.3 \times 37.6}{200 \times 10^3}$$

$$= 0.82 \times 10^{-3}$$

最大切应力理论（第三强度理论）的相当应力为

$$\sigma_{r3} = \sigma_1 - \sigma_3 = 151.8 - (-37.6) = 189.4 \ \text{MPa} < [\sigma]$$

故圆轴强度满足要求。

24. **解**：（1）传动轴受力分析。

将皮带轮张力 F_1、F_2 向轴线简化，得合力 $F = F_1 + F_2 = 3F_2$，合力矩 $\frac{1}{2}D(F_1 - F_2) =$ $\frac{1}{2}DF_2$。同时，该轴还受到电机驱动力偶矩 M_t 的作用。因此，传动轴发生弯曲与扭转的组合变形。

$$\sum M_x = 0; \quad \frac{1}{2}DF_2 = M_t$$

得

$$F_2 = \frac{2M_t}{D} = \frac{2 \times 1 \times 10^3}{300} = 6.67 \ \text{kN}$$

故

$$F = 3F_2 = 20 \ \text{kN}$$

（2）画出轴的弯矩图和扭矩图。

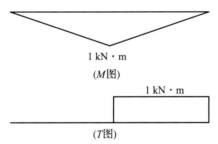

1 kN·m

(*M*图)

1 kN·m

(*T*图)

由内力图看出，危险截面是截面 C_+（C 右侧邻近截面）。

CB 段轴的扭矩：$T = M_t = 1 \ \text{kN·m}$

截面 C 处的弯矩：$M = \dfrac{Fl}{4} = \dfrac{20 \times 10^3 \times 200}{4} = 1\,000 \ \text{kN·mm} = 1 \ \text{kN·m}$

（3）根据第四强度理论设计传动轴的直径：

$$\frac{\sqrt{M^2 + 0.75T^2}}{W} \leqslant [\sigma]$$

式中，

$$W = \frac{\pi d^3}{32}$$

代入，解得

$$d \geqslant \sqrt{\frac{32\sqrt{M^2 + 0.75T^2}}{\pi[\sigma]}} = \sqrt[3]{\frac{32\sqrt{10^{12} + 0.75 \times 10^{12}}}{\pi \times 160}} = 43.8 \ \text{mm}$$

即

$$d_{\min} = 44 \ \text{min}$$

第十二章
压杆稳定

■ 一、本章重点与难点

重点：

1. 稳定性的概念。
2. 两端铰支及两端非铰支细长压杆的临界载荷。
3. 欧拉公式及其适用范围。
4. 临界力、临界应力、柔度的概念。

难点：

欧拉公式及其适用范围。

■ 二、知识要点与辅导

（一）知识要点

1. 临界力的计算

各种支承压杆临界载荷的通用公式：

$$F_{cr} = \frac{\pi^2 EI}{(\mu l)^2} \text{——欧拉公式}$$

式中，μl 为有效长度；μ 为长度系数。

不同约束条件下压杆的长度因数 μ

压杆的约束条件	长度因数
两端铰支	$\mu = 1$
一端固定，另一端自由	$\mu = 2$
两端固定	$\mu = \dfrac{1}{2}$
一端固定，另一端铰支	$\mu \approx 0.7$

2. 临界应力的计算

$$\sigma_{cr} = \frac{F_{cr}}{A} = \frac{\pi^2 EI}{(\mu l)^2 A}$$

$$I = i^2 A，i \text{ 为截面的惯性半径}$$

$$\lambda = \frac{\mu l}{i}，\lambda \text{ 称为压杆的柔度或长细比}$$

临界应力公式： $$\sigma_{cr} = \frac{\pi^2 E}{\lambda^2}$$

3. 欧拉公式的适用范围

当 $\sigma_{cr} = \dfrac{\pi^2 E}{\lambda^2} \leqslant \sigma_p$ 时，或写成 $\lambda \geqslant \sqrt{\dfrac{\pi^2 E}{\sigma_p}}$，公式成立。

4. 三类不同的压杆

（1）大柔度杆（细长杆）：

$$\lambda \geqslant \lambda_1 \quad \left(\lambda_1 = \sqrt{\frac{\pi^2 E}{\sigma_p}}\right), \ \sigma_{cr} = \frac{\pi^2 E}{\left(\dfrac{\mu l}{i}\right)^2}$$

（2）中柔度杆：

$$\lambda_2 \leqslant \lambda \leqslant \lambda_1，\ \sigma_{cr} = a - b\lambda \quad (a、b \text{ 是与材料性质有关的常数})$$

其中，$\lambda_2 = \dfrac{a - \sigma_s}{b}$，直线公式的最小柔度。

（3）小柔度杆（粗短杆）：

$$\lambda \leqslant \lambda_2，\ \sigma_{cr} = \frac{F}{A} \leqslant \sigma_s$$

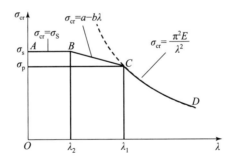

（二）辅导

1. 压杆稳定与工程问题

欧拉早在 1774 年就已解决临界压力 F_{cr} 的计算问题，由于当时科学技术发展水平的限制，一直以来未被人们重视。直到工程上接连不断出现诸如脚手架的坍塌、铁路桥梁的毁坏、储气罐的倒塌等严重事故，究其原因，都是由于压杆失稳所致，欧拉提出的理论才得到重视和应用。

2. 用类比法理解稳定性

在物理学中，有保守系统的平衡稳定性问题。如在凹面最低点处平衡的小球，受到微小扰动后离开平衡位置。在去除干扰力后，小球经过来回几次滚动，最终仍回到原来的平衡位置，这种平衡状态称为稳定平衡。然而在凸曲面顶点上平衡的小球，受到微小干扰后，在重力作用下会往下滚，不会再回到原来的平衡位置，这种平衡状态称为不稳定的平衡。

压杆平衡的稳定性与此相似。当细长杆件所受到的压力小于某极限值时，杆件一直保持直线形状的平衡，微小的侧向干扰力虽然能使其暂时发生轻微弯曲，但撤去干扰力后，杆仍然会恢复到直线形状。这表明压杆直线形状的平衡是稳定的。当压力逐渐增加到某一极限值时，若再用微小的侧向干扰力使其发生轻微弯曲，则撤去干扰力后，杆不能恢复原有的直线形状，它将保持曲线形状的平衡。此时，压杆直线形状的平衡是不稳定的。

3. 失稳是另一种形式的失效

细长压杆失稳破坏时，横截面上的压应力小于屈服极限或强度极限，有时甚至小于比例极限。由此可见，失稳破坏与强度不足的破坏是两种性质完全不同的失效。失稳现象由于其发生的突然性和破坏的彻底性（整体破坏），往往造成灾难的后果，因此引起力学界和工程界的高度重视，被并列为对构件正常工作的三大要求之一。

4. 根据 λ 选择合适的 σ_{cr} 计算式

用安全系数表示的压杆稳定条件是

$$n = \frac{\sigma_{cr}}{\sigma} \geqslant n_{st}$$

式中，σ_{cr} 的计算式子取决于压杆的柔度 λ。

当 $\lambda \geqslant \lambda_1 \left(\lambda_1 = \sqrt{\dfrac{\pi^2 E}{\sigma_p}} \right)$ 时，压杆称为大柔度杆或细长杆，它只会发生失稳破坏而不会发生强度破坏。这时 $\sigma_{cr} = \dfrac{F}{A} \leqslant \sigma_p$，$\sigma_{cr}$ 按欧拉公式计算，即

$$\sigma_{cr} = \frac{\pi^2 E}{\lambda^2}$$

当 $\lambda < \lambda_2 = \dfrac{a - \sigma_s}{b}$ 时，压杆称为小柔度杆或短压杆，受压时不可能像大柔度杆那样出现弯曲变形，主要是因为应力达到屈服极限或强度极限而破坏。这是一个强度问题。这时 σ_{cr} 按压缩强度计算，即

$$\sigma_{cr} \leqslant \sigma_s \text{ 或 } \sigma_{cr} \leqslant \sigma_b$$

最复杂的是介于上述两种情况之间的中等柔度杆（或叫中长杆），这时 $\lambda_2 \leqslant \lambda \leqslant \lambda_1$，这种压杆既有强度破坏的性质又有较明显的失稳现象。通常是根据实验数据来处理这类问题，有各种不同的经验公式，直线公式是最简单实用的一种，此时 σ_{cr} 由下式给出：

$$\sigma_{cr} = a - b\lambda$$

必须注意，上述三种不同柔度杆的划分，其分界点的 λ_1、λ_2 值对不同材料是不同的，直线公式中的系数 a、b 也因材料不同而异。

在压杆的稳定性校核时，切忌不计算压杆的 λ 值，乱用 σ_{cr} 计算式，例如乱用欧拉公

式。设计压杆的尺寸时，常无法预先算出 λ 值，可用欧拉公式试算。但是，待确定压杆尺寸后，必须再检验是否满足欧拉公式的适用条件 $\lambda \geqslant \lambda_1$。

5. 压杆失稳总是发生在抗弯能力最小的平面内

对于各个方向的杆端约束条件相同的压杆，要求截面对两形心主惯性轴的惯性矩相等，且尽可能增大截面的 i 值，设计成长、宽不等的矩形截面是不合理的。

但若压杆发生弯压组合变形时，则由于外力或外力偶矩已使杆在外力或外力偶所在平面内弯曲，通常失稳也在该平面内发生，故该平面内的抗弯刚度应较大才合理。

6. 推导欧拉公式时不再使用原始尺寸原理

原始尺寸原理在研究压杆稳定问题中，我们研究的是压杆保持微小弯曲平衡的临界压力，这微小弯曲引起的挠度在计算弯矩时不能再忽略不计了，否则，压力引起的弯矩始终为零，杆的轴线也始终是直线，这显然与实际情况不符。因此，对于人为制定的简化法则，在应用时应该考虑其适用范围。

■ 三、例题精讲

例 12.1　一端固定一端自由的矩形截面钢柱，长度为 $1\ \text{m}$，截面尺寸为 $60\ \text{mm} \times 100\ \text{mm}$，已知钢的弹性模量 $E = 200\ \text{GPa}$，比例极限 $\sigma_\text{p} = 250\ \text{MPa}$。试求此钢的临界力。

解：横截面的最小惯性矩为

$$I_\text{min} = \frac{1}{12}hb^3 = \frac{1}{12} \times 100 \times 10^{-3} \times 60^3 \times 10^{-9} = 1.8 \times 10^{-6}\ \text{m}^4$$

最小惯性半径

$$i_\text{min} = \sqrt{\frac{I_\text{min}}{A}} = \sqrt{\frac{1.8 \times 10^{-6}}{60 \times 100 \times 10^{-6}}} = 1.732 \times 10^{-2}\ \text{m}$$

则钢柱的柔度为

$$\lambda = \frac{\mu l}{i_\text{min}} = \frac{2 \times 1}{1.732 \times 10^{-2}} = 115$$

而

$$\lambda_1 = \sqrt{\frac{\pi^2 E}{\sigma_\text{p}}} = \sqrt{\frac{\pi^2 \times 200 \times 10^9}{250 \times 10^6}} = 89$$

所以

$$\lambda > \lambda_1$$

其临界力为

$$F_\text{cr} = \frac{\pi^2 EI}{(\mu l)^2} = \frac{\pi^2 \times 200 \times 10^9 \times 1.8 \times 10^{-6}}{(2 \times 1)^2} = 8.88 \times 10^5\ (\text{N}) = 888\ \text{kN}$$

■ 四、习题精练

（一）填空题

1. 一般情况下，稳定安全因数比强度安全因数大，这是由于实际的压杆总是不可避免地存在＿＿＿＿、＿＿＿＿、＿＿＿＿、＿＿＿＿等不利因素。

2. 两根细长压杆，截面积相等，截面形状一个为圆，另一个为正方形，其他条件均相同，则截面为_____的柔度大，截面为_____的临界压力大。

3. 将圆截面的细长压杆改成截面积相等的圆环截面的细长压杆，其他条件不变，则柔度将_____，临界压力将_____。（填：增大、减小、不变）

4. 材料、长度和支承条件均相同的两根细长压杆，截面分别是边长为 a 的正方形和直径为 d 的圆，则其柔度之比为_____，临界应力之比为_____，临界压力之比为_____。

5. 两根细长压杆，横截面分别是边长为 a 的正方形和直径为 d 的圆，两杆的材料、长度和两端约束形式均相同。若要使二杆的临界应力相同，则 $\dfrac{a}{d}=$_____。

6. 甲、乙、丙三根直径相等的圆截面大柔度压杆，材料相同。已知甲的长度为 $9L$，两端固定；乙的长度为 $7L$，一端固定，一端铰支；丙的长度为 $2L$，一端固定，一端自由。则最容易发生失稳的是_____，最不容易发生失稳的是_____。

7. 如图所示，AB 杆的横截面是直径为 d 的圆，BC 杆的横截面是边长为 a 的正方形。已知两杆均为细长杆，且材料相同。若使整个结构承受的压力 F 最大，则直径 d 与边长 a 的最佳比例 $\dfrac{d}{a}=$_____。（保留三位有效数字）

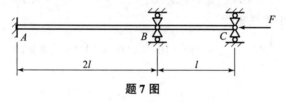

题 7 图

8. 圆截面的细长压杆，材料、杆长和杆端约束保持不变，若将压杆的直径缩小一半，则其临界力为原压杆的_____；若将压杆的横截面改变为面积相同的正方形截面，则其临界力为原压杆的_____。

9. 图示结构，已知三根细长杆的弹性模量 E、杆长 l、横截面积 A 及线膨胀系数 α 均相同，当 Δt 为_____时，该结构将失稳。

10. 非细长杆如果误用了欧拉公式计算临界力，其结果比该杆的实际临界力_____。

11. 图示刚性杆，由弹簧支持，弹簧刚度为 k，试导出它的临界载荷_____。

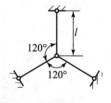

题 9 图

12. 图示刚性杆，由弹簧支持，左右弹簧的刚度分别为 k_1、k_2，试导出它的临界载荷_____。

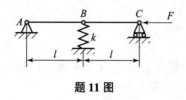

题 11 图

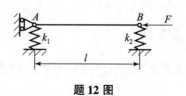

题 12 图

13. 两根直径为 d 的杆，上下端分别与刚性板刚性连接，试按细长杆考虑确定临界力为_____。

14. 图示结构，AB 为刚性杆，其他杆均为直径 $d = 10$ mm 的细长圆杆，弹性模量 $E = 200$ GPa，屈服极限 $\sigma_s = 360$ MPa，此结构的破坏载荷 F 为_____。

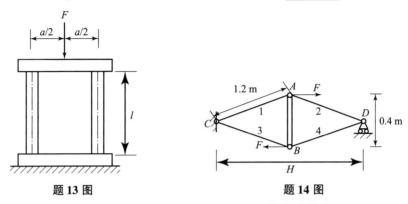

题 13 图　　　　　　　　题 14 图

15. 导出具有初始挠度 $y_0 = a\sin(\pi x/l)$ 的图示压杆的挠度曲线方程 $y(x)$ _____。

16. 如图所示杆 AB、BC 均为刚性杆，杆 CD 的弯曲刚度为 EI。悬臂梁端部受有横向集中力 F 时，端点的挠度公式为 $y = Fl^3/(3EI)$。导出在图形平面内失稳的临界载荷_____。

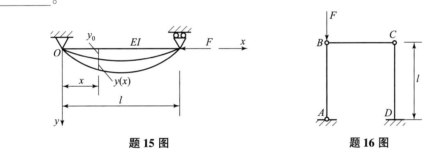

题 15 图　　　　　　　　题 16 图

17. 图示刚架，AB 为刚性杆，BC 为弹性梁，在刚性杆顶端受铅垂载荷 F 作用，设梁 BC 的弯曲刚度 EI 为常值。该载荷的临界值为_____。

18. 图示压杆，AC、CB 两杆均为细长压杆，x 为_____时，承载能力最大。此时承载能力与 C 处不加支撑时承载能力的比值为_____。

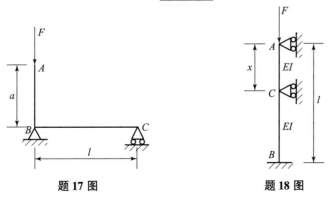

题 17 图　　　　　　　　题 18 图

19. 如图所示，桁架 ABC 由两根具有相同截面形状和尺寸以及同样材料的细长杆组成。当载荷 F 为最大时，θ 角为 _____。（设 $0 < \theta < \pi$）

20. 图示空间框架由两根材料、尺寸都相同的矩形截面细长杆和两块刚性板固接而成。确定压杆横截面尺寸的合理比值 h/b 为 _____。

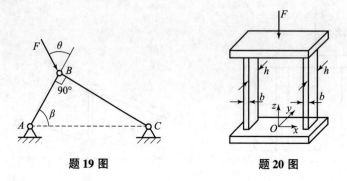

题 19 图　　　　　　　　　　题 20 图

（二）选择题

1. 两端铰支的圆截面细长压杆，若将其直径增大一倍，其余均不变，则其临界压力将增大（　　）倍。

A. 3　　　　　　　　　　　　　　B. 7

C. 15　　　　　　　　　　　　　D. 31

2. 两端铰支的细长压杆，若在其中点处增加一个铰支座，则该压杆的临界压力将变为原来的（　　）倍。

A. 1/4　　　　　B. 1/2　　　　　C. 2　　　　　　D. 4

3. 甲、乙、丙三根横截面积和材料各不相同的压杆。已知甲的长度为 L，两端铰支；乙的长度为 $2L$，两端固定；丙的长度为 $0.5L$，一端固定、一端自由。则它们的（　　）相同。

A. 相当长度　　　　　　　　　　B. 柔度

C. 临界压力　　　　　　　　　　D. 临界应力

4. 下列关于压杆临界应力的说法中，正确的是（　　）。

A. 细长压杆的临界应力大小与杆的材料无关

B. 中长压杆的临界应力大小与杆的材料无关

C. 中长压杆的临界应力大小与杆的柔度无关

D. 粗短压杆的临界应力大小与杆的柔度无关

5. 两根细长压杆，材料和柔度均相同，则（　　）。

A. 两杆的临界应力相同，临界压力也相同

B. 两杆的临界应力相同，但临界压力不一定相同

C. 两杆的临界压力相同，但临界应力不一定相同

D. 两杆临界应力不一定相同，临界压力也不一定相同

6. 下列说法中正确的是（　　　）。

A. 在推导细长压杆临界压力的欧拉公式时，由于是小变形，故使用了原始尺寸原理

B. 选用优质钢材可以明显提高细长压杆的稳定性

C. 局部削弱（如螺钉孔等）对细长压杆稳定性的影响不大

D. 所有压杆的临界应力都是随着柔度的增大而减小

7. 两端铰支的细长压杆，其横截面为 $a \times 2a$ 的矩形，材料为低碳钢。现采用以下四种方案来提高临界压力，提高幅度最大的方案是（　　　）。

A. 将压杆的材料换成优质钢

B. 在压杆的中点处增加一个铰支座

C. 将压杆的一端改为固定端约束，另一端不变

D. 将压杆的横截面改为边长等于 $\sqrt{2}a$ 的正方形

8. 提高细长压杆稳定性有以下方法，其中最合理的是（　　　）。

A. 选用高强度钢

B. 增加横截面的面积，减小杆长

C. 增加横截面的惯性矩，减小杆长

D. 减小杆长，减小长度因数，使压杆沿横截面两形心主轴方向的柔度相等

9. 由 Q235 钢制成的两端铰支的圆截面压杆，当杆长 l 与直径 d 之比 l/d 至少为（　　　）时，才可应用欧拉公式计算临界压力。

A. 10　　　　　　　　B. 25　　　　　　　　C. 50　　　　　　　　D. 100

10. 若细长压杆有局部削弱，其削弱部分对强度和稳定性的影响有下列说法，其中正确的是（　　　）。

A. 对强度和稳定性的影响都很大

B. 对强度和稳定性的影响都很小

C. 对强度影响很大，对稳定性影响很小

D. 对强度影响很小，对稳定性影响很大

11. 压杆的柔度 λ 集中反映了（　　　）这三个因素对临界应力 σ_{cr} 的影响。

A. 压杆的长度、压杆所用材料、支座的约束条件

B. 压杆所用材料、支座的约束条件、截面的形状和尺寸

C. 压杆的长度、支座的约束条件、截面的形状和尺寸

D. 压杆所用材料、压杆的长度、截面的形状和尺寸

12. 中心受压细长直杆丧失承载能力的原因为（　　　）。

A. 横截面上的应力达到材料的比例极限

B. 横截面上的应力达到材料的屈服极限

C. 横截面上的应力达到材料的强度极限

D. 压杆丧失直线平衡状态的稳定性

13. 关于细长中心受压直杆临界力 F_{cr} 的含义，下列各种说法中正确的有（　　　）。

A. 压杆横截面上的应力达到材料比例极限时的轴向压力

B. 压杆能保持直线平衡状态时的最大轴向压力

C. 压杆能保持微弯平衡状态时的最小轴向压力

D. 压杆能保持微弯平衡状态时的最大轴向压力

E. 压杆由直线平衡状态过渡到微弯平衡状态时的轴向压力

14. 正方形截面杆，若横截面边长 a 和杆长 l 成比例增加，则它的长细比（　　）。

A. 成比例增加　　　　　　　　　　B. 保持不变

C. 按 $(l/a)^2$ 变化　　　　　　　　D. 按 $(a/l)^2$ 变化

15. 长方形截面细长压杆，$b/h = 1/2$；如果将 b 改为 h 后仍为细长杆，临界力 F_{cr} 是原来的（　　）倍。

A. 2 倍　　　　　　　B. 4 倍　　　　　　　C. 8 倍　　　　　　　D. 16 倍

16. 压杆下端固定，上端与水平弹簧相连，如图所示，则压杆长度因数 μ 的范围为（　　）。

A. $\mu < 0.5$　　　　　　　　　　B. $0.5 < \mu < 0.7$

C. $0.5 < \mu < 2$　　　　　　　　D. $\mu < 2$

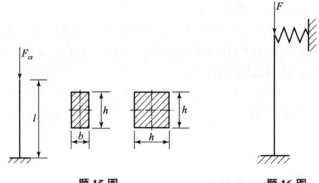

题 15 图　　　　　　　　　　　　　　题 16 图

17. 若 σ_{cr} 表示压杆的临界应力，σ_p 为压杆材料的比例极限，则下列结论中哪些是正确的？（　　）

(1) 当 $\sigma_{cr} < \sigma_p$ 时，$\sigma_{cr} > \dfrac{\pi^2 E}{\lambda^2}$　　　(2) 当 $\sigma_{cr} > \sigma_p$ 时，$\sigma_{cr} < \dfrac{\pi^2 E}{\lambda^2}$

(3) 当 $\sigma_{cr} = \sigma_p$ 时，$\sigma_{cr} = \dfrac{\pi^2 E}{\lambda^2}$　　　(4) 在一切情况下，$\sigma_{cr} \leqslant \dfrac{\pi^2 E}{\lambda^2}$

A. (1)，(2)　　　　　　　　　　　B. (3)，(4)

C. (1)，(2)，(3)　　　　　　　　　D. (2)，(3)，(4)

18. 设 φ 为压杆的折减系数，下列结论中哪些是正确的？（　　）

(1) φ 值越大，表示压杆的稳定性越好

(2) $\varphi = 1$ 表示杆不会出现失稳破坏

(3) φ 值与压杆的柔度 λ 有关，与杆件材料的性质无关

A. (1)，(2)　　　　　　　　　　　B. (2)，(3)

C. (1)，(3)　　　　　　　　　　　D. 全对

（三）　计算题

1. 如图所示，横梁 BC 和竖杆 CD 通过 C 处的铰链连接，二者材料相同，$E = 200$ GPa，$\sigma_p = 200$ MPa。已知梁 BC 的截面惯性矩 I 与杆 CD 的截面积 A 之间的关系为：$I = \frac{1}{3} Al^2$，图中 $l = 1$ m，杆 CD 是直径为 40 mm 的圆截面杆。从保证杆 CD 稳定性的角度，确定载荷集度 q 的最大许可值。（直线经验公式的系数 $a = 304$ MPa，$b = 1.12$ MPa）

2. 图示桁架由 5 根圆截面杆组成。已知各杆直径 d 均为 30 mm，$l = 1$ m。各杆的弹性模量 E 均为 200 GPa，$\lambda_p = 100$，$\lambda_0 = 61$，直线经验公式系数 $a = 304$ MPa，$b = 1.12$ MPa，许用应力 $[\sigma] = 160$ MPa，并规定稳定安全因数 $[n]_{st} = 3$，试求此结构的许可载荷 $[F]$。

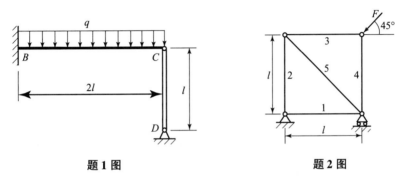

题 1 图　　　　　　　　　　题 2 图

3. 图示正方形平面桁架，杆 AB、BC、CD、DA 均为刚性杆。杆 AC、BD 为弹性圆杆，其直径 $d = 20$ mm，杆长 $l = 550$ mm；两杆材料也相同，比例极限 $\sigma_p = 200$ MPa，屈服极限 $\sigma_s = 240$ MPa，弹性模量 $E = 200$ GPa，直线公式系数 $a = 304$ MPa，$b = 1.12$ MPa，线膨胀系数 $\alpha_l = 12.5 \times 10^{-6}/℃$，当只有杆 AC 温度升高，其他杆温度均不变时，试求极限的温度改变量 Δt_{cr}。

4. 图示结构 ABC 为矩形截面杆，$b = 60$ mm，$l = 100$ mm，$l = 4$ m，BD 为圆截面杆，直径 $d = 60$ mm，两杆材料均为低碳钢，弹性模量 $E = 200$ GPa，比例极限 $\sigma_p = 200$ MPa，屈服极限 $\sigma_s = 240$ MPa，直线经验公式为 $\sigma_{cr} = (304 - 1.12\lambda)$ MPa，均布载荷 $q = 1$ kN/m，稳定安全因数 $[n]_{st} = 3$。试校核杆 BD 的稳定性。

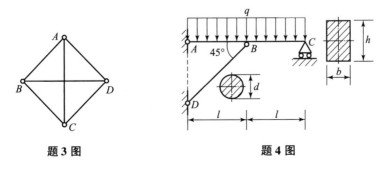

题 3 图　　　　　　　　　　题 4 图

5. 图示结构，由圆杆 AB、AC 通过铰链联结而成，若两杆的长度、直径及弹性模量均分别相等，BC 间的距离保持不变，F 为给定的集中力。试按稳定条件确定用材最省的高度 h 和相应的杆直径 D。（设给定条件已满足大柔度压杆的要求。）

6. 某结构失稳时，挠曲线如图所示，即上端可水平移动但不能转动，下端固定，试推导临界力欧拉公式及挠曲线方程。

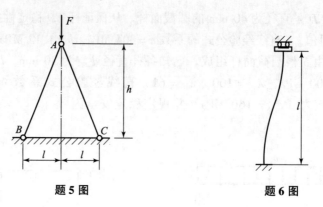

题 5 图   题 6 图

7. 正方形截面压杆 CD、EF，材料和截面尺寸均相同，已知：边长为 100 mm，许用应力 $[\sigma] = 10$ MPa，当 $\lambda \leqslant 80$ 时，$\varphi = 1.02 - 0.55 \times [(\lambda + 20)/100]^2$，当 $\lambda > 80$ 时，$\varphi = 3\,000/\lambda^2$。试求 CD、EF 两杆能同时达到稳定许用应力时的 x 与 a 的关系。

8. 托架横梁 AB 由斜杆 CD 支撑。杆 CD 由两根 100 mm × 100 mm × 10 mm 的等边角钢焊成，两端 CD 为球铰。角钢的惯性矩 $I_x = 179.5$ cm^4，横截面面积 $A = 19.26$ cm^2，$Z_0 = 2.84$ cm。材料的比例极限 $\sigma_p = 200$ MPa，屈服极限 $\sigma_s = 235$ MPa，稳定直线公式系数 $a = 304$ MPa，$b = 1.12$ MPa，弹性模量 $E = 200$ GPa。稳定安全因数 $[n]_{st} = 3$。试根据杆 CD 求托架的许可载荷 $[F]$。

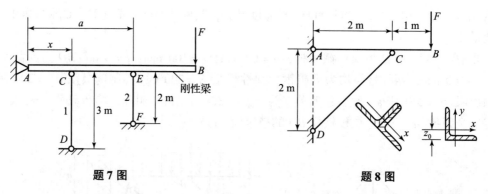

题 7 图   题 8 图

9. 图示桁架 ABC 由两根材料相同的圆截面杆组成，该桁架在节点 B 处受载荷 F 作用，其方位角 θ 可在 0° ~ 90° 之间变化（$0 \leqslant \theta \leqslant \pi/2$）。已知杆 1 和杆 2 的直径分别为 $d_1 = 20$ mm，$d_2 = 30$ mm，$a = 2$ m，材料的屈服极限 $\sigma_s = 240$ MPa，比例极限 $\sigma_p = 196$ MPa，弹性模量 $E = 200$ GPa，屈服安全因数 $n_s = 2.0$，稳定安全因数 $[n]_{st} = 2.5$。试计算许可载荷值 $[F]$。

10. 铰接桁架，由竖杆 *AB* 和斜杆 *BC* 组成，两杆均为弯曲刚度为 *EI* 的细长杆，在节点 *B* 处承受水平力 *EI* 作用。

（1）设 $a = 1.2$ m，$b = 0.9$ m，试确定水平力 F 的最大值（用 π、EI 表示）。

（2）保持斜杆 *BC* 的长度不变，确定充分发挥两杆承载能力的 α 角。

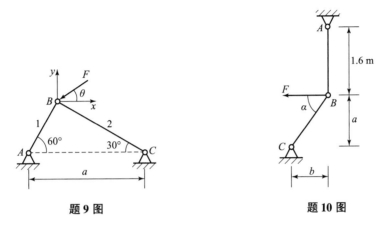

题 9 图　　　　　　　　　　题 10 图

本章习题答案

（一）填空题

1. 初始弯曲、压力偏心、材料不均匀、支座缺陷；2. 圆、正方形；3. 减小、增大；

4. $\sqrt{3} : 2$，$4 : 3$，$16 : 3\pi$；5. $\dfrac{\sqrt{3}}{2}$；6. 乙、丙；7. 1.35；8. 1/16，$\pi/3$；9. $\Delta t = \dfrac{\pi^2 I}{\alpha A l^2}$；10. 大；

11. $F_{cr} = \dfrac{kl}{2}$；12. $F_{cr} = \dfrac{k_1 k_2}{k_1 + k_2}$；13. $F_{cr} = \dfrac{\pi^3 E d^4}{128 l^2}$；14. 1.33 kN；15. $y = \dfrac{al^2 F \sin(\pi x / l)}{\pi^2 EI - l^2 F}$；

16. $F_{cr} = \dfrac{3EI}{l^2}$；17. $F_{cr} = \dfrac{3EI}{al}$；18. 0.412 1，2.89；19. $\theta = \arctan(\cot\beta)$；20. 2

（二）选择题

1. C；2. D；3. A；4. D；5. B；6. C；7. B；8. D；9. B；10. C；11. C；12. D；13. BCE；
14. B；15. C；16. C；17. D；18. A

（三）计算题

1. 解：该系统为一次超静定。设悬臂梁 *BC* 在 *C* 端的挠度为 w_C，竖杆 *CD* 的压缩量为 Δ_{CD}，则变形协调条件为：$w_C = \Delta_{CD}$。

根据叠加原理，可得
$$w_C = \frac{q \cdot (2l)^4}{8EI} - \frac{F_{CD} \cdot (2l)^3}{3EI}$$

又知
$$\Delta_{CD} = \frac{F_{CD} \cdot l}{EA}$$

故得
$$\frac{q \cdot (2l)^4}{8EI} - \frac{F_{CD} \cdot (2l)^3}{3EI} = \frac{F_{CD} \cdot l}{EA}$$

将已知条件 $I = \dfrac{1}{3}Al^2$ 代入上式，可解得

$$F_{CD} = \frac{2}{3}ql$$

大柔度压杆和中柔度压杆的分界值为

$$\lambda_p = \sqrt{\frac{\pi^2 E}{\sigma_p}} = \sqrt{\frac{\pi^2 \times 200 \times 10^3}{200}} = 99.3$$

压杆 CD 的柔度为 $\quad\lambda = \dfrac{\mu l}{i} = \dfrac{\mu \lambda}{d/4} = \dfrac{1 \times 1\,000}{10} = 100$

由于 $\lambda > \lambda_p$，故 CD 属于大柔度压杆，应采用欧拉公式计算临界压力，不能用直线经验公式。则

$$[F_{CD}] = \frac{\pi^2 E I_{圆}}{(\mu l)^2} = \frac{\pi^3 E d^4}{64(\mu l)^2}$$

故 $\quad [q] = \dfrac{3}{2l} \cdot [F_{CD}] = \dfrac{3}{2l} \cdot \dfrac{\pi^3 E d^4}{64(\mu l)^2} = \dfrac{3\pi^3 E d^4}{128\mu^2 l^3} = \dfrac{3\pi^3 \times 200 \times 10^3 \times 40^4}{128 \times 1^2 \times 10^9}$

$$= 12\pi^3 \text{ N/mm}$$
$$= 12\pi^3 \text{ kN/m}$$
$$= 372 \text{ kN/m}$$

即：载荷集度 q 的最大许可值为 372 kN/m。

2. **解**：由平衡条件可知杆 1、2、3、4 受压，其轴力为

$$F_{N1} = F_{N2} = F_{N3} = F_{N4} = F_N = \frac{F}{\sqrt{2}}$$

杆 5 受拉，其轴力为 $\quad\quad\quad F_{N5} = F$

按杆 5 的强度条件：$\dfrac{F_{N5}}{A} \leqslant [\sigma]$，$F \leqslant A[\sigma] = 113$ kN

按杆 1、2、3、4 的稳定条件 $\quad\quad \lambda = 133 > \lambda_p$

由欧拉公式 $\quad\quad\quad\quad\quad F_{cr} = 78.48$ kN

$$\frac{F_{cr}}{F_N} \geqslant [n]_{st}$$

$$F \leqslant 37.1 \text{ kN}$$

$$[F] = 37.1 \text{ kN}$$

3. **解**：由平衡方程可得 $\quad F_{NAC} = F_{NBD} = F_N$（压）

由变形协调方程，并注意到小变形，有 $\Delta_{AC} = \Delta_{BD}$

即 $\quad\quad\quad\quad\quad \alpha_1 \Delta t l - \dfrac{F_{NAC} l}{EA} = \dfrac{F_{NBD} l}{EA}$

又由 $\lambda = 110 > \lambda_p = 99$，知 $F_{cr} = \dfrac{\pi^2 EI}{l^2}$，令 $F_N = F_{cr}$，得

$$\Delta t_{cr} = \frac{\pi^2 d^2}{8\alpha l^2} = 130.5 \text{ ℃}$$

4. 解：（1）由协调方程，$f_B = \dfrac{\Delta l_{BD}}{\cos 45°}$，得

$$\frac{5q(2l)^4}{384EI} - \frac{F_{NBD}\cos 45°(2l)^3}{48EI} = \frac{F_{NBD}\sqrt{2}l}{EA\cos 45°}$$

解得
$$F_{NBD} = 7.06 \text{ kN}$$

（2）杆 BD：$\lambda = 377 > \lambda_p = 100$

由欧拉公式：
$$F_{cr} = 39 \text{ kN}$$

$$n_{st} = \frac{F_{cr}}{F_{NBD}} = 5.56 > [n]_{st}，\text{安全}。$$

5. 解：杆达到临界状态时，
$$F_{cr} = \frac{\pi^2 EI}{h^2 + l^2}$$

此时 F 值为
$$F = \frac{2\pi^2 EI}{h^2 + l^2} \times \frac{h}{\sqrt{h^2 + l^2}} = \frac{h \times \pi^3 ED^4/32}{\sqrt{(h^2 + l^2)^3}}$$

可求得
$$D^4 = \frac{32F\sqrt{(h^2 + l^2)^3}}{\pi^3 Eh} \tag{a}$$

二杆之总体积为

$$V = \frac{2\pi D^2 \sqrt{(h^2 + l^2)}}{4} = \frac{2 \times \sqrt{2} \times \sqrt{F/\pi E} \times \sqrt[4]{(h^2 + l^2)^5}}{\sqrt{h}} \tag{b}$$

$\dfrac{\mathrm{d}V}{\mathrm{d}h} = 0$，得 $5h^2 = l^2 + h^2$，所以 $h = \dfrac{1}{2}$。 $\tag{c}$

将式（c）代入式（a）得，$D = 1.303 \times \sqrt[4]{F/E} \times \sqrt{l}$

6. 证：

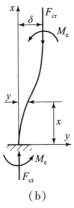

（b）

$$y'' = \frac{M_e - F_{cr}y}{EI}，\left[k^2 = \frac{F_{cr}}{EI}\right]，y'' + k^2 y = \frac{k^2 M_e}{F_{cr}}，y = A\sin(kx) + B\cos(kx) + \frac{M_e}{F_{cr}}$$

由 $x = 0$，$y = 0$，$y' = 0$，$A = 0$，$B = -\dfrac{M_e}{F_{cr}}$

$$y = \frac{[1 - \cos(kx)]M_e}{F_{cr}}，x = l，y' = 0，\sin(kl) = 0，F_{cr} = \frac{\pi^2 EI}{l^2}$$

$$x = l, y = \delta, y = \frac{\delta [1 - \cos (\pi x / l)]}{2}$$

7. 解：

$$\lambda_1 = 104, \quad \varphi_1 = \frac{3\,000}{104^2} = 0.277$$

$$[F_1] = \varphi_1 [\sigma] A = 27.7 \text{ kN}$$

$$\lambda_2 = 69.3, \varphi_2 = 1.02 - 0.55 \times \left[\frac{69.3 + 20}{100} \right]^2 = 0.58$$

$$[F_2] = \varphi_2 [\sigma] A = 58 \text{ kN}$$

由几何关系：

$$\frac{x}{a} = \frac{\Delta l_1}{\Delta l_2} = \frac{27.7 \times 3}{58 \times 2}, \Delta l = \frac{[F] l}{EA}$$

$$x = 0.716a$$

8. 解：$\lambda = \dfrac{\mu l}{i} = 92.6$，$\lambda_p = \sqrt{\dfrac{\pi^2 E}{\sigma_p}} = 99.3$，$\lambda_0 = \dfrac{a - \sigma_s}{b} = 61.6$，$\lambda_p > \lambda > \lambda_0$，为中柔度，则有

$$\sigma_{cr} = a - b\lambda = 200 \text{ MPa}$$

$$F_{cr} = \sigma_{cr} A = 770 \text{ kN}$$

由 $\sum M_A = 0$，并考虑 $[n]_{st}$，$[F] = 121 \text{ kN}$

9. 解：（1）$F_{N1} = -F\cos(60° - \theta)$，1 杆所受最大力为 F；

$F_{N2} = F\cos(30° + \theta)$，2 杆所受最大力为 $\dfrac{F}{2}$。

（2）$\lambda_p = \sqrt{\dfrac{\pi^2 E}{\sigma_p}} = 100$。

（3）1 杆：$\lambda_1 = 200 > \lambda_p$

$$[F_{cr}]_1 = \frac{\pi^2 E}{\lambda_1^2} \cdot \frac{\pi d_1^2}{4} = 15.5 \text{ kN}$$

$$[F_1] = \frac{[F_{cr}]_1}{[n]_{st}} = 6.2 \text{ kN}$$

（4）2 杆：$\lambda_2 = 231 > \lambda_p$

$$[F_{cr}]_2 = \frac{\pi^2 E}{\lambda_2^2} \cdot \frac{\pi d_2^2}{4} = 26.2 \text{ kN}$$

$$[F_2] = 2[F_{N2}] = \frac{2[F_{cr}]_2}{[n]_{st}} = 20.96 \text{ kN}$$

$$[F] = 6.2 \text{ kN}$$

10. 解：（1）由力三角形容易求得

$$F_{NAB} = \frac{4F}{3}, \quad F_{NBC} = \frac{5F}{3}, \quad [F_{NAB}]_{cr} = \frac{\pi^2 EI}{l_{AB}^2} = \frac{\pi^2 EI}{2.56}, \quad [F_{NBC}]_{cr} = \frac{\pi^2 EI}{l_{BC}^2} = \frac{\pi^2 EI}{1.5^2}$$

令 $F_{NAB} = \dfrac{4F}{3} = [F_{NAB}]_{cr}$，得 $F \leqslant 0.293\pi^2 EI$

令 $F_{NBC} = \dfrac{5F}{3} = \left[F_{NBC} \right]_{cr}$，得 $F \leqslant 0.267\pi^2 EI$

$$F_{max} = 0.267\pi^2 EI$$

（2）$F_{NAB} = \tan\alpha \cdot F$，$F_{NBC} = \dfrac{F}{\cos\alpha}$

令 $F_{NAB} = \left[F_{NAB} \right]_{cr}$，$F_{NBC} = \left[F_{NBC} \right]_{cr}$，得 $\alpha = 61.51°$

第三篇　运动学与动力学

第十三章

运　动　学

一、本章重点与难点

重点：

1. 点的运动学。
2. 刚体的平移与定轴转动。
3. 速度合成定理及其应用。
4. 加速度合成定理及其应用。
5. 平面图形内各点的速度分析。
6. 平面图形内各点的加速度分析。

难点：

1. 加速度合成定理及其应用。
2. 平面图形内各点的加速度分析。

二、知识要点与辅导

（一）知识要点

1. 点的运动学

1）矢量法

主要用于理论推导，设 r 为点的矢径。

$$r = r(t)$$
$$v = \dot{r}$$
$$a = \dot{v} = \ddot{r}$$

2）直角坐标法

$$x = f_1(t)，y = f_2(t)，z = f_3(t)$$
$$v = \dot{x}i + \dot{y}j + \dot{z}k$$

$$a = \ddot{x}i + \ddot{y}j + \ddot{z}k$$

3）自然法

$$s = f(t)$$
$$v = v\tau$$
$$a = a_\tau \tau + a_n n$$

2. 刚体的平移和定轴转动

1）刚体的平移

平移的概念：运动刚体上任一条直线始终与其初始位置平行，刚体的这种运动形式称为平行移动，简称平移。

运动特点：平移刚体上各点具有相同形状的轨迹。在每一瞬时，各点的速度相同，各点的加速度相同。

研究方法：基于平移刚体的运动特点，平移刚体的运动学问题就可归结为点的运动学问题来处理。

2）刚体的定轴转动

整体运动描述：

转动方程： $$\varphi = f(t)$$

角速度： $$\omega = \frac{d\varphi}{dt}$$

角加速度： $$\alpha = \frac{d\omega}{dt} = \frac{d^2\varphi}{dt^2}$$

刚体上一点的运动描述：

运动方程： $$s = R\varphi$$
速度大小： $$v = R\omega$$
加速度大小： $$a_\tau = R\alpha, \quad a_n = R\omega_2$$

3. 点的合成运动

1）基本概念

与点的合成运动相关的基本概念有：动点、定参考系、动参考系、绝对运动、相对运动、牵连运动、绝对速度和绝对加速度、相对速度和相对加速度、牵连速度和牵连加速度等。

2）基本理论

速度合成定理： $$v_a = v_e + v_r$$
加速度合成定理： $$a_a = a_e + a_r + a_c$$
$$a_c = 2\omega_e \times v_r$$

3）基本方法

速度分析步骤：

①合理选择动点、定系和动系。
②运动分析。
③画速度矢量图。

④利用几何关系或投影关系求解未知量。

加速度分析步骤：

①合理选择动点、定系和动系。

②运动分析。

③速度分析，画速度矢量图。

④画加速度矢量图。

⑤利用几何关系或投影关系求解未知量。

4．刚体平面运动

1）刚体平面运动的简化和分解

刚体平面运动的简化：平面运动刚体可以简化为平面图形在其自身平面内的运动。

刚体平面运动的分解：刚体的平面运动可以分解为随基点的平移和绕基点的转动。其中，随基点平移的速度与基点的选择有关，而绕基点转动的角速度与基点的选择无关。

2）平面运动刚体的运动学描述

运动方程：

$$x_{O'} = f_1(t) , \ y_{O'} = f_2(t) , \ \varphi = f_3(t)$$

3）求平面图形内各点速度的方法

基点法：

$$\nu_M = \nu_{O'} + \nu_{MO'}$$

投影法：

$$(\nu_A)_{AB} = (\nu_B)_{AB}$$

瞬心法：瞬心法是利用平面图形的速度瞬心求解平面图形内任一点速度的方法。

4）求平面图形内各点加速度的方法

加速度基点法：

$$a_B = a_A + a_{BA}^\tau + a_{BA}^n$$

（二）辅导

点的运动学是整个运动学的基础。三种方法描述同一点的运动，其结果是一样的。如果将矢量法中的矢量 r、v、a 用解析式表示，就是坐标法；矢量 v、a 在自然轴投影，就得出自然法中的速度与加速度。

直角坐标系与自然轴系都是三轴相互垂直的坐标系。直角坐标系是固定在参考系上的，可用来确定每一瞬时动点的位置。点沿空间曲线运动有三个运动方程，点沿平面曲线运动有两个运动方程，点沿直线运动有一个运动方程。自然轴系是随动点一起运动的直角轴系（切向轴 τ、法向轴 n 及副法向轴 b），因此不能用自然轴系确定动点的位置。自然法以已知轨迹为前提，用弧坐标来建立点的运动方程，以确定动点每一瞬时在轨迹上的位置。

用直角坐标法求速度和加速度是将三个坐标分别对时间求一次和二次导数，得到速度和加速度在三轴上的投影，然后再求它的大小和方向。用自然法求速度，则将坐标对时间求一次导数，就得到速度的大小和方向。自然法中的加速度物理概念清楚，a_τ 和 a_n 分别反映了速度大小和速度方向改变的快慢程度。需注意的是，不能将 $\dfrac{\mathrm{d}v}{\mathrm{d}t}$ 误认为是动点的全加速度。只有当 $a_n = 0$ 时，才有 $a = \dfrac{\mathrm{d}v}{\mathrm{d}t}$。学生可自行分析，这时点作什么运动。

下面对矢量法、直角坐标法与自然法作一总结和比较。

表 13.1

问题＼方法	运动方程	速度	加速度	轨迹	备注
矢量法	$\boldsymbol{r} = \boldsymbol{r}(t)$	$\boldsymbol{a} = \dfrac{\mathrm{d}\boldsymbol{v}}{\mathrm{d}t}$	$\boldsymbol{a} = \dfrac{\mathrm{d}\boldsymbol{v}}{\mathrm{d}t} = \dfrac{\mathrm{d}^2\boldsymbol{r}}{\mathrm{d}t^2}$	矢径端图	概念清晰，适用于理论推导
直角坐标法	$x = f_1(t)$ $y = f_2(t)$ $z = f_3(t)$	$v_x = \dfrac{\mathrm{d}x}{\mathrm{d}t}$ $v_y = \dfrac{\mathrm{d}x}{\mathrm{d}t}$ $v_z = \dfrac{\mathrm{d}x}{\mathrm{d}t}$ $v = \sqrt{v_x^2 + v_y^2 + v_z^2}$ $\cos(\boldsymbol{v}, \boldsymbol{x}) = \dfrac{v_x}{v}$ $\cos(\boldsymbol{v}, \boldsymbol{y}) = \dfrac{v_y}{v}$ $\cos(\boldsymbol{v}, \boldsymbol{z}) = \dfrac{v_z}{v}$	$a_x = \dfrac{\mathrm{d}v_x}{\mathrm{d}t} = \dfrac{\mathrm{d}^2x}{\mathrm{d}t^2}$ $a_y = \dfrac{\mathrm{d}v_y}{\mathrm{d}t} = \dfrac{\mathrm{d}^2y}{\mathrm{d}t^2}$ $a_z = \dfrac{\mathrm{d}v_z}{\mathrm{d}t} = \dfrac{\mathrm{d}^2z}{\mathrm{d}t^2}$ $a = \sqrt{a_x^2 + a_y^2 + a_z^2}$ $\cos(\boldsymbol{a}, \boldsymbol{x}) = \dfrac{a_x}{a}$ $\cos(\boldsymbol{a}, \boldsymbol{y}) = \dfrac{a_y}{a}$ $\cos(\boldsymbol{a}, \boldsymbol{z}) = \dfrac{a_z}{a}$	运动方程中消去时间 t 得： $F_1(x,y) = 0$ $F_2(x,y) = 0$	一般常用的计算方法
自然法	$s = f(t)$	$v = \dfrac{\mathrm{d}s}{\mathrm{d}t}$ 沿轨迹的切线	$a_\tau = \dfrac{\mathrm{d}v}{\mathrm{d}t} = \dfrac{\mathrm{d}^2s}{\mathrm{d}t^2}$ 轨迹的切线； $a_n = \dfrac{v^2}{\rho}$ 沿轨迹的主法线，指向曲率中心；v 与 a_τ 同号时加速，v 与 a_τ 异号时减速	已知	对运动轨迹已知时，用此方法比较简单

刚体平移与定轴转动都是比较简单的运动。它们在工程中应用十分广泛，并且是研究刚体复杂运动的基础，故必须熟练掌握。

对本章的主要内容作以下说明：

刚体定轴转动与点的直线运动中的基本公式在数学上的类比关系如表 13.2 所示。

表 13.2

刚体的定轴转动	点的直线运动
转动方程 $\varphi = \varphi(t)$	运动方程 $x = f(t)$
角速度 $\omega = \dfrac{\mathrm{d}\varphi}{\mathrm{d}t}$	速度 $v = \dfrac{\mathrm{d}x}{\mathrm{d}t}$
角加速度 $\varepsilon = \dfrac{\mathrm{d}\omega}{\mathrm{d}t} = \dfrac{\mathrm{d}^2\varphi}{\mathrm{d}t^2}$	加速度 $a = \dfrac{\mathrm{d}v}{\mathrm{d}t} = \dfrac{\mathrm{d}^2x}{\mathrm{d}t^2}$
匀速转动 $\varphi = \varphi_0 + \omega t$	匀速运动 $x = x_0 + vt$
匀变速转动 $\omega = \omega_0 + \varepsilon t$ ε 是常数：$\varphi = \varphi_0 + \omega_0 t + \dfrac{1}{2}\varepsilon t^2$ $\omega^2 = \omega_0^2 + 2\varepsilon(\varphi - \varphi_0)$ ω 与 ε 同号：加速转动 ω 与 ε 异号：减速转动	匀变速运动 $v = v_0 + at$ a 是常数：$x = x_0 + v_0 t + \dfrac{1}{2}at^2$ $v^2 = v_0^2 + 2a(x - x_0)$ v 与 a 同号：加速转动 v 与 a 异号：减速转动

1. 关于轮系的传动比

轮系传动比公式的推导，需要利用接触点无相对滑动即接触点速度相等的条件。

1）单级传动

$$i_{12} = \pm\frac{\varphi_1}{\varphi_2} = \pm\frac{\omega_1}{\omega_2} = \pm\frac{n_1}{n_2} = \pm\frac{\varepsilon_1}{\varepsilon_2} = \pm\frac{r_2}{r_1} = \pm\frac{D_2}{D_1} = \pm\frac{Z_2}{Z_1}$$

式中，正号表示主动轮与从动轮转向相同（内啮合），负号表示两轮转向相反（外啮合）。

上式不仅适用于齿轮和摩擦轮传动，也适用于带传动，对于带传动两轮转向相同，上式右方取正号。

2）多级传动

$$i_{14} = i_{12} \cdot i_{34} = \frac{\omega_1}{\omega_2} \cdot \frac{\omega_3}{\omega_4} = \frac{Z_2 Z_4}{Z_1 Z_3} = \text{从动轮齿数连乘积：主动轮齿数连乘积}$$

若 n 级传动，有对外啮合齿轮（$k \leqslant n$），则

$$i_{\text{总}} = i_1 \cdot i_2 \cdots = (-1)^k \times (\text{从动轮齿数连乘积：主动轮齿数连乘积})$$

即定轴齿轮传动系统的总传动比，等于各级传动比的连乘积，或等于从动轮齿数连乘积与主动轮齿数连乘积的比值。若有偶数对外啮合齿轮，则主动轮与从动轮的转向相同，否则转向相反。

2. 在点的合成运动中要注意的几点

1）动点、定参考系与动参考系

动点：就是我们所要研究的点（或者刚体上的一点）。

定参考系（简称定系）：一般情况下取与地球固连的参考系为定参考系（或者将参考系固定在与地球没有相对运动的物体上）。

动参考系（简称动系）：相对于定参考系运动的参考系，一般指相对于地面运动着的参考系。动参考系常常是固定在相对于地面运动着的物体上，跟运动物体一起运动，动参

考系可看成是空间框架，它的运动相当于刚体的运动。

2）三种运动、两种轨迹、三种速度和三种加速度

动点的绝对运动和相对运动都是指点的运动，它们的轨迹可能是直线也可能是曲线，若知道轨迹，则动点的绝对速度、绝对加速度、相对速度和相对加速度方位就可以确定。然而对牵连运动，则不是点的运动，而是指动参考系的运动，即刚体的运动。这里要特别注意的是动点的牵连速度和牵连加速度，不能笼统地把它们说成是动系相对于定系的速度与加速度。因为只有动系作平动时其上各点的速度、加速度相等。若动系作其他各种运动（转动或其他复杂运动）时，其动系上各点的速度与加速度是不相等的。因此，要讲动点的牵连速度和牵连加速度，就必须指出是在什么瞬时，是动系上哪一点的速度和加速度。所以根据上述道理，在确定了动点与动参考系以后，就可以暂不考虑动点的运动，而只考虑在动系上与动点重合的点的运动。这样，在分析牵连速度和牵连加速度时，可假设某瞬时动点停止相对运动，这时动点被动系所带动的速度和加速度（即刚体上一点的速度与加速度），就是该瞬时动点的牵连速度和牵连加速度。

在分析相对运动时，可假设此瞬时动系不动，因为在动系上看动点的运动，对观察者来说，同看不到地球在运动一样，这时动点相对于动系的轨迹、速度和加速度，就是动点的相对轨迹、相对速度和相对加速度。

3）关于科氏加速度产生的原因分析

科氏加速度是由于牵连运动为转动，使相对运动与牵连运动相互影响而产生的。

3. 关于平面运动的合成与分解

平面运动可以看成是刚体随基点的平动与绕基点的转动的组合，研究平面运动的方法就是运动的分解与合成的方法。

基点是平面图形上安放在平动坐标系的那个点。它是平面运动刚体上与平动坐标系之间唯一的一个联结点，其联结方式相当于"铰接"。如果基点已经选定，则刚体的平面运动就可以分解为随基点（或平动坐标系）的平动和绕基点（平动坐标系的原点）的转动。

平动与基点的选择有关，是指选择不同的基点，动参考系平动的运动形式（刚体上各点作直线运动或作曲线运动）不同，因而平动的速度和加速度与基点的选择有关；转动与基点的选择无关，是指在一定的时间内，平面图形转过的角度与转向对以任何点为基点时都一样，因而绕基点转动的角速度和角加速度与基点选择无关。当然，转轴是安放在基点上的动坐标系的，也是相对于定坐标系的。

注意，因为安放在基点上的动坐标系作平动，与定坐标系之间无相对转动，所以用平面运动方法求出的平面运动刚体的角速度与角加速度，既是相对于动坐标系的，也是相对于定坐标系的。

4. 求平面图形上点的速度的三种方法

1）基点法（见图13.1）

平面图形：S；定系：Oxy；基点：A；平移系：Axy；平面图形的角速度：ω；基点速度：v_A；速度合成定理：$v_a = v_e + v_r$；定轴转动时的速度公式：$v = \omega \times r_B$。此处，$v_A = v_B$；$v_e = v_A$；$v_r = v_{BA}$；在平移系中：$v_{BA} = \omega \times r_B$。

即：平面图形上任意点的速度，等于基点的速度与这一点对于以基点为原点的平移系的相对速度的矢量和。

2）速度投影法（见图 13.2）

速度投影定理：平面图形上任意两点的速度在这两点连线上的投影相等。应用速度合成定理：$v_B = v_A + v_{BA}$；两边同乘以 r_{BA} 得

$$v_B \cdot r_{BA} = v_A \cdot r_{BA} + v_{BA} \cdot r_{BA}$$

因 v_{BA} 垂直于 r_{BA}，故 $v_{BA} \cdot r_{BA}$ 等于零，故有：$v_B \cdot r_{BA} = v_A \cdot r_{BA}$。

根据点积的运算有

$$v_B \cdot \cos\alpha = v_A \cos\beta$$

速度投影定理：平面图形上任意两点的速度在这两点连线上的投影相等。

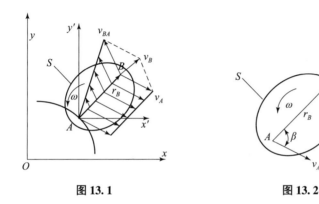

图 13.1　　　　　　　　　　图 13.2

3）瞬心法（见图 13.3 和图 13.4）

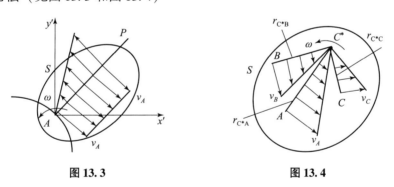

图 13.3　　　　　　　　　　图 13.4

（1）瞬时速度中心的概念：平面图形 S，基点 A，基点速度 v_A，平面图形角速度 ω，过 A 点作 v_A 的垂直线 PA。PA 上各点的速度由两部分组成：跟随基点平移的速度 v_A 为牵连速度，各点相同；相对于平移系的速度 v_{PA} 为相对速度，自 A 点起线性分布。

在直线 PA 上存在一点 C^*，这一点的相对速度 $\boldsymbol{v}_{C^*A}$ 与牵连速度 $\boldsymbol{v}_A$ 矢量大小相等、方向相反。因此 C^* 点的绝对速度 $v_{C^*} = 0$，C^* 点称为瞬时速度中心，简称为速度瞬心。

$$AC^* = \frac{v_A}{\omega}$$

（2）速度瞬心的特点：瞬时性——不同的瞬时，有不同的速度瞬心；唯一性——某一

瞬时只有一个速度瞬心；瞬时转动特性——平面图形在某一瞬时的运动都可以视为绕这一瞬时速度瞬心作瞬时转动。

（3）当平面图形在 t 瞬时的速度瞬心 C^* 以及瞬时角速度 ω 均为已知时，可以 C^* 为基点，建立平移系，进而分析平面图形上各点的运动。速度瞬心 C^* 到图形上的任意点（如 A、B、C）位矢 $\boldsymbol{r}_{C^*A}$、$\boldsymbol{r}_{C^*B}$、$\boldsymbol{r}_{C^*C}$ 上各点的牵连速度等于零；绝对速度等于相对速度，垂直于位矢，并沿位矢方向线性分布。这时，根据速度合成定理，平面图形上任意点（如 B 点）为

$$\boldsymbol{v}_B = \boldsymbol{v}_A + \boldsymbol{v}_{BA}$$

$$\boldsymbol{v}_A = \boldsymbol{v}_{C^*} = 0; \quad \boldsymbol{v}_{BA} = \boldsymbol{v}_{BC^*}; \quad \boldsymbol{v}_B = \boldsymbol{v}_{BC^*} = \omega \times \boldsymbol{r}_{C^*B}$$

应用瞬时速度中心以及平面图形在某一瞬时绕速度瞬心作瞬时转动的概念，确定平面图形上各点在这一瞬时速度的方法，称为速度瞬心法。

（4）几种特殊情形下瞬时速度中心位置的确定

第一种情形：已知平面图形上两点的速度矢量的方向，这两点的速度矢量方向互不平行。

第二种情形：已知平面图形上两点的速度矢量的大小与方向，而且二矢量互相平行，并且都垂直于两点的连线。

第三种情形：已知平面图形上两点的速度矢量的大小与方向，而且二矢量互相平行、方向相反，但二者都垂直于两点的连线。

第四种情形：已知平面图形上两点的速度矢量的大小与方向，而且二矢量互相平行、方向相同，但二者都不垂直于两点的连线。

四种情形如图 13.5 所示。

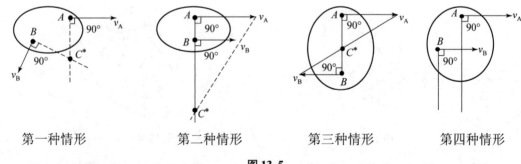

第一种情形　　　　　第二种情形　　　　　第三种情形　　　　　第四种情形

图 13.5

5. 关于求平面图形上各点的加速度

对于求平面图形上各点的加速度，一般采用基点法：

$$a_B = a_A = a_{BA}^{\tau} + a_{BA}^{n}$$

其中，A 为基点，$a_{BA}^{n} = BA \cdot \omega_{BA}^2$，方向是从 B 指向 A；$a_{BA}^{\tau} = BA \cdot \varepsilon$，$\varepsilon$ 为角加速度。

关于速度瞬心的加速度的说明：不能把速度瞬心的加速度当作零，速度瞬心是经常变动的，该点的速度既然为零，如果加速度也为零，则这点的速度将保持为零不变，这样刚

体的运动变成了绕该点的转动，而不是一般的平面运动了。例如车轮沿直线的纯滚动，与地面的接触点速度为零，而加速度并不为零。

三、例题精讲

例题 13.1 如图 13.6 所示，重物 C 由绕在定滑轮 A 上的绳索牵引而沿铅垂轨道上升，滑轮到导轨的距离为 b。设绳索的自由端以匀速 u 向下拉动，试求重物 C 的速度和加速度与 x 的关系。滑轮尺寸不计。

分析：解决点的运动学问题的重点之一就是选择合理的方法。本题目中，动点是沿铅垂直线运动的，所以选择直角坐标法比较合理。

解：设初始位置 AC 段绳索的长度为 l_0，则根据几何关系可得

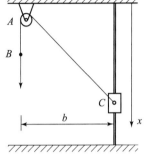

图 13.6

$$l_0 - ut = \sqrt{b^2 + x^2}$$

即
$$(l_0 - ut)^2 = b^2 + x^2 \tag{1}$$

将式（1）两边对时间求导可得

$$x\dot{x} = -(l_0 - ut)u$$

整理得
$$\dot{x} = -\frac{u}{x}\sqrt{b^2 + x^2} \tag{2}$$

将式（2）两边对时间求导可得

$$\ddot{x} = \frac{ub^2}{x^2\sqrt{b^2 + x^2}} = -\frac{u^2 b^2}{x^3}$$

例 13.2 如图 13.7 所示，曲柄 $\overline{O_1A} = \overline{O_2B} = 2r$，以匀角速度 ω_0 转动，$\overline{AB} = \overline{O_1O_2}$，连杆 AB 的中点固连一个分度圆半径为 r 的齿轮 I，当齿轮 I 转动时带动分度圆半径为 r 的齿轮 II 绕 O 轴转动。试求齿轮 II 的角速度及轮缘上任一点的加速度。

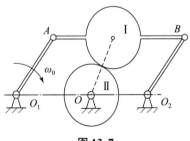

图 13.7

分析：AB 杆连同其固连的齿轮一起作平动，所以其上各点的运动参数相同。两个相互啮合的齿轮的运动学关系是两个分度圆之间作纯滚动，这就意味着它们的接触点有相同的速度。

解：齿轮 I 上各点的速度：

$$v_1 = 2r\omega_0$$

齿轮 Ⅱ 上接触点的速度：

$$v_2 = v_1 = 2r\omega_0$$

齿轮 Ⅱ 的角速度：

$$\omega_2 = \frac{v_2}{r} = 2\omega_0$$

齿轮 Ⅱ 分度圆上任一点的加速度：

$$\alpha_2 = \alpha_2^n = r\omega_2^2 = 4r\omega_0^2$$

例 13.3   图 13.8 所示的铰接四边形机构中，$O_1A = O_2B = 100$ mm，$O_1O_2 = AB$，杆 O_1A 以等角速度 $w = 2$ rad/s 绕轴 O_1 转动。AB 杆上有一套筒 C，此套筒与杆 CD 相铰接，且机构的各部件都在同一铅垂面内。试求当 $\varphi = 60°$ 时，CD 杆的速度和加速度。

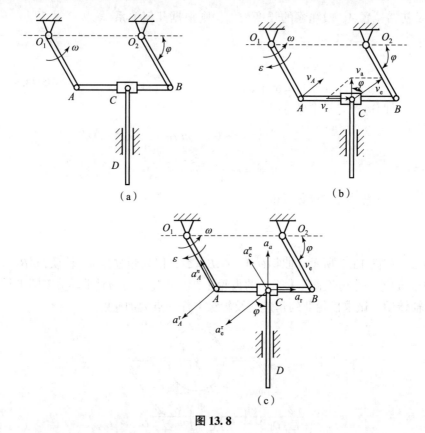

图 13.8

分析：本题目中需要注意到 AB 杆和 CD 杆均为平行移动，在选择动点和参考系后，正确分析三种运动的形式和特点。基于以上分析对各项速度及加速度中的已知量和未知量进行分析并画出矢量图。速度分析中的计算往往可以根据几何关系来进行，而加速度分析一般是在速度分析的基础上，并多采用投影法进行计算。

解：本题机构中，杆 O_1A 与 O_2B 作定轴转动，杆 AB 和 CD 作平动。选取套筒 C 为动点，动系固连于 AB 杆，定系固连于机座。动点 C 的绝对运动是沿铅直导槽的直线运动，相对运动是沿 AB 杆的水平直线运动；牵连运动是随 AB 杆的曲线平动。

（1）求 v_{CD}。

AB 杆作平动，所以

$$v_e = v_A$$

即

$$v_e = v_A = r\omega$$

根据速度合成定理：

$$v_a = v_e + v_r$$

画出速度矢量图，根据几何关系：

$$v_a = v_e \cos\varphi = r\omega\cos 60° = 10 \times 2 \times \frac{1}{2} = 100 \ \text{mm/s}$$

CD 杆作平动，故

$$v_{CD} = v_a = 100 \ \text{mm/s} \quad （方向铅直向上）$$

（2）求 a_{CD}。

根据加速度合成定理：

$$a_a = a_e^n + a_e^\tau + a_r^n + a_r$$

其中，

$$a_e^\tau = a_A^\tau, \quad a_e^n = a_A^n$$

即

$$a_e^\tau = a_A^\tau = r\varepsilon = 0, \quad a_e^n = a_A^n = r\varpi^2$$

沿 CD 方向的投影得

$$a_a = a_e^n \sin\varphi - a_e^\tau \cos\varphi = r\varpi^2 - r\varepsilon\cos 60° = 150\sqrt{3} \ \text{mm/s}^2$$

故

$$a_{CD} = a_a = 150\sqrt{3} \ \text{mm/s}^2 \quad （铅直向上）$$

例题 13.4　如图 13.9 所示，已知曲柄 OA 长为 200 mm，以等角速度 $\omega_0 = 10 \ \text{rad/s}$ 转动，并带动长为 1 000 mm 的连杆 AB 使滑块 B 沿铅垂滑道运动。试求当曲柄与连杆相互垂直并与水平轴线各成 $\alpha = 45°$ 和 $\beta = 45°$ 角时，连杆的角速度、角加速度以及滑块 B 的加速度。

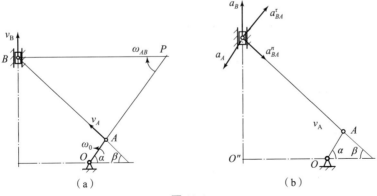

图 13.9

分析：曲柄 OA 的长度和运动完全确定，所以曲柄上各点的速度和加速度也已确定。连杆上的 B 点随滑块一同沿铅垂轨道运动，所以其速度和加速度的方位确定。根据以上分析，可以利用平面图形的速度分析方法和加速度分析方法分析求出待求量。

解：（1）求连杆 AB 的角速度。

根据速度瞬心法，可以确定连杆 AB 速度瞬心为 P，连杆 AB 的角速度：

$$\omega_{AB} = \frac{v_A}{PA} = \frac{\omega_0 \overline{AB}}{\overline{PA}} = 2 \text{ rad/s}$$

（2）加速度分析。以连杆 AB 为研究对象，根据加速度基点法，

$$a_B = a_{BA}^n + a_{BA}^\tau + a_A$$

作加速度矢量图，其中，

$$a_{BA}^n = \omega_{AB}^2 \cdot l_{AB} = 4 \text{ m/s}^2$$

$$a_A = OA \cdot \omega_0^2 = 20 \text{ m/s}$$

向 $O'B$ 轴投影：

$$a_{BA}^\tau = 16 \text{ m/s}^2$$

$$\alpha_{BA}^\tau = \frac{a_{BA}^\tau}{l_{AB}} = 16 \text{ rad/s}^2$$

向 $O''B$ 轴投影：

$$\left(-a_{BA}^\tau + a_A + a_{BA}^n \right)\frac{\sqrt{2}}{2} = a_B$$

解得

$$a_B = 5.66 \text{ rad/s}^2$$

■ 四、习题精练

（一）填空题

1. 点的切向加速度与其速度_____的变化率无关，而点的法向加速度与其速度_____的变化率无关。

2. 一个作定轴转动刚体的角速度矢量为 $\boldsymbol{\omega}$、角加速度矢量为 $\boldsymbol{\alpha}$，该刚体上一点相对转轴的矢径为 $\boldsymbol{r}$，则该点的速度 $\boldsymbol{v} =$ _____、加速度 $\boldsymbol{a} =$ _____。

3. 刚体作平动时，其上任意两点的_____、_____和_____都相同。

4. 两个依靠摩擦传动的定轴转动圆盘，若它们的半径不等，且不出现打滑现象，则任一瞬时两轮接触点的速度_____，加速度_____。

5. 牵连运动是指_____相对于_____系的运动；牵连速度是某瞬时_____上与_____相重合的那一点的速度。

6. 利用点的速度合成定理进行分析计算时，在各速度的大小和方向共_____个要素中，必须预先确定其中_____个才能完整画出速度矢量图。

7. 根据矢量图进行速度分析时，既可以利用_____关系的方法，也可以利用_____关系的方法进行计算；进行加速度分析时，常用的是利用_____关系的方法进行计算。

8. 刚体的平面运动可以分解为_____的平动和_____的转动。其中，随基点平动的速度与基点的选择_____，而绕基点转动的角速度与基点的选择_____。

9. 半径为 2 m 的圆盘在地面上以匀角速度作纯滚动，轮心 O 的速度 $v_0 = 2$ m/s，则轮与地面的接触点 C 处的速度为_____，加速度为_____。

10. 一只蚂蚁沿地面爬行，其运动方程为：$x = 2t$，$y = t^2$。式中坐标 x、y 的单位为 mm，时间 t 的单位为 s。当 $t = 1$ s 时，蚂蚁所在位置的爬行轨迹的曲率半径为_____mm。

11. 如图所示，圆轮以匀角速度 ω 沿水平面作纯滚动，从而带动靠在轮上的 OA 杆绕着固定轴 O 转动。则当 θ 为 60°时，OA 杆的角加速度 α_{OA} 大小为_____，方向为_____时针。

12. 如图所示，长 $l = 2$ m 的 AB 杆作平面运动，在某瞬时 B 点的速度大小 $v_B = 4$ m/s，方向如图所示，此时 A 点的速度大小为 $v_A = 2$ m/s，方向与水平成 60°，则此时 AB 杆的角速度 ω 为_____。

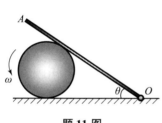

题 11 图　　　　　　题 12 图

（二）选择题

1. 在 Oxy 平面内运动的动点 M 的运动方程为
$$\begin{cases} x = a + R\cos(\omega t + \varphi) \\ y = R\sin(\omega t + \varphi) \end{cases}$$
则该点的运动轨迹是（　　）。
A. 直线　　　　　B. 圆　　　　　C. 双曲线　　　　　D. 抛物线

2. 作平行移动刚体上任一点的轨迹一定是（　　）。
A. 平面直线　　　　　　　　B. 平面曲线
C. 空间直线　　　　　　　　D. 没有限制

3. 对于牵连运动的正确描述可能是（　　）。
A. 直线运动　　　　　　　　B. 曲线运动
C. 圆周运动　　　　　　　　D. 定轴转动

4. 下列说法中正确的是（　　）。
A. 两齿轮传动时，啮合点处的速度相同，加速度也相同
B. 若刚体上各点的轨迹都是圆，则刚体一定作定轴转动
C. 刚体的平动一定是刚体平面运动的特例

D. 刚体的定轴转动一定是刚体平面运动的特例

5. 如图所示，一只蚂蚁 P 沿平面螺旋线自外向内爬行，若其爬过的弧长与时间成正比，则该蚂蚁一定（　　）。

A. 越爬越快　　　　　　　　　　B. 越爬越慢

C. 加速度大小不变　　　　　　　D. 加速度越来越大

E. 加速度越来越小

6. 如图所示，已知 $O_1A = O_2B = l$，$AB = O_1O_2$，杆 O_1A 以匀角速度 ω 绕 O_1 轴转动，则 AB 杆的运动形式为（　　）。

A. 定轴转动　　　　　　　　　　B. 直线平动

C. 曲线平动　　　　　　　　　　D. 无法判断

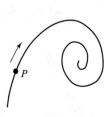

题 5 图

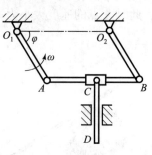

题 6 图

7. 当 $\varphi = 60°$ 时，C 处套筒相对地面的速度大小为（　　）。

A. $\dfrac{1}{2}l\omega$

B. $\dfrac{\sqrt{3}}{2}l\omega$

C. $l\omega$

D. $\dfrac{2}{\sqrt{3}}l\omega$

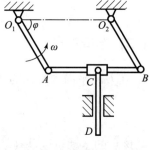

题 7 图

8. 某瞬时，平面运动刚体的角速度和角加速度分别为 ω 和 α，相对某一基点 A 转动的角速度和角加速度分别为 ω_A 和 α_A，相对另一基点 B 转动的角速度和角加速度分别为 ω_B 和 α_B，则（　　）。

A. $\omega_A \neq \omega_B \neq \omega$，$\alpha_A \neq \alpha_B \neq \alpha$ 　　　　B. $\omega_A = \omega_B \neq \omega$，$\alpha_A = \alpha_B \neq \alpha$

C. $\omega_A = \omega_B = \omega$，$\alpha_A \neq \alpha_B \neq \alpha$ 　　　　D. $\omega_A = \omega_B = \omega$，$\alpha_A = \alpha_B = \alpha$

9. 下列说法中正确的是（　　）。

A. 某瞬时，平面运动刚体上的速度瞬心的速度和加速度均为零

B. 作瞬时平动的刚体在该瞬时的角速度和角加速度均为零

C. 作瞬时平动的刚体在该瞬时其上各点的速度相同，加速度也相同

D. 无论刚体的运动形式如何，速度投影定理都适用

10. 如图所示，边长为 l 的正方形 $ABCD$ 作平面运动。某瞬时，A、B 两顶点的加速度大小分别为 a_A 和 a_B，方向标于图中。该瞬时正方形的角加速度 α 的大小和方向为（　　　）。

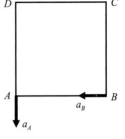

题 10 图

A. $\dfrac{a_A}{l}$，顺时针

B. $\dfrac{a_A}{l}$，逆时针

C. $\dfrac{a_B}{l}$，顺时针

D. $\dfrac{a_B}{l}$，逆时针

11. 某瞬时平面图形上任意两点 A、B 的加速度矢量分别为 $\boldsymbol{a}_A$ 和 $\boldsymbol{a}_B$，此时该两点连线之中点 C 的加速度矢量 $\boldsymbol{a}_C$ 应为（　　　）。

A. $\boldsymbol{a}_C = \boldsymbol{a}_A + \boldsymbol{a}_B$

B. $\boldsymbol{a}_C = 2(\boldsymbol{a}_A + \boldsymbol{a}_B)$

C. $\boldsymbol{a}_C = 0.5(\boldsymbol{a}_A + \boldsymbol{a}_B)$

D. 无确定关系

（三）计算题

1. 火箭在 B 点处铅直发射，如图所示，$\theta = kt$，求火箭的运动方程，以及在 $\theta = \dfrac{\pi}{6}$，$\dfrac{\pi}{3}$ 时，火箭的速度和加速度。

2. 自行车 B 沿以抛物线方程 $y = Cx^2$（其中 $C = 0.01\ \mathrm{m^{-1}}$）所描述的轨道向下运动，如图所示，当运动至点 A（$x_A = 20\ \mathrm{m}$，$y_A = 4\ \mathrm{m}$）时，$v_B = 8\ \mathrm{m/s}$，$\dfrac{\mathrm{d}v_B}{\mathrm{d}t} = 4\ \mathrm{m/s^2}$，试求该瞬时 B 的加速度大小。（可将"车–人"系统简化成一个点）

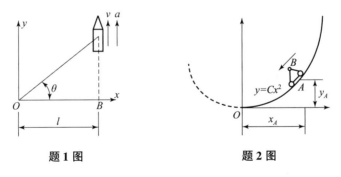

题 1 图　　　　　　　　　　题 2 图

3. 已知动点在 Oxy 平面内的运动方程为 $x = (50t)\ \mathrm{m}$，$y = (500 - 5t)^2\ \mathrm{m}$。求：（1）动点的运动轨迹；（2）当 $t = 0$ 时，动点的切向、法向加速度。

4. 机构如图所示，若杆 AB 以匀速 u 运动，开始时 $\varphi = 0$，试求当 $\varphi = \dfrac{\pi}{4}$ 时，摇杆 OC 的角速度和角加速度。

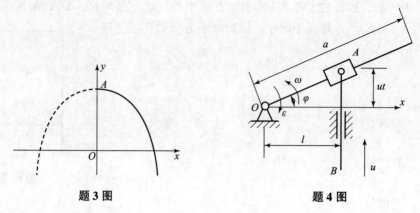

题 3 图　　　　　　　　　　题 4 图

5. 当起动陀螺罗盘时，其转子的角加速度从零开始与时间成正比增加。经过 5 min 后，转子以角速度 $\omega = 600\pi$ rad/s 转动。试求转子在这段时间内转过多少转。

6. 正弦机构的曲柄 OA 长 200 mm，以 $n = 90$ r/min 的等角速度转动。曲柄一端用销子与在滑道 BC 中滑动的滑块 A 相连，以带动滑道 BC 作往返运动。试求当曲柄与 Ox 轴的夹角为 30°时滑道 BC 的速度 v。

7. 已知斜面加速度 $a_0 = 0.1$ m/s^2，物块 M 下滑的相对加速度 $a_r = 0.1\sqrt{2}$ m/s^2，如图所示，$t = 0$ 系统静止，物块 M 的位置为 $x_0 = 0$，$y_0 = h$。求物块 M 的绝对运动方程、运动轨迹、速度和加速度。

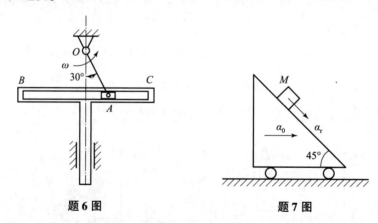

题 6 图　　　　　　　　　　题 7 图

8. 图中所示瓦特离心调速器以角速度 ω 绕铅垂轴转动。由于机器负荷的变化，调速器重球以角速度 ω_1 向外张开。如 $\omega = 10$ rad/s，$\omega_1 = 1.21$ rad/s，球柄长 $l = 0.5$ m，悬挂球柄的支点到铅垂轴的距离 $e = 0.05$ m，球柄与铅垂轴的夹角 $\alpha = 30°$。试求此时重球的绝对速度。

9. 图中所示半径为 R 的半圆形凸轮沿水平面向右运动，凸轮的速度为常量。求图示位置 $\varphi = 30°$时，杆 AB 相对于凸轮的速度和加速度。

10. 如图所示，已知圆锥体绕自身轴线 OA 转动，角速度 ω 为常数，点 M 沿母线的相对速度 v_r 为常数，$\angle MOA = \theta$，$t = 0$ 时，点在 M_0 处，$OM_0 = b$，求在 t 时点 M 的绝对加速度。

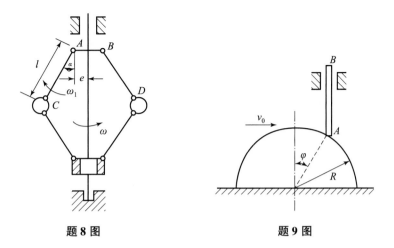

题 8 图　　　　　　　　题 9 图

11. 如图所示，已知滚子作纯滚动，$OA = AB = R = 2r = 1$ m，$\omega = 2$ rad/s。求图示瞬时点 B 和 C 的速度与加速度。

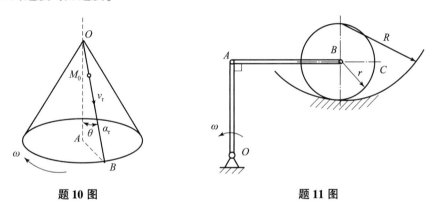

题 10 图　　　　　　　　题 11 图

12. 如图所示，已知 $OA = r$，角速度 ω_0 为常数，$AB = 6r$，$BC = 3\sqrt{3}r$。求图示瞬时滑块 C 的速度 v_C 和加速度 a_C。

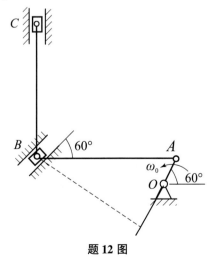

题 12 图

本章习题答案

（一）填空题

1. 方向、大小；2. $\boldsymbol{\omega} \times \boldsymbol{r}$，$\boldsymbol{\alpha} \times \boldsymbol{r} + \boldsymbol{\omega} \times \boldsymbol{v}$；3. 速度、加速度、轨迹形状；4. 相等、不相等；5. 动参考系、定参考系、动系，动点；6. 6、4；7. 几何、投影、投影；8. 随基点、绕基点、有关、无关；9. 0、2 m/s^2

（二）选择题

1. B；2. D；3. D；4. D；5. D；6. C；7. A；8. D；9. D；10. B；11. C

（三）计算题

1. **解**：火箭的运动方程：

$$x = l$$
$$y = l\tan(kt)$$

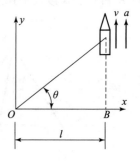

火箭的速度和加速度：

$$v = \frac{\mathrm{d}y}{\mathrm{d}t} = lk\sec^2(kt)$$

$$a = \frac{\mathrm{d}^2 y}{\mathrm{d}t^2} = 2lk^2\sec^2(kt)\tan(kt)$$

当 $\theta = kt = \dfrac{\pi}{6}$ 时，

$$v = \frac{4}{3}lk, \quad a = \frac{8\sqrt{3}}{9}lk^2$$

当 $\theta = kt = \dfrac{\pi}{3}$ 时，

$$v = 4lk, \quad a = 8\sqrt{3}\,lk^2$$

2. **解**：由抛物线方程 $y = Cx^2$ 可求得运动至点 A 时的曲率半径为

$$\rho = \frac{(1 + y'^2)^{\frac{3}{2}}}{y''} = 62.47 \text{ m}$$

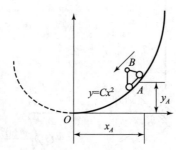

由 $v_B = 8$ m/s，可得 B 的法向加速度

$$a_B^n = \frac{v_B^2}{\rho} = 1.024\ 5 \text{ m/s}^2$$

根据切向加速度的定义

$$a_B^\tau = \frac{\mathrm{d}v_B}{\mathrm{d}t} = 4 \ \mathrm{m/s^2}$$

B 点的全加速度大小为

$$a = \sqrt{(a_B^\tau)^2 + (a_B^n)^2} = 4.13 \ \mathrm{m/s^2}$$

3. **解**：（1）求动点的运动轨迹。

由运动方程中消去时间 t，即得到动点的轨迹方程为

$$x^2 = 250\,000 - 500y$$

动点的轨迹为一抛物线。当 $t=0$ 时，$x=0$，$y=500$ m，即开始运动时，动点在抛物线上的点 $A(0,500)$ 处。当 x 从零增加而 y 的值减小，可知动点仅在图中实线所示的半抛物线上运动。所以，该动点的轨迹应为半抛物线

$$x^2 = 250\,000 - 500y, \ x \geq 0$$

（2）求 $t=0$ 时，动点的切向、法向加速度。

对动点的运动方程求导，得

$$v_x = x = 50$$
$$v_y = y = -10t$$

故动点的速度为

$$v = \sqrt{v_x^2 + v_y^2} = 10\sqrt{25 + t^2} \ \mathrm{m/s}$$

将速度表达式对时间求导，得

$$a_x = \dot{v}_x = 0$$
$$a_v = \dot{v}_y = -10$$

故动点的加速度

$$a = \sqrt{a_x^2 + a_y^2} = 10 \ \mathrm{m/s^2}$$

动点的切向加速度

$$a^\tau = \dot{v} = \frac{10t}{\sqrt{25 + t^2}}$$

所以，动点的法向加速度为

$$a^n = \sqrt{a^2 - a_\tau^2} = \frac{50}{\sqrt{25 + t^2}}$$

4. **解**：首先，建立杆的转动方程。

摇杆 OC 作定轴转动，且开始时 $\varphi_0 = 0$，由图中几何关系，可得摇杆的转动方程

$$\tan\varphi = \frac{ut}{l}$$

则

$$\varphi = \arctan\frac{ut}{l}$$

对 φ 求导得角速度

$$\omega = \frac{\mathrm{d}\varphi}{\mathrm{d}t} = \frac{ul}{l^2 + u^2 t^2}$$

再求导得角加速度

$$\varepsilon = \frac{\mathrm{d}\omega}{\mathrm{d}t} = \frac{ul \cdot 2u^2 l}{(l^2 + u^2 t^2)^2} = -\frac{2lu^2 t}{(l^2 + u^2 t^2)^2}$$

当 $\varphi = \dfrac{\pi}{4}$ 时，得

$$t = \frac{l}{u}$$

及

$$\omega = \frac{u}{2l}$$

$$\varepsilon = -\frac{u^2}{2l^2}$$

式中，负号说明当 $\varphi = \dfrac{\pi}{4}$ 时，角加速度 ε 与转角 φ 方向相反，如图中所示。

5. **解**：根据题意设角加速度为

$$\varepsilon = kt$$

其中，k 为待定的比例常数。

由

$$\varepsilon = kt$$

积分后得

$$\int_0^\omega \mathrm{d}\omega = \int_0^t \varepsilon\,\mathrm{d}t = \int_0^t kt\,\mathrm{d}t$$

当 $t = 60 \times 5 = 300$ s 时，$\omega = 600\pi$ rad/s，代入上式得

$$600\pi = \frac{1}{2}k \cdot 300^2$$

所以，

$$k = \frac{\pi}{75}\ \mathrm{rad/s}$$

$$\omega = \frac{1}{2} \cdot \frac{\pi}{75}t^2 = \frac{\pi}{150}t^2$$

又由 $\omega = \dfrac{\mathrm{d}\varphi}{\mathrm{d}t}$，积分 $\displaystyle\int_0^\omega \mathrm{d}\varphi = \int_0^t \omega\,\mathrm{d}t = \int_0^t \frac{\pi}{150}t^2\,\mathrm{d}t$

$$\varphi = \frac{\pi}{450}t^3$$

当 $t = 60 \times 5 = 300$ s 时，$\varphi = \dfrac{\pi}{450}300^3 = 60\,000\pi$

所以，转子在 5 min 中转过的圈数为

$$N = \frac{\varphi}{2\pi} = 30\,000$$

6. **解**：选取 OA 杆上的 A 点为动点，滑道 BC 为动系。根据速度合成定理 $v_a = v_e + v_r$ 得速度矢量图。

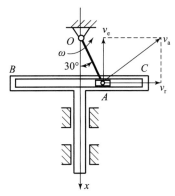

其中，

$$v_a = OA \cdot \omega = OA \cdot \frac{2\pi n}{60}$$

由几何关系，可得滑道 BC 的速度为

$$v_e = v_a \cos 60° = 0.942 \text{ m/s}$$

7. **解**：以物块 M 为动点、斜面固连动系，物块 M 的加速度为

$$a_a = a_e + a_r$$

投影得

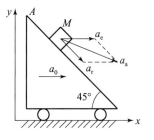

$$a_{ax} = a_0 + a_r \cos 45° = 0.2 \text{ m/s}^2$$

$$a_{ay} = -a_r \sin 45° = -0.1 \text{ m/s}^2$$

故

$$a_a = \sqrt{a_{ax}^2 + a_{ay}^2} = 0.223\,6 \text{ m/s}^2$$

积分得速度：

$$v_{ax} = 0.2t \text{ m/s}, \quad v_{ay} = -0.1t \text{ m/s}$$

故有

$$v_a = \sqrt{v_{ax}^2 + v_{ay}^2} = 0.223\,6t \text{ m/s}$$

再积分得运动方程

$$x = 0.1t^2 \text{ m}, \quad y = h - 0.05t^2 \text{ m}$$

由运动方程消去时间 t 得轨迹方程

$$y = h - \frac{x}{2}$$

8. **解**：取重球为动点，转轴 AB 为动系，根据

$$v_a = v_e + v_r$$

其中，

$$\begin{cases} v_e = \omega(e + l\sin\beta), & \text{方向垂直图面向内} \\ v_r = \omega_1 l, & \text{方向垂直 } BD \end{cases}$$

由此解出

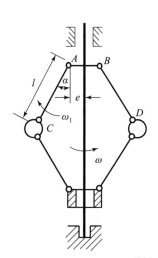

$$v_a = \sqrt{v_e^2 + v_r^2} = 3.059 \text{ m/s}$$

9. **解**：选杆 AB 上的 A 点为动点，凸轮为动系，相对运动为平动，相对轨迹为圆。

$$\boldsymbol{v}_a = \boldsymbol{v}_e + \boldsymbol{v}_r$$

$$\boldsymbol{a}_a = \boldsymbol{a}_e + \boldsymbol{a}_r^\tau + \boldsymbol{a}_r^n$$

式中，
$$v_e = v_0, \quad a_e = 0, \quad a_r^n = \frac{v_r^2}{R}$$

由此解出
$$v_r = \frac{2\sqrt{3}}{3}v_0$$

$$a_r = a_a = \frac{a_r^n}{\cos 30°} = \frac{8\sqrt{3}}{9}\frac{v_0^2}{R}$$

10. 解： 取点 M 为动点，圆锥体为动系，由
$$a_a = a_e^n + a_r + a_c$$

各项加速度分析如下

加速度	a_a	a_e^n	a_r	a_c
大小	未知	$\omega^2 \cdot CM$	0	$2\varpi v_r \sin\theta$
方向	未知	垂直指向 OA	0	水平面内切于圆锥

加速度矢量图如图所示，解出得
$$a_a = \varpi\sin\theta \cdot \sqrt{a_e^2 + a_C^2} = \varpi\sin\theta \cdot \sqrt{\varpi^2(b + v_r t)^2 + 4v_r^2}$$

11. 解： 做速度分析如图滚子速度瞬心为 P，AB 杆瞬时平动，有
$$v_B = v_A = R\omega = 2 \text{ m/s}$$

$$\omega_B = \frac{v_B}{r} = 2\omega = 4 \text{ rad/s}$$

$$v_C = PC \cdot \omega_B = 2\sqrt{2}r\omega = 2.828 \text{ m/s}$$

取 A 为基点，对 B 点做加速度分析，如图所示，有
$$a_B^\tau + a_B^n = a_A + a_{BA}^\tau + a_{BA}^n$$

$$a_B^n = \frac{v_B^2}{r}$$

$$a_A = R\omega^2$$

$$a_{BA}^n = \omega_{BA}^2 R = 0$$

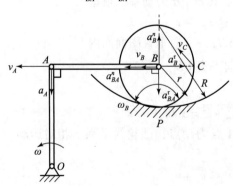

向 AB 轴投影得

$$a_B^\tau = 0$$

故 B 点加速度为

$$a_B = a_B^n = \frac{v_B^2}{r} = 8 \ \text{m}/\text{s}^2$$

取 B 点为基点，做 C 点的加速度分析，如图所示，即

$$a_C = a_B + a_{CB}^\tau + a_{CB}^n$$

其中，

$$a_B = a_B^n = 8 \ \text{m}/\text{s}^2$$

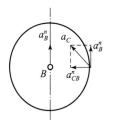

$$a_{CB}^n = \omega_B^2 r, \quad a_{CB}^\tau = \alpha_B r = \frac{a_B^\tau}{r} \cdot r = 0, \quad \text{方向如图所示。}$$

C 点的加速度为

$$a_C = \sqrt{a_B^2 + a_{CB}^2} = 11.31 \ \text{m}/\text{s}^2$$

12. 解：（1）速度分析。

由基点法：

$$v_B = v_A + v_{BA},$$

$$v_C = v_B + v_{CB}$$

解出

$$v_B = v_A \tan 60°$$

$$v_C = v_B \cos 30° = \frac{3}{2} r \omega_0, \quad v_{BA} = \frac{v_A}{\sin 30°}$$

$$\omega_1 = \frac{v_{BA}}{AB} = \frac{\omega_0}{3}, \quad v_{CB} = v_B \sin 30°$$

$$\omega_2 = \frac{v_{CB}}{BC} = \frac{\omega_0}{6}$$

（2）加速度分析。

做加速度分析，如图所示。

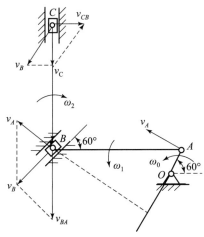

对 AB 杆，选 A 为基点，则 B 点加速度为

$$a_B = a_{BA}^\tau + a_{BA}^n + a_A^n$$

其中，
$$a_A^n = r\omega_0^2$$
$$a_{BA}^n = AB \cdot \omega_1^2$$

方向如图所示，向 AB 轴上投影得

$$\frac{1}{2}a_B = \frac{1}{2}a_A^n - a_{BA}^n$$

解得
$$a_B = -r\omega_0^2$$

对 BC 杆，选 B 点为基点，C 点加速度为

$$a_C = a_B + a_{CB}^\tau + a_{CB}^n$$

其中，
$$a_B = -r\omega_0^2$$
$$a_{CB}^n = BC \cdot \omega_2^2$$

方向如图所示，向 BC 轴上投影得

$$a_C = -\frac{\sqrt{3}}{2}a_B - a_{CB}^n = \frac{\sqrt{3}}{12}r\omega_0^2$$

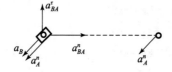

第十四章

动力学普遍定理

■ 一、本章重点与难点

重点：

1. 建立质点运动微分方程。

2. 质点动力学第二类基本问题的解法。

3. 质点系动量定理和质心运动定理。

4. 质点系的动量矩和转动惯量。

5. 质点系的动量矩定理和刚体绕定轴转动微分方程及其应用。

6. 力的功和物体动能的计算。

7. 动能定理和机械能守恒定理的应用。

难点：

1. 质点运动微分方程进行变量变换后再积分的方法。

2. 变质量质点的运动微分方程。

3. 相对质心的动量矩定理。

4. 刚体平面运动微分方程的应用。

5. 相对质心的动量矩定理。

6. 刚体平面运动微分方程的应用。

7. 综合应用动力学基本定理。

■ 二、知识要点与辅导

（一）知识要点

1. 动力学和静力学中求约束反力的问题

设作用在非自由质点上的主动力之和为 $\sum\limits_{i=1}^{n} F_i$，约束反力之和为 $\sum\limits_{j=1}^{n} F_{N_j}$。质点动力学

基本方程可写为

$$ma = \sum_{i=1}^{n} F_i + \sum_{i=1}^{n} F_{N_j}$$

当质点的加速度为零时，由上式得到汇交力系的平衡方程

$$\sum_{i=1}^{n} F_i + \sum_{i=1}^{n} F_{N_j} = 0$$

比较上述两个方程可知：

在静力学平衡问题中，约束反力只与主动力有关；在动力学问题中，约束反力的分析方法与静力学一样，但约束反力不仅与主动力有关，而且还与质点的加速度有关。因此，在求解动力学问题的约束反力时，一定要和平衡时求得的约束反力加以区别。

2. 一般情况下质点的加速度是变量

一般情况下，力是时间、位置、速度等参变量的函数，加速度也是这些参变量的函数。当力是常数时，加速度才是常数。

3. 质点运动的初始条件

仅仅知道质点的质量和作用于质点的力，不能确定质点的运动。要确定质点的运动，还必须知道质点运动的初始条件。

力的冲量是元冲量 $\mathrm{d}S = F\mathrm{d}t$ 的矢量积分：

$$S = \int_0^t F\mathrm{d}t$$

由于力 F 的大小、方向都可随时间改变，因此，冲量为零时，力 F 不一定是零；时间越长，冲量也不一定越大。

4. 质点系动量定理

质点系运动时，系统中的所有质点在每一瞬时都具有各自的动量矢。质点系中所有质点动量矢的集合，称为动量系。

$$p = (m_1 v_1, m_2 v_2, \cdots, m_n v_n)$$

动量系的矢量和，称为质点系的动量，又称为动量系的主矢量，简称为动量主矢。

$$p = \sum_i m_i v_i$$

根据质点系质心的位矢公式

$$r_C = \frac{\sum_i m_i r_i}{m}, \quad v_C = \frac{\sum_i m_i v_i}{m}, \quad p = m v_C$$

对于质点：

$$\frac{\mathrm{d}p_i}{\mathrm{d}t} = \frac{\mathrm{d}(m_i v_i)}{\mathrm{d}t} = F_i$$

对于质点系：

$$\sum_i \frac{\mathrm{d}p_i}{\mathrm{d}t} = \sum_i \frac{\mathrm{d}(m_i v_i)}{\mathrm{d}t} = \sum_i F_i$$

$$\frac{\mathrm{d}p}{\mathrm{d}t} = \frac{\mathrm{d}}{\mathrm{d}t}\left(\sum_i m_i v_i\right) = F_R^i + F_R^e$$

$$F_{\mathrm{R}}^{\mathrm{i}} = \sum_i F_i^{\mathrm{i}} = 0 \text{——内力主矢}$$

$$F_{\mathrm{R}}^{\mathrm{e}} = \sum_i F_i^{\mathrm{e}} \text{——外力主矢}$$

$$\frac{\mathrm{d}p}{\mathrm{d}t} = F_{\mathrm{R}}^{\mathrm{e}}, \quad \frac{\mathrm{d}}{\mathrm{d}t}\left(\sum_i m_i v_i\right) = F_{\mathrm{R}}^{\mathrm{e}}$$

质点系的动量主矢对时间的一阶导数，等于作用在这一质点系上的外力主矢 —— 质点系动量定理。

质心运动定理：

根据质点系质心的位矢公式：

$$r_C = \frac{\sum_i m_i r_i}{m}, \quad v_C = \frac{\sum_i m_i v_i}{m}, \quad a_C = \frac{\sum_i m_i a_i}{m}$$

$$a_C = \frac{\sum_i m_i a_i}{m}, \quad \frac{\mathrm{d}}{\mathrm{d}t}\left(\sum_i m_i v_i\right) = F_{\mathrm{R}}^{\mathrm{e}}, \quad ma_C = F_{\mathrm{R}}^{\mathrm{e}}$$

5. 动量定理的投影与守恒形式

质点系动量定理的投影形式：

$$\frac{\mathrm{d}p_x}{\mathrm{d}t} = F_{\mathrm{R}x}^{\mathrm{e}}, \quad \frac{\mathrm{d}p_y}{\mathrm{d}t} = F_{\mathrm{R}y}^{\mathrm{e}}, \quad \frac{\mathrm{d}p_z}{\mathrm{d}t} = F_{\mathrm{R}z}^{\mathrm{e}}$$

质心运动定理的投影形式：

$$ma_{Cx} = F_{\mathrm{R}x}^{\mathrm{e}}, \quad ma_{Cy} = F_{\mathrm{R}y}^{\mathrm{e}}, \quad ma_{Cz} = F_{\mathrm{R}z}^{\mathrm{e}}$$

质点系动量守恒：

$$\frac{\mathrm{d}p}{\mathrm{d}t} = F_{\mathrm{R}}^{\mathrm{e}}$$

$$p_x = C1, \text{ 或 } p_y = C1, \text{ 或 } p_z = C1$$

质心运动守恒的特殊情形：

$$ma_C = F_{\mathrm{R}}^{\mathrm{e}}$$

$$F_{\mathrm{R}}^{\mathrm{e}} \neq 0, \quad F_{\mathrm{R}x}^{\mathrm{e}} = 0, \text{ 或 } F_{\mathrm{R}y}^{\mathrm{e}} = 0, \text{ 或 } F_{\mathrm{R}z}^{\mathrm{e}} = 0$$

$$v_{Cx} = C2, \text{ 或 } v_{Cy} = C2, \text{ 或 } v_{Cz} = C2$$

$C1$、$C2$ 均为标量，由初始条件确定。

6. 关于质点与质点系动量矩的计算

1）平动刚体

刚体作平动时，各质点的速度 v_i 等于质心的速度 v_C，即 $v_i = v_C$，平动刚体的动量等于质心的动量，即

$$\boldsymbol{K} = \sum_{i=1}^n m_i v_i = \left(\sum_{i=1}^n m_i\right) v_C = M v_C$$

平动刚体对 O 点（或 z 轴）的动量矩等于质心的动量对 O 点（或 z 轴）的矩

$$\boldsymbol{L}_O = \sum_{i=1}^n \boldsymbol{r}_i \times m_i v_i = \left(\sum_{i=1}^n m_i \boldsymbol{r}_i\right) \times v_C = M \boldsymbol{r}_C \times \boldsymbol{v}_C = \boldsymbol{r} \times M \boldsymbol{v}_C$$

平动刚体可简化为质量集中在质心的质点。

2）定轴转动刚体

定轴转动刚体的动量，等于刚体的质量与质心速度的乘积，即

$$K = Mv_C$$

定轴转动刚体的动量矩，等于刚体的转动惯量与角速度的乘积，即

$$L_z = I_z \cdot \omega$$

3）平面运动刚体

平面运动刚体的动量等于刚体的质量与质心速度的乘积，即刚体随质心平动的动量，即

$$K = Mv_C$$

平面运动刚体相对质心的动量矩等于刚体对质心的转动惯量与角速度的乘积，即

$$L_C = I_C \cdot \omega$$

7. 关于动量矩定理

质点动量矩定理：质点对某定点的动量矩对时间的一阶导数，等于作用力对同一点的矩。

质点系动量矩定理：质点系对某定点的动量矩对时间的一阶导数，等于作用于质点系的外力对同一点的矩的矢量和（外力对点 O 的主矩）。

$$\frac{\mathrm{d}L_O}{\mathrm{d}t} = \sum M_O(\boldsymbol{F})$$

对 Z 轴的动量矩定理：

$$\frac{\mathrm{d}L_z}{\mathrm{d}t} = \sum M_z(\boldsymbol{F})$$

8. 质点系内力做功之和为零的情况

质点系中内力作用点的位移相等时，内力做功之和为零。例如，在刚体系中运动的光滑铰链约束反力做功之和为零。刚体和不可伸长的绳索、胶带的所有内力做功之和为零。

9. 动能定理

微分形式：
$$\mathrm{d}T = \sum \delta W_F$$

积分形式：
$$T_2 - T_1 = \sum W_F$$

10. 势力场和势能

在势力场中，力所做的功只与质点系各质点的运动起点和终点的位置有关，与质点系内各质点的运动轨迹无关，各质点在势力场中受到的力称为有势力或保守力。

质点系在势力场某位置的势能，等于有势力从该位置到另一任选的零势能面（或点）所做的功。

11. 功率方程

输入功率 $P_{输入}$：对系统所做的正功率，使系统的动能增加和克服阻力的功率。

无用功率 $P_{无用}$：克服无用阻力的功率，是负功率，使部分机械能转化为其他形式的无用能量。

有用功率 $P_{\text{有用}}$：克服有用阻力的功率，也是负功率，使部分机械能转化为有用的能量。

功率方程：

$$\frac{\mathrm{d}T}{\mathrm{d}t} = P_{\text{输入}} - P_{\text{无用}} - P_{\text{有用}}$$

12. 机械效率

有效功率：克服有用阻力的功率与使系统动能增加的功率之和，即

$$P_{\text{有效}} = \frac{\mathrm{d}T}{\mathrm{d}t} + P_{\text{有用}}$$

机械效率：有效功率与输入功率的比值，即

$$\eta = \frac{P_{\text{有效}}}{P_{\text{输入}}} < 1$$

多级传动的效率等于各级传动效率的连乘积，即

$$\eta = \eta_1 \cdot \eta_2 \cdot \eta_3 \cdots$$

（二）辅导

1. 动力学和静力学中求约束反力的问题

设作用在非自由质点上的主动力之和为 $\sum_{i=1}^{n} F_i$ ，约束反力之和为 $\sum_{j=1}^{n} F_{N_j}$ 。质点动力学基本方程可写为

$$ma = \sum_{i=1}^{n} F_i + \sum_{i=1}^{n} F_{N_j}$$

当质点的加速度为零时，由上式得到汇交力系的平衡方程

$$\sum_{i=1}^{n} F_i + \sum_{i=1}^{n} F_{N_j} = 0$$

比较上述两个方程可知，在静力学平衡问题中，约束反力只与主动力有关；在动力学问题中，约束反力的分析方法与静力学一样，但约束反力不仅与主动力有关，而且与质点的加速度有关。因此，在求解动力学问题的约束反力时，一定要和平衡时求得的约束反力加以区别。一般情况下，力是时间、位置、速度等参变量的函数，加速度也是这些参变量的函数。当力是常数时，加速度才是常数。仅仅知道质点的质量和作用于质点的力，不能确定质点的运动。要确定质点的运动，还必须知道质点运动的初始条件。

2. 应用动量定理解题的步骤

（1）取研究对象。根据题意，适当选择与待求量和已知量有关的质点或质点系为研究对象。

（2）分析力和画受力图（其方法与静力学相同）。

（3）分析运动情况。用运动学的方法来分析质点或质点系的运动，明确已知的及未知的条件、各质点所受的约束及各质点运动之间的关系。

（4）选择定理与建立方程。动力学基本定理建立了运动量的变化和作用量之间的关系，它所求解的问题大致分为两类：

第一类基本问题：已知质点（或质点系）的运动，求力（或力的作用量）。

第二类基本问题：已知作用于质点（或质点系）的力，求运动。

也有一些综合问题，第一类和第二基本问题相互交叉在一起，这时要把它分解成两类基本问题，依次求解。在分析受力和运动以后，先分清是哪类问题，然后选择定理，再建立方程。

（5）解方程。

3. 动量定理的积分与微分形式

（1）积分形式的动量定理：

$$K_2 - K_1 = \sum \int_0^t F^{(e)} \, \mathrm{d}t = \sum S^{(e)}$$

动量守恒定理和质心守恒定理是动量定量最简单的积分形式。动量守恒定理可用于求系统中一部分的速度，或与速度有关的量。

（2）微分形式的动量定理：

$$\frac{\mathrm{d}}{\mathrm{d}t}K = \sum F^{(e)}$$

可以用来求质点系的外力。

4. 质心运动定理

当质点系中各质点的运动可由运动方程给定时，求作用于质点系的外力常用质心运动定理。已知作用于质点系，求质心的运动问题，就是建立质心的运动微分方程并求解此方程的问题。

5. 变质量质点的运动微分方程

这类问题一般先确定 m、$\mathrm{d}m$、v_r，然后代入方程求解。

6. 关于动量矩定理

（1）动量矩定理的解题方法步骤与动量定理相同。

（2）对于物体转动的动力学问题，考虑应用动量矩定理时，需要分清是已知物体的转动规律求作用于物体的主动力，还是已知作用于物体的主动力求物体的转动规律。

计算质点系的动量矩时，注意以下几点：

①一般取固定轴为矩轴，平面运动刚体可对质心轴取矩。

②区分质点和刚体；对刚体要区分平动、转动、平面运动。按物体运动情况计算动量矩。

③对于定轴转动刚体需要计算转动惯量。

（3）计算力矩时，注意以下几点：

①只计算外力的矩，但不要遗漏。

②注意挑出对点或对轴的力矩为零的外力。

③应用合力矩定理。例如光滑平面、斜面上的物块可将约束反力和重力合成（即用重力沿斜面的分力）后，再对轴取矩。

（4）具有多个转轴的系统需要将系统拆开成几个单轴。刚体转动微分方程的研究对象只能是一个转动刚体。

（5）列方程时，正负号的规定如下：

①未知的角加速度$\dfrac{d\omega}{dt}$是代数量，设为正号。

②对单轴问题，力矩、动量均按逆时针转向为正，顺时针转向为负。

③对多轴传动问题，一般规定各轴的转向均按逆时针为正，对各轴的力矩与动量矩的正负也按此规定处理，未知量一律取正号。解方程时，注意要用传动比的正负表示出各个轴的转向相同或相反。

（6）刚体平面运动微分方程的研究对象是一个刚体。解题时，要注意寻找质心的运动和绕质心转动的关系。

7. 关于动能定理

（1）动能定理解题的方法和步骤与动量矩定理相同。

（2）对于具有理想约束的质点或质点系，如果是由于力作用了一段路程引起运动变化的问题，可考虑用动能定理求解。解题时，要分清是已知力求运动，还是已知运动求力。

①已知运动求力的问题。先用动能的改变求功，再用功的计算公式求力。

②已知力求速度或角速度问题。应用动能定理，由力的功和动能求末动能。

③已知力求加速度或角加速度问题。有两种解法：一种是用动能求一般位置的速度（或角速度），再对速度（角速度）求导数，得到加速度（或角加速度）；另一种是功率方程，即通过对动能及功求导数，求得加速度（或角加速度）。

（3）计算动能时，注意以下几点：

①区分质点系是流体、刚体或离散的质点系。

②区分刚体作平动、转动或平面运动，按公式计算其动能。

③功能公式中的速度是绝对速度，角速度是绝对角速度。

（4）计算力的功时，注意以下几点：

①内力也能做功，不论外力、内力，只要做功都要计算。功是代数量，各力的功要代数相加。

②理想约束的约束反力不做功，刚体和不可伸长的绳索、胶带、无重刚杆和光滑铰链内力的功之和等于零。

③区分常力、变力和有势力。变力的功用元功的积分计算，有势力的功与路径无关，可用势能的差计算。

（5）具有理想约束的多个转轴（包括只滚不滑刚体）的系统，因为约束反力不做功，在动能定理方程中不出现约束反力。如不需要求约束反力，则可取整个系统为研究对象，考虑应用动能定理。

（6）如所有做功的力都是有势力，可考虑应用机械能守恒定律。

8. 基本定理的综合应用

有许多动力学问题，特别是比较复杂的问题，往往不是应用某个定理所能解决的，需要联合应用几个定理求解。在具体问题中，可根据已知量和待求量以及各定理的特点，经过反复分析，比较确定。而且一个问题常常可有几种方法求解，所以怎样综合应用动力学基本定理，难以总结出一套方法，只能大致归纳出以下思路：

1）已知运动求力的问题

求约束反力：一般可先考虑用动量定理或质心运动定理，对于质心不在转轴的定轴转动刚体和平面运动刚体可考虑用对质心的转动微分方程。

2）已知力求运动的问题

（1）求速度（角速度）。可考虑用动能定理（力作用了一段路程）、机械能守恒定理（势力场）、质心运动（动量）守恒定理、动量矩守恒定律。如果是力作用了一段时间求速度（角速度）的问题，考虑用动量定理或动量矩定理的积分式（内力不出现在方程中）。

（2）求加速度（角加速度）。对质点系可考虑用动量（或质心运动）定理和动量矩定理。对定轴转动刚体，可考虑用刚体转动微分方程。对平面运动刚体，可考虑用刚体平面运动微分方程。对有一个转轴并带有平动刚体的系统，考虑应用动量矩定理或分开列方程，但在分开后出现内力，未知数较多，如不求内力，不必分开。对有两个或多个转轴的系统，以及由转动刚体和平面运动刚体等组成的复杂系统，考虑用功率方程或分开列出方程，但在分开后出现内力，未知数较多，如不求内力，不要拆开。欲求速度，可先求加速度再积分；欲求加速度，也可先求速度再微分。

3）已知运动的初始条件，求约束反力

先根据已知条件求速度（角速度）、加速度（角加速度），再根据运动求约束反力。

■ 三、例题精讲

例 14.1　已知活塞与滑杆质量共为 $m = 50$ kg，$OA = 0.3$ m，$n = 120$ r/min，如图 14.1 所示，求当 $\varphi = 0°$ 与 $\varphi = 90°$ 时作用在 BD 上的水平力。

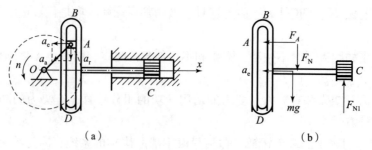

图 14.1

解：取滑块 A 为动点，BDC（平动）为动系，加速度分析如图 14.1（a）所示，图中，

$$a_a^n = OA \cdot \omega^2 = OA \cdot \left(\frac{n\pi}{30}\right)^2$$

由 $a_a = a_a^n = a_e + a_r$，求得

$$a_e = a_{BDC} = a_a \cos\varphi$$

BDC 受力分析如图 14.1（b）所示，由

$$ma_x = \sum F_x, \quad -ma_e = \sum F_A$$

解出　当 $\varphi = 90°$ 时，$F_A = 0$；当 $\varphi = 0°$ 时，$F_A = ma_a = 2\,369$ N，方向向左。

例 14.2　如图 14.2 所示，已知物块质量为 m，摩擦系数为 f_s，与转轴间的距离为 r，求物块不滑出时转台的最大转速。

解：视物块为质点，受力与加速度分析如图 14.1 所示，由

$$ma^n = F_s, \quad a^n = r\omega^2$$

以及物块不滑的条件 $F_s \leqslant f_s F_N = f_s mg$，即

$$mr\omega^2 \leqslant f_s mg$$

解出

$$\omega \leqslant \sqrt{\frac{f_s g}{r}}, \quad n_{max} = \frac{30}{\pi}\omega_{max} = \frac{30}{\pi}\sqrt{\frac{f_s g}{r}} \ \text{r/min}$$

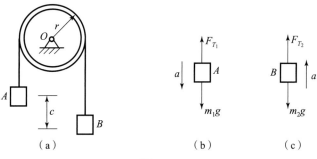

图 14.2

例 14.3　已知 A、B 的质量分别为 m_1、m_2，且 $m_1 > m_2$，不计质量的滑轮半径为 r，如图 14.3 所示，求系统在高度差为 c 的位置无初始速度释放后，两物达到相同的高度所需的时间。

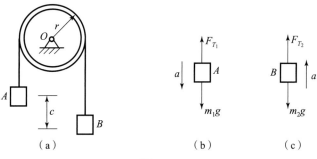

（a）　　　　　　（b）　　　　（c）

图 14.3

解：视物体 A、B 为质点，受力与加速度分析。

如图 14.4 所示，分别有

$$m_1(-a) = F_{T1} - m_1 g$$
$$m_2 a = F_{T2} - m_2 g$$

式中，$F_{T2} = F_{T1}$，解出

$$a = \frac{m_1 - m_2}{m_1 + m_2}g \quad （为常数）$$

再由 $s = s_0 + v_0 t + \dfrac{1}{2}at^2$，即 $\dfrac{c}{2} = \dfrac{1}{2}at^2$

解得
$$t = \sqrt{\frac{c}{g}\frac{m_1 + m_2}{m_1 - m_2}}$$

例 14.4　塔轮由两个半径为 r_1 和 r_2 的均质圆轮固连在一起组成，并可绕水平轴转动，两轮上各绕有绳索，并挂有重物 M_1 和 M_2，如图 14.4 所示。设已知两轮的总质量为 M，两重物的质量分别为 m_1、m_2，不计绳的质量，试求当 M_1 以加速度 a_1 下降时轴承 O 的约束反力。

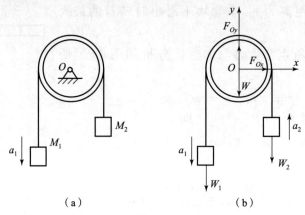

（a）　　　　　　　　（b）

图 14.4

解：取塔轮和重物组成的系统为研究对象。分析受力如图 14.4（b）所示。

分析运动：塔轮的角加速度为

$$\varepsilon = \frac{a_1}{r_1} = \frac{a_2}{r_2}$$

$$a_2 = \frac{r_2}{r_1}a_1 \tag{1}$$

用动量定理列方程：

$$\frac{\mathrm{d}}{\mathrm{d}t}K_x = \sum F_x^{(e)}$$

$$0 = X_O \tag{2}$$

$$\frac{\mathrm{d}}{\mathrm{d}t}K_y = \sum F_y^{(e)}$$

$$-m_1 a_1 + m_2 a_2 = Y_O - Q - Q_1 - Q_2 \tag{3}$$

把式（1）代入式（3）可得

$$Y_O = (M + m_1 + m_2)g - \left(m_1 - \frac{r_2}{r_1}m_2\right)a_1$$

讨论：已知系统的运动求约束反力的问题，可用微分形式的动量定理求解，也可用质心运动定理求解。

轴承反力与每个物体的质量和加速度有关，与 M_1 和 M_2 的速度无关。只要 a_1 的大小、方向不变，无论 M_1 上升或下降都不影响反力 Y_O 的值。

例题 14.5　已知 A、B 的质量分别为 m_A 和 m_B，且 $m_A = 3m_B$，各处摩擦不计。初始时系统静止。求：当 B 沿 A 滑下接触到水平时，A 移动的距离。

解：设 A 沿 x 轴正向移动了 Δx，因该系统初始静止，且 $\sum X = 0$，故 x 方向该系统质心位置守恒。由

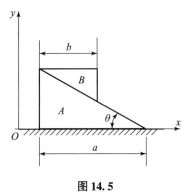

$$x_{C1} = \frac{m_A x_1 + m_B x_2}{m_A + m_B}$$

$$x_{C2} = \frac{m_A(x_1 + \Delta x) + m_B(x_2 + \Delta x + a - b)}{m_A + m_B}$$

$$x_{C1} = x_{C2}$$

由以上三式解得

$$\Delta x = -\frac{1}{4}(a - b)$$

图 14.5

例 14.6　已知均质杆 AB 长为 l，直立于光滑的水平面上。求杆无初速倒下时，端点 A 相对图 14.6 所示坐标系的轨迹。

解：杆初始静止，且 $\sum X = 0$，x 方向质心位置守恒。

即质心 C 始终在 y 轴上，A 点坐标为

$$x = \frac{l}{2}\cos\theta, \quad y = l\sin\theta$$

消去参数 θ，得

$$4x^2 + y^2 = l^2$$

即端点 A 相对图示坐标系的轨迹。

例 14.7　半径为 R、质量为 m 的匀质圆轮绕定轴转动，如图 14.7 所示，轮上绕有细绳，绳端悬挂重 W 的物块 P。试求物块下落的加速度。

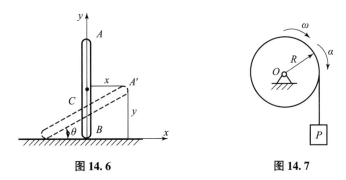

图 14.6　　　　　　　　图 14.7

解：由（相对定轴）动量矩：

$$\frac{\mathrm{d}}{\mathrm{d}t}\left(\frac{1}{2}mR^2\omega + \frac{W}{g}vR\right) = WR$$

$$\left(\frac{1}{2}mR^2\alpha + \frac{W}{g}a_P R\right) = WR$$

运动学关系：
$$a_P = \alpha R$$

例14.8 已知均质圆柱体 A 质量为 m，初始静止。求圆柱体的轴心降落了高度 h 时的速度和绳子的张力。

解：圆柱体受力与运动方程分析如图14.8所示，其平面运动微分方程为

$$ma_x = 0$$
$$ma_A = mg - F_T$$
$$\frac{1}{2}mR^2\alpha = F_T R$$
$$R\alpha = a_A$$

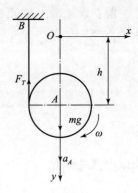

图14.8

解得
$$a_A = \frac{2}{3}g, \quad F_T = \frac{1}{3}mg$$

a_A 为常数，点 A 降落了高度 h 时的速度为

$$v = \sqrt{2a_A h} = \frac{2}{3}\sqrt{3gh}$$

例14.9 已知鼓轮的质量为 m_2，半径为 R、r，回转半径为 ρ_0，物体 A 的质量为 m_1，轮 D 的质量不计。求重物 A 的加速度。

解：分别研究重物 A 与鼓轮，受力与加速度分析如图14.9所示，对重物 A，有

$$m_1 a_A = m_1 g - F_{AD}$$

对轮子，有

$$m_2 a_O = F_{BD} - F_s$$
$$m_2 \rho_O^2 \alpha = F_{BD} r + F_s R$$

式中，$\alpha = \dfrac{a_A}{r+R}$，$a_O = R\alpha = \dfrac{a_A}{r+R}R$，$F_{AD} = F_{BD}$，解得

$$a_A = \frac{m_1 g(r+R)^2 - F_{AD}}{m_1(R+r)^2 + m_2(\rho_O^2 + R^2)}$$

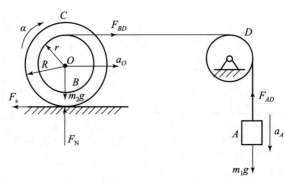

图14.9

例14.10 如图14.10所示，已知坦克两车轮的质量均为 m_1，半径为 R，可看作均质圆盘，坦克履带的质量为 m_2，两车轮轴间的距离为 πR，坦克前进的速度为 v，求此质点系的动能。

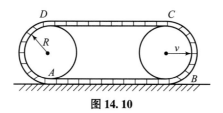

图 14.10

解：车轮作平面运动，角速度为

$$\omega = \frac{v}{R}$$

两车轮的动能为

$$T_1 = 2 \cdot \left(\frac{1}{2}m_1 v^2 + \frac{1}{2}m_1 R^2 \omega^2 \right) = \frac{3}{2}m_1 v^2$$

坦克履带 AB 动能为零，CD 部分为平动，其速度为 $2v$，圆弧 AD 与 BC 部分合起来可看作一平面运动圆环，环心速度为 v，角速度为 $\omega = \frac{v}{R}$。履带的动能为

$$T_2 = 2 \cdot \frac{m_2}{4}(2v)^2 + \frac{1}{2}\frac{m_2}{2}v^2 + \frac{1}{2}\frac{m_2}{2}R^2 \omega^2 = m_2 v^2$$

则此质点系的动能为

$$T = T_1 + T_2 = \frac{1}{2}(3m_1 + 2m_2)v^2$$

例 14.11 如图 14.11 中所示，已知重物 M_1、M_2 的质量分别为 m_1 和 m_2。定滑轮 O_1 的半径为 r_1，质量为 m_3，动滑轮 O_2 的半径为 r_2，质量为 m_4，两轮均可看作均质圆盘，且 $m_2 > (2m - m_4)$。求重物 M_2 由静止下降距离 h 时的速度。

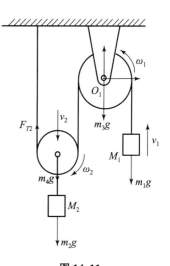

解：设系统初始动能 $T_1 = 0$，重物 M_2 下降 h 时动能为

$$T_2 = \frac{1}{2}m_1 v_1^2 + \frac{1}{2}J_{O1}\omega_1^2 + \frac{1}{2}m_4 v_2^2 + \frac{1}{2}J_{O2}\omega_2^2 + \frac{1}{2}m_2 v_2^2$$

式中，转动惯量

$$J_{O1} = \frac{1}{2}m_3 r_1^2, \quad J_{O2} = \frac{1}{2}m_4 r_2^2$$

由运动学关系

$$r_1 \omega_1 = v_1, \quad v_2 = \frac{1}{2}v_1, \quad r_2 \omega_2 = v_2$$

图 14.11

重力做功为

$$W = (m_2 + m_4)gh - m_1 g \cdot 2h$$
$$= (m_2 + m_4 - 2m_1)gh$$

由 $T_2 - T_1 = W$，解出

$$v_2 = \sqrt{\frac{4gh(m_2 - 2m_1 + m_4)}{8m_1 + 2m_2 + 4m_3 + 4m_4}}$$

例 14.12 如图 14.12 中所示，均质滚子 A 与滑轮 B 的质量均为 m_1，滚子向下作纯滚动，物体 C 的质量为 m_2。求滚子质心的加速度和系在滚子上的绳子的张力。

解： 由题设中，设滚子半径为 R，该系统的动能为

$$T = \frac{1}{2}\frac{3}{2}m_1 R^2 \omega_A^2 + \frac{1}{2}\frac{1}{2}m_2 R^2 \omega_O^2 + \frac{1}{2}m_2 v^2$$

将 $R\omega_A = R\omega_O = v$ 代入，得

$$T = \frac{1}{2}(2m_1 + m_2)v^2$$

该系统所有力的功率为

$$\sum P = (m_1 g\sin\theta - m_2 g)v$$

由功率方程 $\dfrac{\mathrm{d}T}{\mathrm{d}t} = \sum P$，解得

$$a = \frac{m_1 \sin\theta - m_2}{2m_1 + m_2}g$$

再研究轮 A，有方程

$$\frac{1}{2}m_1 R^2 \alpha = F_s R; \quad m_1 a = m_1 g\sin\theta - F_s - F$$

注意到 $R\alpha = a$，解得

$$a = \frac{3m_1 m_2 + (2m_1 m_2 + m_1^2)\sin\theta}{2(2m_1 + m_2)}g$$

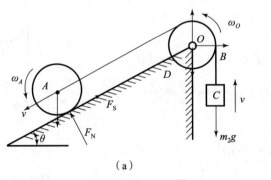

（a） （b）

图 14.12

■ 四、习题精练

（一）填空题

1. 在一组平行轴中，刚体对_____轴的转动惯量最小。

2. 炮弹飞出炮膛后，如无空气阻力，质心沿_____运动。

3. 某质点对于某定点 O 的动量矩矢量表达式为 $L_0 = 6t^2 \boldsymbol{i} + (8t^3 + 5)\boldsymbol{j} - (t - 7)\boldsymbol{k}$，式中 t 为时间，$\boldsymbol{i}$、$\boldsymbol{j}$、$\boldsymbol{k}$ 为沿固定直角坐标轴的单位矢量。此质点上作用力对 O 点的力矩为_____。

4. 如图所示，轮 Ⅰ、Ⅱ 皆为均质圆盘，质量为 m_1、m_2，半径为 R_1、R_2，胶带为均质，总质量为 m。如轮 Ⅰ 角速度为 ω_1，此系统的动量为_____。

题 4 图

5. 设物体质量为 m，图（a）、（b）、（c）所示各均质物体的动量分别为_____、_____、_____。

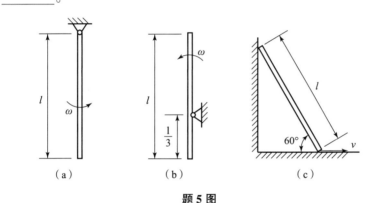

题 5 图

6. 如图所示，在铅垂面内，杆 OA 可绕 O 轴自由转动，均质圆盘可绕其质心轴 A 自由转动，如 OA 水平时系统静止，自由释放后圆盘作_____运动。

7. 如图所示，质量为 m 的均质直杆 AB 的上端靠在竖直墙壁上，下端通过铰链与质量同为 m 的均质圆轮的中心相连，AB 杆长是圆轮半径的 4 倍，圆轮沿水平地面作纯滚动，在图示位置，已知轮心速度为 v，则此时整个系统的动能为_____。

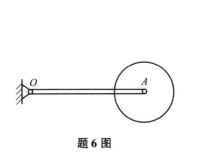

题 6 图

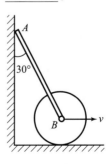

题 7 图

8. 设物体质量为 m，图（a）、（b）、（c）、（d）所示各均质物体的动量矩分别为_____、_____、_____、_____、_____。

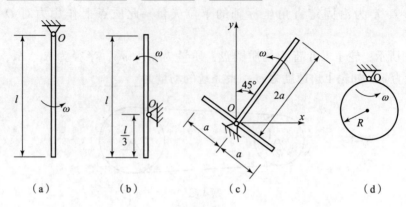

（a）　　　　（b）　　　　（c）　　　　（d）

题 8 图

9. 如图所示，半径为 R 的均质圆盘以匀角速度 ω 绕其中心 O 转动，长为 $2R$ 的均质细杆的一端焊接在圆盘边缘上。圆盘和细棒的质量均为 m，整个系统的动量大小为_____，系统对 O 点的动量矩大小为_____。

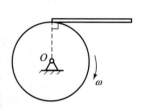

题 9 图

10. 重力为 W、边长为 d 的均质正方体木块平稳放置在足够粗糙的水平地面上，施加一个推力，使木块非常缓慢地无滑动地翻倒 90°，则推力做的功至少为_____。

11. 摩擦式离合器中，两个同轴摩擦盘对中心轴的转动惯量分别为 $J_1 = 1 \ \mathrm{kg \cdot m^2}$，$J_2 = 4 \ \mathrm{kg \cdot m^2}$。处于分离状态时，两盘的旋转角速度分别为 $\omega_1 = 20 \ \mathrm{rad/s}$，$\omega_2 = 15 \ \mathrm{rad/s}$，转向相同。现使两盘相互接合，则两盘不打滑后的共同旋转角速度为_____。

（二）选择题

1. 质点系动量矩定理的表达式为：$\dfrac{\mathrm{d}}{\mathrm{d}t}\boldsymbol{L}_P = \sum_{i=1}^{n} \boldsymbol{M}_P(\boldsymbol{F}_i^{(e)})$。关于矩心 P 的说法，正确的是（　　）。

A. 矩心 P 只能是固定点

B. 矩心 P 只能是系统的质心

C. 矩心 P 可以是固定点，也可以是系统的质心

D. 矩心 P 可以是任意点

2. 下列说法中不正确的是（　　）。

A. 动能是非负的标量

B. 作用于质点上的合力的功等于各分力的功的代数和

C. 功是非负的标量

D. 质点作曲线运动，切向力做功，法向力不做功

3. 下列关于"功"的说法中,错误的是 ( )。

A. 质点作曲线运动时,切向力可能做功,但法向力不可能做功

B. 作用在质点上的合力所做的功等于各分力所做的功之代数和

C. 弹簧由自然位置先拉长 5 cm,再继续拉长 5 cm,弹簧力两次做功不等

D. 摩擦力总是阻碍物体的相对运动,因此摩擦力不可能做正功

4. 汽车以恒定速度 v 沿平直公路行驶,整个汽车的总质量为 M,其中每个车轮的质量均为 m,半径都相同,可视为均质圆盘(该汽车共有 4 个车轮),车轮做纯滚动,则整个汽车的总动能为 ( )。

A. $\frac{1}{2}Mv^2$　　　　　　　　B. $\frac{1}{2}(M+m)v^2$

C. $\frac{1}{2}(M+2m)v^2$　　　　　　D. $\frac{1}{2}(M+3m)v^2$

5. 实心均质圆柱和空心薄壁圆筒,在同一个斜面的同一高度处,同时由静止释放,它们均沿斜面作纯滚动,则谁先到达斜面底端? ( )

A. 实心圆柱先到达　　　　　　B. 空心圆筒先到达

C. 同时到达　　　　　　　　　D. 无法判断

(三) 计算题

1. 已知轨道的曲率半径 $\rho = 300$ m,列车的速度 $v = 12$ m/s,轨道间距 $b = 1.6$ m,求为使列车对铁轨的压力垂直于路基,外轨应高于内轨的高度 h。

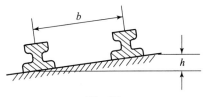

题 1 图

2. 已知潜艇的质量 m,重力与浮力合起来的下沉力为 P,水的阻力 $F_R = -kA_v$,式中 k、A 为常数,v 为下潜速度,$t = 0$ 时,$v = 0$,求潜艇铅直下潜的速度和在时间 T 内下潜路程。

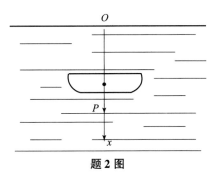

题 2 图

3. 已知滑块 A 的质量为 m，自重不计的弹簧刚度为 k，$AB = l$，B 球质量为 m_1，$\varphi = \omega t$，ω 为常数，AB 杆上的力偶矩为 M。求滑块 A 的运动方程。

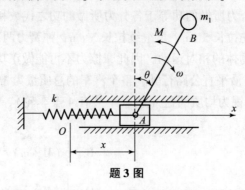

题 3 图

4. 已知一火箭以等加速度 a 水平飞行，燃料喷射的相对速度 v_r 为常数，火箭的起始质量为 m_0，不计空气阻力，求火箭质量随时间的变化规律。

5. 已知火箭起飞质量为 1 000 kg，其中燃料的质量为 900 kg，$t = 0$ 时铅垂发射，燃料以 10 kg/s 的速率消耗，并以相对速度 2 100 m/s 喷出。求 $t = 0$、45 s、90 s 时火箭的速度和加速度。

6. 已知重物 M_1、M_2 的质量各为 m_1、m_2，塔轮的质量为 m_3，对 O 轴的回转半径为 ρ，且质心位于转轴 O 处。求鼓轮的角加速度 α。

7. 已知均质鼓轮的半径为 r，质量为 m_1，物块 D 的质量为 m_2，与水平面间的动摩擦系数为 f，在手柄 AB 上作用矩为 M 的力偶。求物体 D 的加速度。

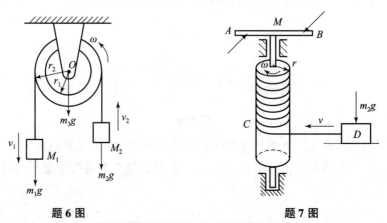

题 6 图   题 7 图

8. 已知两均质轮的半径分别为 R_1 和 R_2，质量分别为 m_1，m_2，分别受矩为 M 的主动力偶和矩为 M' 的阻力偶作用，不计胶带的质量，求 O_1 轮的角加速度。

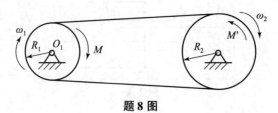

题 8 图

9. 已知电绞车提升一质量为 m 的物体，齿轮 1 上作用一矩为 M 的主动力偶，轮 1 与轮 2 的转动惯量分别 J_1 和 J_2，且传动比为 $z_2 : z_1 = i$，鼓轮半径为 R。求重物的加速度。

10. 已知两均质轮 A、B 的半径分别为 r_1 和 r_2，质量分别为 m_1、m_2，圆轮 A 角速度为 ω，杆 OA 的质量不计，初始静止，两轮间的摩擦系数为 f。求自轮 A 放在轮 B 上到两轮间没有相对滑动的时间。

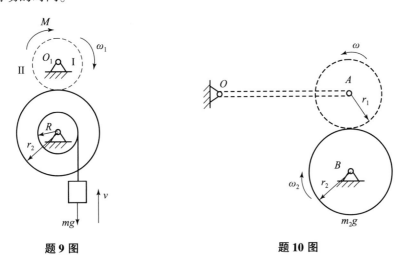

题 9 图　　　　　　　　　　题 10 图

11. 已知均质圆柱体 A 质量为 m，初始静止。求圆柱体的轴心降落了高度 h 时的速度和绳子的张力。

12. 已知鼓轮的质量为 m_2，半径为 R、r，回转半径为 ρ_0，物体 A 的质量为 m_1，不计轮 D 的质量，求重物 A 的加速度。

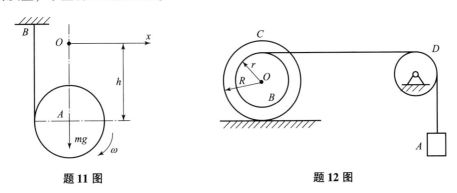

题 11 图　　　　　　　　　　题 12 图

13. 已知均质杆 AB 长为 l，放在铅垂平面内。当 $\varphi = \varphi_0$ 时，杆由静止状态滑下，墙与地板均光滑。求：（1）杆的角加速度和角速度；（2）当杆与墙脱离时的角 φ。

14. 已知板的质量为 m_1，受水平力 F 作用，板与平面间的动摩擦系数为 f。质量为 m_2 的均质圆柱沿板作纯滚动。求板的加速度。

15. 已知斜面的倾角为 θ，均质圆柱体 A 和薄环 B 的质量均为 m，半径均为 r，作纯滚动，AB 杆重不计，求 AB 杆的加速度及其内力。

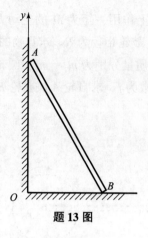

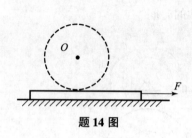

题 13 图   题 14 图

16. 已知均质圆柱的质量为 m，半径为 r，与斜面间的摩擦系数为 $f = \dfrac{1}{3}$，求圆心沿斜面下落的加速度 a_C。

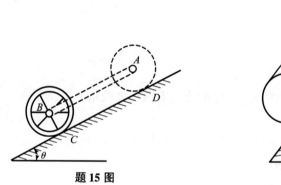

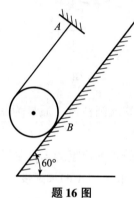

题 15 图   题 16 图

17. 已知均质圆柱 A、B 的质量均为 m，半径为 r，如图所示，求：（1）圆柱体 B 下落时质心的加速度；（2）若在圆柱体 A 上作用一逆时针矩为 M 的力偶，能使圆柱体 B 的质心加速度向上的条件。

18. 如图所示，已知物块 A、B 质量分别为 $m_A = 3$ kg，$m_B = 2$ kg，在半径为 $r = 0.5$ m 的圆盘上作用一力偶，其矩为 $M = 4\varphi$。求 φ 由 0 变化至 2π 时，力偶与物块重力所做的功的总和。

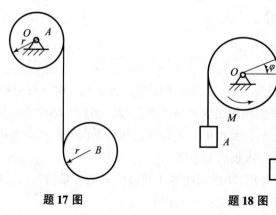

题 17 图   题 18 图

19. 如图所示，已知曲柄 $OA = \alpha$，转动惯量为 J_0，以匀角速度 ω 转动，滑道连杆质量为 m，滑块 A 的质量不计。求此机构的动能及动能为最大值与最小值时的 φ 角值。

20. 如图所示，已知轴 I 和轴 II 的转动惯量分别为 $J_1 = 5 \text{ kg} \cdot \text{m}^2$ 和 $J_2 = 4 \text{ kg} \cdot \text{m}^2$，且有 $\dfrac{\omega_2}{\omega_1} = \dfrac{3}{2}$，作用于轴 I 上的力偶矩 $M_1 = 50 \text{ N} \cdot \text{m}$，系统由静止开始运动。求轴 II 转速 $n_2 = 120 \text{ r/min}$ 时，轴 II 转过的圈数。

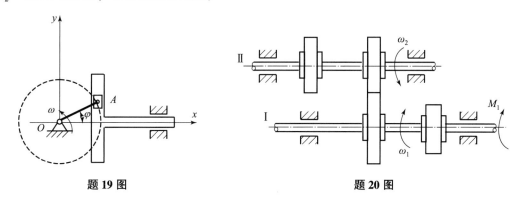

题 19 图　　　　　　　　题 20 图

21. 如图所示，已知两均质杆 AC 和 BC 的质量均为 m，长均为 l，立于光滑水平面上。由静止开始下落时，点 C 的初始高度为 h，求铰 C 与地面相碰时的速度 v。

22. 如图所示，已知均质曲柄 $OA = l$，质量为 m_1，力偶矩 M 为常数，滑块 A 光滑，质量不计，框架质量为 m_2，框架与滑道间的动摩擦系数为 f，当曲柄与水平线夹角为 φ_0 时，系统由静止开始运动。求曲柄转过一周时的角速度。

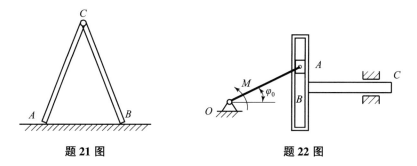

题 21 图　　　　　　　　题 22 图

23. 如图所示，已知均质圆轮半径为 r，质量为 m_1，重物质量为 m_2，力偶矩 M 为常数，重物与斜面间的摩擦系数为 f，初始静止。求圆轮转过 φ 角时的角速度与角加速度。

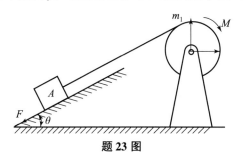

题 23 图

综合定理的应用

24. 如图所示，圆盘和滑块的质量均为 m，圆盘的半径为 r，且可视为匀质。OA 平行与斜面，质量不计。斜面的倾角为 θ，圆盘、滑块与斜面间的摩擦系数均为 f，圆盘在斜面上作无滑动滚动。试求滑动的加速度和杆的内力。

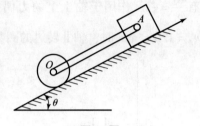

25. 如图所示，物体 A、B 质量分别为 m_1，m_2，斜面的倾角为 θ，滑轮的质量及摩擦不计。求物体 A 沿斜面下滑时，三角块 D 对地板凸出部分 E 处的水平压力。

题 24 图

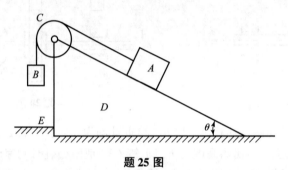

题 25 图

26. 如图所示，质量为 m_1，长为 l 的均质杆 OA 绕水平轴 O 转动，杆的 A 端铰接一质量为 m_2、半径为 R 的均质圆盘，初始时 OA 杆水平，杆和圆盘静止。求杆与水平线成 θ 时杆的角速度和角加速度。

27. 如图所示，均质滚子和鼓轮 O，质量均为 m，半径均为 R，常力偶矩为 M，滚子作纯滚动，不考虑滚动摩擦。求：（1）鼓轮的角加速度；（2）轴承 O 的水平反力。

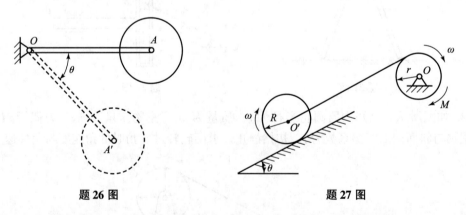

题 26 图   题 27 图

28. 已知均质杆 AB 长为 l，质量为 m，放在铅垂平面内，杆由静止状态滑下，墙与地板均光滑。求杆在任一位置 φ 时的角加速度和角速度以及 A、B 处的反力。

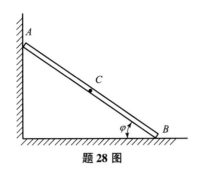

题 28 图

本章习题答案

（一）填空题

1. 质心；2. 抛物线；3. $12ti + 24t^2j - k$；4. 0；5. $P = \frac{1}{2}m\omega l$，$P = \frac{1}{6}m\omega l$，$P = \frac{1}{3}\sqrt{3}mv$；

6. 平动；7. $\frac{35}{36}mv^2$；8. $\frac{1}{3}ml^2\omega$，$\frac{1}{9}ml^2\omega$，$\frac{5}{6}ma^2\omega$，$\frac{3}{2}mR^2\omega$；9. $\sqrt{2}mR\omega$，$\frac{17}{6}mR^2\omega$；

10. $\frac{\sqrt{2}-1}{2}Wd$；11. 16 rad/s

（二）选择题

1. C；2. C；3. D；4. C；5. A

（三）计算题

1. **解**：以列车重心代表列车，在图示方向上分别有

$$ma_n = F_N\sin\theta$$

$$0 = F_N\cos\theta - mg$$

式中，$a_n = \frac{v^2}{\rho}$，$\sin\theta \approx \frac{h}{b}$，可解得

$$h = \frac{bv^2}{\rho g\cos\theta}$$

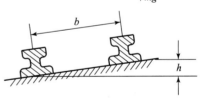

在小角度情况下，$\cos\theta \approx 1$，解得

$$h \approx 78.4$$

2. **解**：视潜艇为一质点，受力如图中所示，有

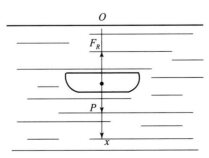

$$ma = P - F_R = P - kAv$$

$$a = \frac{\mathrm{d}v}{\mathrm{d}t}, \quad v = \frac{\mathrm{d}x}{\mathrm{d}t}$$

分离变量后，积分求出

$$v = \frac{P}{kA}\left(1 - \mathrm{e}^{\frac{kA}{m}t}\right)$$

再积分一次，得

$$x = s = \frac{P}{kA}\left[T - \frac{m}{kA}\left(1 - \mathrm{e}^{\frac{kA}{m}T}\right)\right]$$

3. **解**：以弹簧原长处和铅垂位置为 x 和 φ 的起始位置，由

$$\frac{\mathrm{d}p_x}{\mathrm{d}t} = \sum X$$

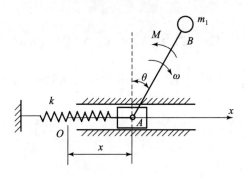

有

$$\frac{\mathrm{d}^2}{\mathrm{d}t^2}\sum m_i x_i = -F_K$$

即

$$\frac{\mathrm{d}^2}{\mathrm{d}t^2}\left(mx + m_1(x + l\sin\varphi)\right) = -kx$$

得

$$x + \frac{k}{m + m_1}x = \frac{m_1 l\omega^2}{m + m_1}\sin\varphi$$

4. **解**：视火箭（平动）为一变质量质点，由

$$m\frac{\mathrm{d}\boldsymbol{v}}{\mathrm{d}t} = \boldsymbol{F}^e + \boldsymbol{\Phi}$$

在飞行轴上投影，有

$$m\frac{\mathrm{d}v}{\mathrm{d}t} = \frac{\mathrm{d}m}{\mathrm{d}t}(-v_r)$$

分离变量可得积分

$$\int_0^t -\frac{a}{v_r}\mathrm{d}t = \int_{m_0}^m \frac{\mathrm{d}m}{m}$$

解出

$$m = m_0 \mathrm{e}^{-\frac{a}{v_r}t}$$

5. **解**：由变质量质点运动微分方程

$$m \frac{\mathrm{d}\boldsymbol{v}}{\mathrm{d}t} = \boldsymbol{F}^{\mathrm{e}} + \boldsymbol{\Phi}$$

在飞行轴上投影，有

$$m \frac{\mathrm{d}v}{\mathrm{d}t} = -mg - \frac{\mathrm{d}m}{\mathrm{d}t}(-v_{\mathrm{r}})$$

式中，　　　　　　　　　$m = (1\ 000 - 10t)$ kg，$v_{\mathrm{r}} = 2\ 100$ m/s

得　　　　　　　　　$m = (1\ 000 - 10t) \frac{\mathrm{d}v}{\mathrm{d}t} = 98t + 11\ 200$

对此式分离变量，积分得火箭的速度

$$v = 2\ 100\ln \frac{100}{100 - t} - 9.8t$$

把 $t = 0$、45 s、90 s 分别代入上面两式，得

$$t = 0,\ v_0 = 0,\ a_0 = 11.2\ \text{m/s}^2$$

$$t = 45,\ v_{45} = 814.5\ \text{m/s},\ a_0 = 28.38\ \text{m/s}^2$$

$$t = 90,\ v_{90} = 3\ 953\ \text{m/s},\ a_{90} = 200.2\ \text{m/s}^2$$

6. **解**：对整体，由 $\dfrac{\mathrm{d}L_O}{\mathrm{d}t} = \sum M_O(F)$，即

$$\frac{\mathrm{d}}{\mathrm{d}t}\left[(m_3\rho^2 + m_1 r_1^2 + m_2 r_2^2)\omega\right] = m_1 gr_1 - m_2 gr_2$$

解得

$$\alpha = \frac{\mathrm{d}\omega}{\mathrm{d}t} = \frac{m_1 gr_1 - m_2 gr_2}{m_3\rho^2 + m_1 r_1^2 + m_2 r_2^2}$$

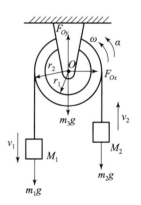

7. **解**：对整体，由 $\dfrac{\mathrm{d}L_z}{\mathrm{d}t} = \sum M_z(F)$，即

式中，　　　　　　　$L_z = \dfrac{1}{2}m_1 r^2\omega + m_2 r\omega r$

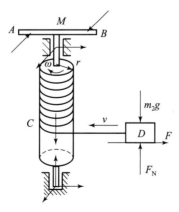

得

$$\frac{1}{2}(m_1 + 2m_2)r^2\alpha = M - fm_2 gr$$

解得 D 的加速度为

$$\alpha = r\alpha = \frac{2(M - f m_2 g r)}{(m_1 + 2 m_2) r}$$

8. 解： 分别研究两轮定轴转动微分方程为

$$\frac{1}{2} m_1 R_1^2 \alpha_1 = M + (F_{T1} - F_{T2}) R_1$$

$$\frac{1}{2} m_2 R_2^2 \alpha_2 = -M' + (F'_{T1} - F'_{T2}) R_2$$

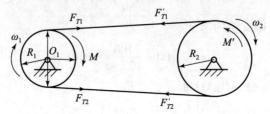

式中，$\alpha_2 = \dfrac{R_1}{R_2} \alpha_1$，解得

$$\alpha_1 = \frac{2(R_2 M - R_1 M^1)}{(m_1 + m_2) R_1^2 R_2}$$

9. 解： 分别研究两轮，如图（a）、（b）所示。

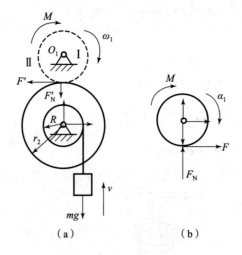

（a） （b）

对轮 1，有

$$J_1 \alpha_1 = M + F \cdot r_1$$

对轮 2 及重物，有

$$(J_2 + m R^2) \alpha_2 = F' \cdot r_2 - mgR$$

式中，

$$\alpha_1 = \frac{z_2}{z_1} \alpha_2 = i \alpha_2, \quad F = F'$$

解得重物的加速度

$$\alpha_1 = R \alpha_2 = \frac{(Mi - mgR) R}{m R^2 + J_1 i^2 + J_2}$$

10. **解**：分别研究两轮，如图（a）、（b）所示。由于 OA 杆为二力杆，故它对轮的作用力为 F_{OA}，对轮 A，由 $\qquad \sum Y = 0,\ F_N - P_1 = 0$

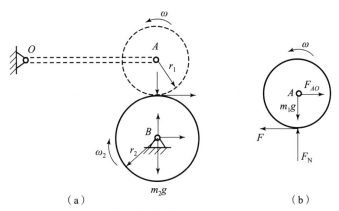

（a）　　　　　　　　　（b）

得 $F_N = P_1 = m_1 g$，分别研究 A、B 两轮定轴转动微分方程为

$$\frac{1}{2}m_1 r_1^2 \frac{d\omega_1}{dt} = -Fr_1 = -fm_1 g r_1, \quad \frac{1}{2}m_2 r_2^2 \frac{d\omega_2}{dt} = F' r_2 = -fm_1 g r_2$$

式中，$F = F' = fF_N = fm_1 g$，分别积分得

$$r_1 \omega_1 = r_1 \omega - 2fgt, \quad m_2 r_2 \omega_2 = 2fm_1 g t$$

A、B 两轮间无相对滑动时，应有 $r_1 \omega_1 = r_2 \omega_2$，由此得

$$t = \frac{r_1 \omega}{2fg\left(1 + \dfrac{m_1}{m_2}\right)}$$

11. **解**：圆柱体受力与运动方程分析如图所示，其平面运动微分方程为

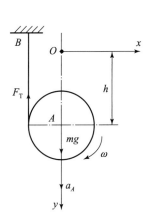

$$ma_x = 0$$

$$ma_A = mg - F_T$$

$$\frac{1}{2}mR^2 \alpha = F_T R$$

$$R\alpha = a_A$$

解得 $\qquad a_A = \dfrac{2}{3}g, \quad F_T = \dfrac{1}{3}mg$

a_A 为常数，点 A 降落了高度 h 时的速度为

$$v = \sqrt{2a_A h} = \frac{2}{3}\sqrt{3gh}$$

12. **解**：分别研究重物 A 与鼓轮，受力与加速度分析如图所示，对重物 A，有

$$m_1 a_A = m_1 g - F_{AD}$$

对轮子，有

$$m_2 a_O = F_{BD} - F_s$$

$$m_2 \rho_O^2 \alpha = F_{BD} r + F_s R$$

式中，$\alpha = \dfrac{a_A}{r+R}$，$a_0 = R\alpha = \dfrac{a_A}{r+R}R$，$F_{AD} = F_{BD}$，解得

$$a_A = \frac{m_1 g(r+R)^2 - F_{AD}}{m_1(R+r)^2 + m_2(\rho_0^2 + R^2)}$$

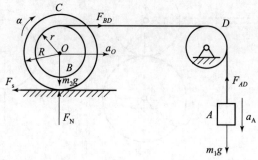

13. **解**：设杆的质量为 m，质心 C 的坐标为 (x_C, y_C)，杆的平面运动微分方程为

$$m\frac{\mathrm{d}^2 x_C}{\mathrm{d}t^2} = F_{NA} \tag{1}$$

$$m\frac{\mathrm{d}^2 y_C}{\mathrm{d}t^2} = F_{NB} - mg \tag{2}$$

$$\frac{1}{12}ml^2\alpha = F_{NB}\frac{l}{2}\cos\varphi - F_{NA}\frac{l}{2}\sin\varphi \tag{3}$$

式中，
$$x_C = \frac{1}{2}\cos\varphi,\ y_C = \frac{1}{2}\sin\varphi$$

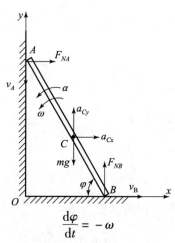

注意到
$$\frac{\mathrm{d}\varphi}{\mathrm{d}t} = -\omega$$

所以，
$$\alpha = \frac{\mathrm{d}\omega}{\mathrm{d}t} = \frac{\mathrm{d}\omega}{\mathrm{d}\varphi}\frac{\mathrm{d}\varphi}{\mathrm{d}t} = -\omega\frac{\mathrm{d}\omega}{\mathrm{d}\varphi}$$

$$\frac{\mathrm{d}^2 x_C}{\mathrm{d}t^2} = \frac{1}{2}(\alpha\sin\varphi - \omega^2\cos\varphi)$$

$$\frac{\mathrm{d}^2 y_C}{\mathrm{d}t^2} = -\frac{1}{2}(\alpha\cos\varphi - \omega^2\sin\varphi)$$

把此三式代回方程（1）、（2）、（3），解出

$$\alpha = \frac{3g}{2l}\cos\varphi$$

积分得 $\omega = \sqrt{\frac{3g}{l}(\sin\varphi_0 - \sin\varphi)}$，进一步求出

$$m\frac{d^2 x_C}{dt^2} = F_{NA} = \frac{1}{2}ml(\alpha\sin\varphi - \omega^2\cos\varphi) = \frac{3}{2}mg\cos\varphi\left(\frac{3}{2}\sin\varphi - \sin\varphi_0\right)$$

由脱离墙的条件 $F_{NA} = 0$，解得 $\varphi = \arcsin\left(\frac{2}{3}\sin\varphi_0\right)$。

14. **解**：板与圆柱的受力与加速度分析如图（a）、（b）所示。对板，有

$$m_1 a = F - F_1 - F_2'$$

对圆柱，有 $\qquad m_1 a_0 = F_2$，$\frac{1}{2}m_2 R^2 \alpha = F_2 R$

以圆柱与板的接触点为基点（或选板为动系，选轮心为动点），设圆柱的角加速度为 α〔图（b）〕，则圆心 O 的加速度为

$$a_O = a - R\alpha$$

考虑到 $F_1 = f F_{N1} = f(m_1 + m_2)g$，可解得

$$a = \frac{F - f(m_1 + m_2)g}{m_1 + \frac{m_2}{3}}$$

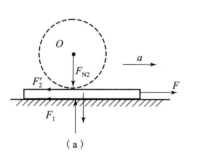
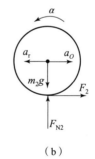

（a）　　　　　　　　　　（b）

15. **解**：AB 杆作平动，其角加速度和轮心加速度相同，均为 α 和 a。两轮受力与加速度分析如图（a）、（b）所示，注意 AB 杆为二力杆，对图（b），有

$$ma = mg\sin\theta + F_R - F_D，\quad \frac{1}{2}mr^2\alpha = F_D r$$

对图（a），有

$$ma = mg\sin\theta - F_R' - F_C，\quad mr^2\alpha = F_C r$$

注意 $F_R' = F_R$，$\alpha = \frac{a}{r}$，联立以上几式，解得

$$a = r\alpha = \frac{4}{7}g\sin\theta，\quad F_R = -\frac{1}{7}g\sin\theta$$

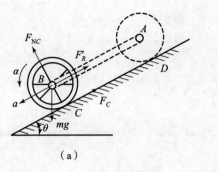

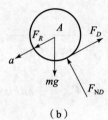

（a）　　　　　　　　　　（b）

16. **解**：圆柱的受力与运动分析如图所示，平面运动微
分方程为

$$ma_c = mg\sin60° + F - F_T$$

$$0 = F_N - mg\cos60°$$

$$\frac{1}{2}mr^2\alpha = (F_T - F)r$$

式中，　　　　　　　$F_N = fF_N$，$a_c = r\alpha$

解得　　　　　　　　$a_C = 0.355\,g$

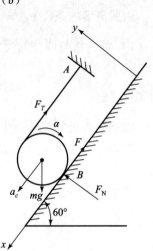

17. **解**：（1）两轮的受力与运动分析分别如图（a）
所示。

对 A 轮，有　　　$\frac{1}{2}mr^2\alpha_A = F_{T1}r$

对 B 轮，有　　　　　　　$ma = mg - F - F'_{T1}$

$$\frac{1}{2}mr^2\alpha_B = F'_{T1}r$$

以轮与直绳相切为基点，则轮心 B 的加速度为 $a = r\alpha_A + r\alpha_B$，解得

$$\alpha = \frac{4}{5}g$$

（2）再分别对两轮作受力与运动分析，如图（b）所示。

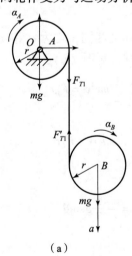

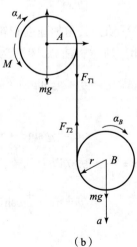

（a）　　　　　　　　　　（b）

对 A 轮，有
$$\frac{1}{2}mr^2\alpha_A = -M + F_{T2}r$$

对 B 轮，有
$$ma_B = mg - F'_{T2}, \quad \frac{1}{2}mr^2\alpha_B = F'_{T2}r$$

依然有运动学关系 $a_B = r\alpha_A + r\alpha_B$，但是 $\alpha_A \neq \alpha_B$。

令 $\alpha_B < 0$，可解得圆柱体 B 的质心加速度向上的条件为 $M > 2mgr$。

18. **解**：对整体，由力偶做功的公式得力偶做的功为
$$W_1 = \int_0^{2\pi} M\mathrm{d}\varphi = \int_0^{2\pi} 4\varphi\mathrm{d}\varphi$$

重力做的功为
$$W_2 = (m_A - m_B)g \cdot 2\pi r$$

把已知条件代入得
$$W = W_1 + W_2 = 109.7 \text{ J}$$

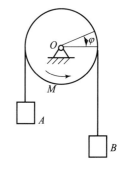

19. **解**：如图分析，可得滑道速度为
$$v_e = v_a\sin\varphi = a\omega\sin\varphi$$

则该机构的动能为
$$T = T_{曲柄} + T_{滑道} = \frac{1}{2}J_O\omega^2 + \frac{1}{2}mv_e^2$$
$$= \frac{1}{2}\omega^2(J_O + ma^2\sin^2\varphi)$$

当 $\varphi = \dfrac{(2i-1)\pi}{2}$，$i = 1, 2, \cdots$时，有
$$T_{\max} = \frac{1}{2}\omega^2(J_O + ma^2)$$

当 $\varphi = (i-1)\pi$，$i = 1, 2, \cdots$时，有
$$T_{\max} = \frac{1}{2}J_O\omega^2$$

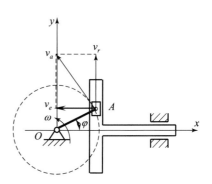

20. **解**：以整体为研究对象，有
$$\frac{1}{2}J_1\omega_1^2 + \frac{1}{2}J_2\omega_2^2 - 0 = M_1\varphi_1$$

式中，
$$\omega_2 = \frac{120\pi}{30} = 4\pi, \quad \omega_1 = \frac{2}{3}\omega_2 = \frac{8\pi}{3}$$

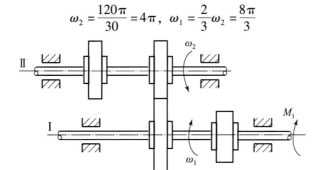

解得 $\varphi_1 = 9.826$ rad，轴Ⅱ的转角 $\varphi_2 = \dfrac{3}{2}\varphi_1$，轴Ⅱ的转数为：$n = \dfrac{1}{2\pi}\varphi_2 = \dfrac{3\varphi_1}{4\pi} = 2.34$ r。

21. 解： 对整体研究，因为 $F_x = 0$，以及杆系初始静止，知质心水平位置守恒，点 C 沿铅垂直线向下运动，D、E 为两杆的速度瞬心，到达地面时，点 A、B 分别为两杆的速度瞬心，设此时系统的动能为 T_2，

由
$$T_2 - T_1 = W$$

得
$$2 \cdot \frac{1}{2} \cdot \frac{1}{3}ml^2\left(\frac{v}{l}\right)^2 - 0 = 2mg\frac{h}{2}$$

解得
$$v = \sqrt{3gh}$$

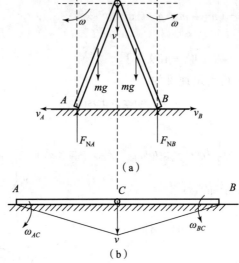

(a)

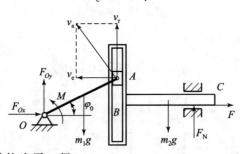

(b)

22. 解： 整体受力与运动分析如图所示。设曲柄转过一周时角速度为 ω，由

$$\boldsymbol{v}_a = \boldsymbol{v}_e + \boldsymbol{v}_r, \quad v_a = l\omega$$
$$v_e = l\omega\sin\varphi$$

得

系统初始时静止，动能为零，得

$$\frac{1}{2} \cdot \frac{1}{3}m_1 l^2 \omega^2 + \frac{1}{2}m_2 v_e^2 - 0$$

$$= 2\pi M - F \cdot s$$

摩擦力 $F = fF_N = fm_2 g$，总是做负功，曲柄转过一周时 $s = 4l$，解得

$$\omega = \sqrt{\frac{12(M\pi - 2fm_2gl)}{l^2(m_1 + 3m_2\sin^2\varphi_0)}}$$

23. **解**：该系统初始动能为零，设在鼓轮转过 φ 角时角速度为 ω，有

$$\frac{1}{2}\cdot\frac{1}{2}m_1r^2\omega^2 + \frac{1}{2}m_2v^2 - 0$$

$$= M\varphi - m_2g\cdot r\varphi\sin\theta - fm_2g\cdot r\varphi\cos\theta$$

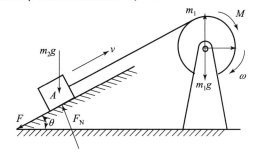

式中，$v = r\omega$，解得

$$\omega = \frac{2}{r}\sqrt{\frac{M - m_2gr(\sin\theta + f\cos\theta)}{m_1 + 2m_2}\varphi}$$

利用 $\dfrac{d\omega}{dt} = \alpha$ 得

$$\alpha = \frac{2[M - m_2gr(\sin\theta + f\cos\theta)]}{r^2(2m_2 + m_1)}$$

综合定理的应用

24. **解**：设滑块 A 的速度为 v_A，加速度为 a_A，沿着斜面下滑的位移为 s，则有

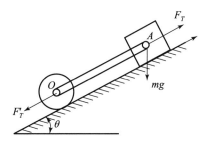

$\dfrac{ds}{dt} = v_A = v_o = \omega \times r$，圆盘所受的摩擦力不做功，由动能定理：

$$\frac{1}{2}mv_A^2 + \frac{1}{2}mv_o^2 + \frac{1}{2}\cdot\frac{1}{2}mr^2\left(\frac{v_o}{r}\right)^2 = 2mgs\cdot\sin\theta - fmg\cos\theta\cdot s$$

两边同时对时间求导数得

$$a_A = \frac{2}{5}(2\sin\theta - f\cos\theta)g$$

将物块分离，所受力如图中所示，由动量定理可知，沿斜面方向：

$$ma_A = mg\sin\theta - F_T - fmg\cos\theta$$

得

$$F_T = \left(\frac{1}{5}g\sin\theta - \frac{3}{5}f\cos\theta\right)mg$$

25. **解**：该系统初始动能为 T_0，当物体 A 沿斜面下滑距离 s 时，A、B 速度皆为 v，由动能定理，有

$$\frac{1}{2}(m_1 + m_2)v^2 - T_0 = (m_1gs\cdot\sin\theta - m_2g)s$$

将此式对时间求导，并注意 T_0 为常数，而 $\dfrac{\mathrm{d}s}{\mathrm{d}t}=v$，整理得

$$(m_1+m_2)a-T_0=m_1g\sin\theta-m_2g$$

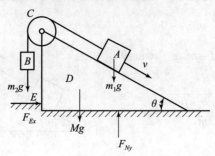

解出物体 A 的加速度为

$$a=\frac{m_2g\sin\theta-m_2g}{m_1+m_2}$$

再由

$$\sum m_ia_{ix}=\sum X$$

有

$$m_1a\cos\theta=F_{Ex}$$

解得

$$F_{Ex}=\frac{m_1\sin\theta-m_2}{m_1+m_2}m_1g\cos\theta$$

26. **解**：圆盘受力如图所示，由对质心的动量矩定理，有 $J_A\alpha_A=0$，得

$$\alpha_A=0,\quad \omega_A=0,$$

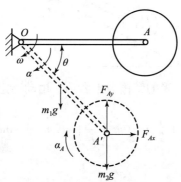

即圆盘作平动，系统落下至 θ 角处，由动能定理，有

$$\frac{1}{2}\frac{1}{3}m_1l^2\omega^2+\frac{1}{2}m_2l^2\omega^2-0=m_1g\frac{l}{2}\sin\theta+m_2gl\sin\theta$$

解出

$$\omega=\sqrt{\frac{3m_1+6m_2}{m_1+3m_2}\frac{g}{l}\sin\theta}$$

将上式对时间求导得

$$\alpha=\frac{3m_1+6m_2}{m_1+3m_2}\frac{g}{2l}\cos\theta$$

由于轮子作平动，整体对 O 轴用动量矩定理求出 α，再积分求 ω 也较方便。

27. **解**：整体受力如图（a）所示，滚子和鼓轮的角速度皆为 ω，其动能为

$$T = \frac{1}{2} \cdot \frac{1}{2}mR^2\omega^2 + \frac{1}{2} \cdot \frac{3}{2}mR^2\omega^2 = mR^2\omega^2$$

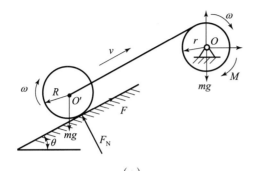

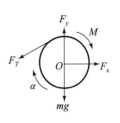

（a）　　　　　　　　　　（b）

该系统所有力的功率为　　　$\sum P = (M - mgR\sin\theta)\omega$

由功率方程 $\dfrac{\mathrm{d}T}{\mathrm{d}t} = \sum P$，得

$$2mR^2\alpha = (M - mgR\sin\theta)$$

解出

$$\alpha = \frac{M - mgR\sin\theta}{2mR^2}$$

再研究鼓轮 O，如图（b）所示，由转动微分方程得

$$\frac{1}{2}mR^2\alpha - M - F_T R$$

得

$$F_T = \frac{M}{R} - \frac{1}{2}mg\alpha = \frac{3M + mgr\sin\theta}{4R}$$

质心 O 固定，有

$$0 = F_x - F_T\cos\theta$$

将 F_T 的表达式代入，解得

$$F_x = \frac{1}{8R}\left[6M\cos\theta + mgR\sin(2\theta)\right]$$

28. **解**：杆的质心 C 的坐标为 (x_C, y_C)

$$x_C = \frac{1}{2}\cos\varphi, \quad y_C = \frac{1}{2}\sin\varphi$$

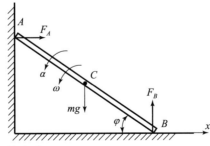

将它们对时间求导数，并注意

$\dfrac{\mathrm{d}\varphi}{\mathrm{d}t} = -\omega$, 有

$$v_{Cx} = \frac{\mathrm{d}x_C}{\mathrm{d}t} = \frac{l}{2}\omega\sin\varphi$$

$$v_{Cy} = \frac{\mathrm{d}y_C}{\mathrm{d}t} = -\frac{l}{2}\omega\cos\varphi$$

动能为
$$T = \frac{1}{2}m(v_{Cx}^2 + v_{Cy}^2) + \frac{1}{2}\frac{ml^2}{12}\omega^2 = \frac{1}{6}ml^2\omega^2$$

杆直立时的动能为零，由动能定理，有

$$\frac{1}{6}ml^2\omega^2 - 0 = mg\,\frac{1}{2}l(1 - \cos\varphi)$$

解得
$$\omega = \sqrt{\frac{3g}{l}(1 - \sin\varphi)}$$

上式对时间求导，得 $\qquad \alpha = \dfrac{3g}{2l}\cos\varphi$

对 x_C, y_C 求导得

$$\frac{\mathrm{d}^2 x_C}{\mathrm{d}t^2} = \frac{1}{2}(\alpha\sin\varphi - \omega^2\cos\varphi)\,;\quad \frac{\mathrm{d}^2 y_C}{\mathrm{d}t^2} = -\frac{1}{2}(\alpha\cos\varphi - \omega^2\sin\varphi)$$

由质心运动定理

$$m\,\frac{\mathrm{d}^2 x_C}{\mathrm{d}t^2} = F_{NA} \qquad m\,\frac{\mathrm{d}^2 y_C}{\mathrm{d}t^2} = F_{NB} - mg$$

解得
$$F_{NA} = \frac{9}{4}mg\cos\varphi\left(\sin\varphi - \frac{2}{3}\right)$$

第十五章

动静法（达朗贝尔原理）

■ 一、本章重点与难点

重点：

1. 惯性力的概念；达朗贝尔原理。

2. 平动、定轴转动和平面运动刚体的惯性力系的简化。

3. 应用动静法（达朗贝尔原理）求解动力学问题。

难点：

1. 惯性力系的简化。

2. 应用动静法（达朗贝尔原理）求解动力学问题。

■ 二、知识要点与辅导

（一）知识要点

1. 关于质点的惯性力

（1）凡质点都具有质量（代表质点惯性的度量），只要质点的运动状态有改变（包括速度大小和速度方向的改变，即有加速度），就一定存在惯性力。

（2）惯性力为 $F_g = -ma$，大小等于质量与加速度的乘积，方向与加速度的方向相反。惯性力是矢量，可在轴上投影。例如惯性力在自然轴上投影，就是切向惯性力和法向惯性力（离心惯性力）。

（3）惯性力不是真实作用在质点上的力，当质点与周围物体相联系时，它表现为质点对周围施力物体的反作用力的合力。

2. 关于达朗贝尔原理的几点说明

（1）达朗贝尔原理是将牛顿定律、质点系动量定理与动量矩定理中右端运动量这一项移到等式左边，从形式上变为静力学的平衡方程式，故又称动静法。即动力学问题，用静力学的平衡方程形式求解的方法。

（2）在达朗贝尔原理中，质点的惯性力和质点系的惯性力主矢与主矩是代表质点系的运动量。

（3）惯性力是假想的加在质点或质点系上的虚拟力，真正作用在质点或质点系的力是主动力和约束反力。

3. 刚体惯性力系的简化

（1）不论刚体作何种运动，其惯性力系的主矢都等于质量乘以质心的加速度，即 $F_g = -ma$，也就是说，只要刚体质心有加速度，就有惯性力主矢，其大小等于 Ma_c，方向与 a_c 方向相反，惯性力系向哪点简化，其主矢就虚加在哪点上（即主矢与简化中心无关）。

（2）不论刚体作何种运动，只要有角加速度，就有惯性力偶，其矩为 $M_{gO} = -I_O\varepsilon$，即惯性力偶矩的大小等于对过简化中心与转轴平行的轴的转动惯量和角加速度之积（主矩与简化中心有关），方向与角加速度方向相反。

（二）辅导

应用动静法（达朗贝尔原理）解题时要注意以下几点：

（1）确定研究对象。

（2）分析受力。按静力学分析受力的方法，画出作用在研究对象上所有主动力和约束反力。

（3）分析系统刚体的运动，虚加惯性力，正确地分析物体的运动，并在受力图上虚加惯性力（包括惯性力偶），是应用达朗贝尔原理解题的关键，而虚加惯性力的关键是要善于分析每个物体的运动。如果所研究的是一个质点，就要分析这个质点加速度的大小和方向；如果所研究的是一个刚体，首先要分析这个刚体作什么运动（平动、定轴转动、平面运动等），然后分析刚体质心加速度的大小和方向，刚体转动角加速度的大小和转向；如果所研究的是一些刚体所组成的系统，除了分析每个刚体作什么运动，每个刚体的质心加速度的大小和方向，每个刚体转动角加速度的大小和转向以外，还要分析各个刚体运动之间的联系及传递关系。

（4）列方程。按静力学列平衡方程的方法，选择适当的坐标轴和矩心，列出相应的形式上的"平衡方程"。

（5）解方程求出所需求的未知数，并作适当的讨论与分析。求出的约束反力，应区分静反力与附加动反力。

■ 三、例题精讲

例 15.1 如图 15.1 所示的均质杆 OA 绕水平轴 O 转动。杆长为 l，质量为 m，转动的角速度为 ω，角加速度为 ε。求惯性力系向 O 点和质心 C 点简化的结果。

解：（1）惯性力系向转轴 O 点简化。质心 C 的加速度有两项，一项是切向加速度 $a_C^\tau = \dfrac{l}{2}\varepsilon$，一项是法向加速度 $a_C^n = \dfrac{r}{2}\omega^2$，方向如图 15.1 所示。

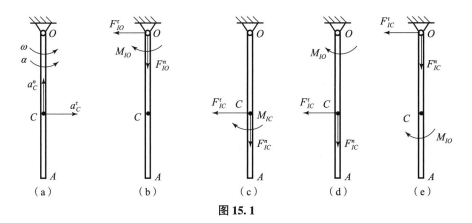

图 15.1

故惯性力系的主矢有两项，其大小为

$$R_{gO}^{\tau} = ma_C^{\tau} = m\frac{l}{2}\varepsilon, \quad R_{gO}^{n} = ma_C^{n} = m\frac{l}{2}\omega^2$$

都作用在简化中心 O，惯性力系的主矩大小为

$$M_{gO} = I_O \varepsilon = m\frac{l^2}{3}\varepsilon$$

方向如图 15.1 所示。

（2）惯性力系向质心 C 简化。其惯性力系的主矢仍为两项，其大小为

$$R_{gC}^{\tau} = ma_C^{\tau} = m\frac{l}{2}\varepsilon, \quad R_{gC}^{n} = ma_C^{n} = m\frac{l}{2}\omega^2$$

作用在简化中心 C，惯性力系的主矩大小为

$$M_{gC} = I_C \varepsilon = m\frac{l^2}{12}\varepsilon$$

方向如图 15.1 中所示。

讨论：

（1）若 $\varepsilon = 0$，即杆 OA 作匀角速转动时，惯性力系向中心 O 简化，其 $R_{gO}^{\tau} = 0$，$M_{gO} = 0$，则惯性力系简化的结果为过 O 点的法向惯性力 $R_{gO}^{n} = m\frac{l}{2}\omega^2$。同理，若向质心 C 点简化时，也只有法向惯性力 $R_{gC}^{n} = m\frac{l}{2}\omega^2$，这种情况，惯性力系只能简化为一个合力。

（2）注意：若将惯性力系简化为图（d）、（e）所示的两种情况，这是概念性错误，其错误是主矢的作用位置与主矩的矩心位置不一致。可见，在虚加惯性力主矢与主矩时，必须明确简化中心。

（3）具有质量对称面的刚体作平面运动时，惯性力系向质心 C 简化，得到一个通过 C 点的惯性力和在质量对称面上的一个惯性力偶，其惯性力与惯性力偶的矩分别为

$$\boldsymbol{R}_{gC} = m\boldsymbol{a}_C, \quad M_{gC} = I_C\varepsilon$$

其中，a_C 为刚体的质心加速度，ε 为平面运动的角加速度，I_C 为刚体对过质心 C 与质量对称面垂直的轴的转动惯量。

例 15.2 如图 15.2 所示，已知曲柄 $OC = r$，以匀角速度 ω 转动，连杆 $BC = l$，B 端连有质量为 m 的物体 A。求杆 AB 所受的力。

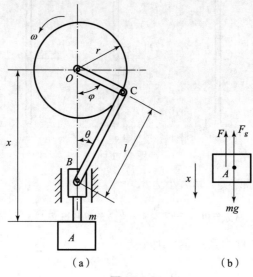

（a）　　　　　　　　　（b）

图 15.2

解：设杆长 $AB = b$，则物体 A 的运动方程为

$$x = b + r\cos\varphi + l\cos\theta$$

式中，$\cos\theta = \sqrt{1 - \dfrac{r^2}{l^2}\sin^2\varphi}$，当 $\dfrac{r}{l} \ll 1$ 时，$\cos\theta \approx 1 - \dfrac{1}{2}\dfrac{r^2}{l^2}\sin^2\varphi$，此时，

$$x = b + r\cos\varphi + l - \frac{1}{2}\frac{r^2}{l}\sin^2\varphi, \quad \frac{\mathrm{d}^2 x}{\mathrm{d}t^2} = -r\omega^2\cos\varphi + \frac{r^2}{l}\omega^2\cos(2\varphi)$$

物块受力如图 15.2 所示，图中惯性力为 $F_g = m\dfrac{\mathrm{d}^2 x}{\mathrm{d}t^2}$，由达朗贝尔原理得

$$\sum X = 0, \quad mg - F - F_g = 0$$

得杆 AB 所受的力为 $F = m\left\{g + r\omega^2\left[\cos\varphi - \dfrac{r}{l}\cos(2\varphi)\right]\right\}$，式中 $\varphi = \omega t$。

例 15.3 如图 15.3 所示，已知物体 E 质量 $m_1 = 2\,000$ kg，物体 B 质量 $m_2 = 800$ kg，物体 B 下的绳子拉力 $F_T = 3$ kN，滑轮的质量不计。求物体 E 的加速度 a 和绳子的张力 F_{FD}。

解：设物体 E 和物体 B 的加速度如图 15.3 所示，则 $a_B = 2a$，轮 O 和物体 B 系统的受力图中，$F_{gB} = m_2 a_B = 2m_2 a$。设轮 O 半径为 r_2，由达朗贝尔原理得

$$\sum M_O(F) = 0$$

$$F_1 r_2 + F_{gB} r_2 - F_T r_2 - m_2 g r_2 = 0$$

轮 C 和物体 E 系统的受力图中，$F_g = m_1 a$，$F_1' = F_1$，设轮 C 半径为 r_1，由达朗贝尔原理得

$$\sum M_C(F) = 0, \quad F_1' r_1 = F_{FD} r_1$$

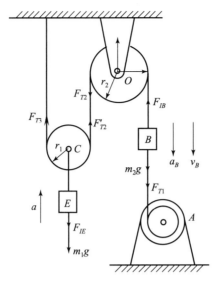

图 15.3

$$\sum Y = 0, \quad F'_1 + F_{FD} - m_1 g - F_g = 0$$

由上面各式，解出

$$a = \frac{2F_T + 2m_2 g - m_1 g}{m_1 + 4m_2} = 0.4 \ \text{m/s}^2, \quad F_{FD} = \frac{m_1 g + m_1 a}{2} = 10.21 \ \text{kN}$$

例 15.4　如图 15.4 所示，汽车重心为 G，加速度为 a，汽车的尺寸如图所示。求前、后轮的压力及 a 为何值时，可使前后轮压力相等。

解：由图中，设车的质量为 m，受力如图 15.4 所示。

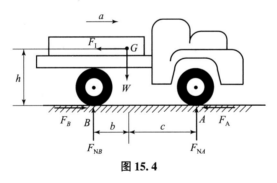

图 15.4

$$F_g = ma, \quad P = mg$$

由达朗贝尔原理得

$$\sum M_B(F) = 0; \quad (b+c)F_{NA} - bP + hF_g = 0$$

$$\sum M_A(F) = 0; \quad -(b+c)F_{NB} + cP + hF_g = 0$$

由上面各式，解出

$$F_{NA} = \frac{bg - ha}{b + a}m; \quad F_{NB} = \frac{cg + ha}{b + c}m$$

再令 $F_{NA} = F_{NB}$，得前后轮压力相等的条件为

$$a = \frac{b - c}{2h}g$$

■ 四、习题精练

计算题

1. 如图所示，已知均质杆 $OA = l$，质量为 m，在水平面内以恒定角速度 ω 旋转。求：（1）截面 B 处的轴向力 F；（2）此轴向力最大时，h 为何值？

2. 如图中所示，已知均质杆 $OA = l$，质量为 m，从铅直位置自由倒下。求 a 多大时，横截面 B 上的弯矩（即约束反力偶矩）为最大？

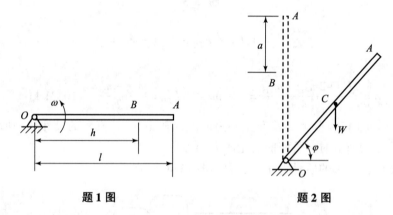

题 1 图   题 2 图

3. 如图所示，已知塔轮半径分别为 R 和 r，重为 P，对轴 O 的转动惯量为 J_O，在质量为 m_1 和 m_2 的悬挂物作用下顺时针转动。求角加速度和轴 O 处的附加动反力。

4. 如图所示，已知重物 A 质量为 $m_1 = 10$ kg，均质滚子质量 $m_2 = 20$ kg，不计滑轮的质量，滚子不打滑，求滚子中心的加速度。

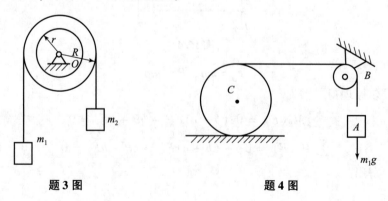

题 3 图   题 4 图

本章习题答案

计算题

1. **解**：AB 段质量为 m_{AB}，其质心为 C，由图（b）有

$$F_g = m_{AB}\omega^2 x = \frac{l-h}{l}m\omega^2\left(h + \frac{1-h}{2}\right)$$

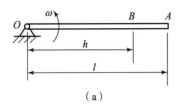

（a）

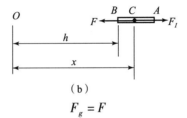

（b）

由达朗贝尔原理得　　　　　$F_g = F$

得截面 B 处的轴向力 F 为

$$F_g = F = m\omega^2\frac{l^2 - h^2}{2l}$$

当 $h = 0$ 时，即杆 OA 根部有最大轴向力

$$F_{\max} = \frac{1}{2}ml\omega^2$$

2. **解**：

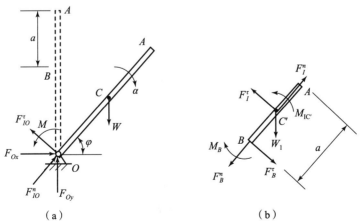

（a）　　　　　　　　　　（b）

在图（b）位置时，重力 $P = mg$，角加速度为 α，惯性力向 O 点简化后，惯性力偶矩

为 $M_{gO} = \dfrac{1}{3ml^2\alpha}$，由达朗贝尔原理

$$\sum M_O(F) = 0, \quad M_{gO} - P\frac{l}{2}\cos\varphi = 0$$

解出
$$\alpha = \frac{3}{2}\frac{g}{l}\cos\varphi$$

再研究 AB 段，$P_1 = \frac{ma}{l}g$，将惯性力向其质心 C' 简化，得

$$M_{gC} = \frac{l}{12}\frac{am}{l}a^2\alpha, \quad F_g^\tau = \frac{am}{l}\alpha\left(l - \frac{a}{2}\right)$$

由达朗贝尔原理

$$\sum M_B(F) = 0, \quad M_{gC} + \frac{a}{2}F_g^\tau - P_1\frac{a}{2}\cos\varphi - M_B = 0$$

解出
$$M_B = \left(1 - \frac{a}{l}\right)a^2\frac{mg}{4l}\cos\varphi$$

令 $\frac{dM_B}{dt} = 0$，解出 $a = \frac{2}{3}l$，由于 $\left.\frac{d^2M_B}{da^2}\right|_{a=\frac{2}{3}l} < 0$，所以，当 $a = \frac{2}{3}l$ 时有最大弯矩

$$M_{Bmax} = \frac{1}{27}mgl\cos\varphi$$

3. 解：该系统受力如图所示，图中，

$$M_{gO} = J_O\alpha, \quad F_{g1} = m_1 R\alpha, \quad F_{g2} = m_2 r\alpha$$

设塔轮重为 P，由达朗贝尔原理得

$$\sum X = 0, \quad F_{Ox} = 0$$

$$\sum Y = 0, \quad F_{Oy} - P - (m_1 + m_1)g + F_{g2} - F_{q1} = 0$$

$$\sum M_O(F) = 0$$

$$M_{gO} = (m_1 g + F_{g1})R + F_{g2}r - m_2 gr = 0$$

解出
$$\alpha = \frac{(m_2 r - m_1 R)g}{J_O + m_1 R^2 + m_2 r^2}, \quad F_{Ox} = 0$$

$$F_{Oy} = P + (m_1 + m_1)g - \frac{(m_2 r - m_1 R)^2 g}{J_O + m_1 R^2 + m_2 r^2}$$

此力为静反力与动反力的合力，其中静反力与重力相平衡，故得

$$F'_{Ox} = 0, \quad F'_{Oy} = -\frac{(m_2 r - m_1 R)^2 g}{J_O + m_1 R^2 + m_2 r^2}$$

4. 解：重物、滑轮的受力如图所示。
$F_{g1} = m_1 a = 2m_1 a_C$，设滑轮的半径为 r，由达朗贝尔原理得

$$\sum M_O(F) = 0, \quad F_T r + F_{g1} r - m_1 gr = 0 \tag{1}$$

设滚子半径为 R，在图中有

$$F_{g2} r - m_2 a_C = 0$$

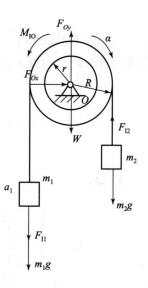

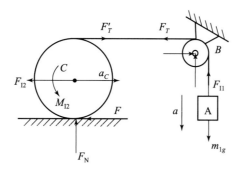

$$M_{g2} = \frac{1}{2} m_2 R^2 \frac{a_C}{R} = \frac{1}{2} m_2 a_C R$$

由达朗贝尔原理得　　　　　　$\sum M_A(F) = 0$：

$$M_{g2} + F_{g2}R - F'_T 2R = 0 \qquad\qquad (2)$$

由式（1）、式（2）得　　　　$a_C = \frac{2}{7} g = 2.8 \ \mathrm{m/s^2}$

参 考 文 献

[1] 哈尔滨工业大学理论力学教研室．理论力学（Ⅰ）（Ⅱ）[M]．7 版，北京：高等教育出版社，2009.

[2] 哈尔滨工业大学理论力学教研室．理论力学学习指导书 [M]．北京：高等教育出版社，1983.

[3] 哈尔滨工业大学理论力学教研室．理论力学辅导与习题解答 [M]．武汉：华中科技大学出版社，2007.

[4] 哈尔滨工业大学理论力学教研室．理论力学习题解答 [M]．哈尔滨：哈尔滨工业大学出版社，1998.

[5] 哈尔滨工业大学理论力学教研室．理论力学学习辅导 [M]．北京：高等教育出版社，2003.

[6] 刘鸿文．材料力学（上、下册）[M]．4 版，北京：高等教育出版社，2004.

[7] 范钦珊，王琪．工程力学（Ⅰ）（Ⅱ）[M]．北京：高等教育出版社，2002.

[8] 单辉祖．材料力学 [M]．北京：高等教育出版社，1999.

[9] 孙训方，等．材料力学 [M]．4 版．北京：高等教育出版社，2004.

[10] 梁枢平，邓训，薛根生．材料力学题解 [M]．武汉：华中科技大学出版社，2001.

[11] 陈乃立，陈倩．材料力学学习指导书 [M]．北京：高等教育出版社，2004.

[12] 原方．工程力学 [M]．2 版．北京：清华大学出版社，2012.

[13] 冯维明，张敦福，王玲华．工程力学 [M]．北京：国防工业出版社，2003.